INDUSTRIAL INTERNET SECURITY
ARCHITECTURE AND TECHNIQUES

工业互联网安全
架构与技术

王冲华 李俊 郝志强 周昊 余果 ｜ 著

电子工業出版社
Publishing House of Electronics Industry
北京·BEIJING

内 容 简 介

本书主要涉及工业互联网安全的内涵与外延、战略布局与保障体系、体系架构、典型应用场景、关键技术体系，其中关键技术体系包括工业互联网平台、智能设备、标识解析、数据等关键要素的安全以及流量分析等内容。本书第 1 章和第 2 章概述工业互联网发展、工业互联网安全的相关概念、典型问题与挑战，是后面章节的总纲；第 3 章介绍工业互联网的安全战略与布局等内容；第 4 章梳理了现有的网络安全架构，并提出工业互联网安全体系架构；第 5 章阐述了工业互联网安全保障体系；第 6 章分析典型垂直行业的工业互联网安全的应用场景与需求；第 7 章至第 12 章从工业互联网平台安全、标识解析安全、智能设备安全、数据安全、流量安全等方面详细描述工业互联网安全所涉及的相关技术体系。

本书的读者对象主要是政府机关、企事业单位的工业互联网安全技术人员。本书也可以作为高等院校工业互联网科学和网络安全技术专业的教学参考书。

图书在版编目（CIP）数据

工业互联网安全. 架构与技术 / 王冲华等著. —北京：电子工业出版社，2023.5
ISBN 978-7-121-45648-0

Ⅰ. ①工… Ⅱ. ①王… Ⅲ. ①互联网络－应用－工业发展－网络安全－架构－研究
Ⅳ. ①F403-39②TP393.08

中国国家版本馆 CIP 数据核字（2023）第 089142 号

责任编辑：张正梅
印　　刷：天津千鹤文化传播有限公司
装　　订：天津千鹤文化传播有限公司
出版发行：电子工业出版社
　　　　　北京市海淀区万寿路 173 信箱　　邮编：100036
开　　本：720×1000　1/16　印张：17.75　字数：370 千字
版　　次：2023 年 5 月第 1 版
印　　次：2023 年 5 月第 1 次印刷
定　　价：99.00 元

前 言

· · · · · · · · ·

党的十八大以来，我国新型工业化步伐显著加快，工业体系更加健全，工业规模进一步壮大，制造业规模连续 13 年居世界首位，产业结构持续优化，数字经济加快发展，传统产业改造升级加快。当前，工业互联网已全面应用于国民经济领域，助力制造业、能源、矿业、电力等各大支柱产业数字化转型升级，形成具有一定行业和区域影响力的工业互联网平台超 240 个，形成平台服务的工业企业超 160 万家，重点平台连接的工业设备总数超 7900 万台（套），上线标识解析二级节点超过 200余个，标识解析注册总量超 2000 亿，有不少于 3000 万个主动标识载体大规模部署，工业设备联网、工业企业上云、标识普及应用已是大势所趋。

工业互联网在赋能企业生产流程和资源配置优化、打破传统工业企业壁垒的同时，也使大量设备、网络、标识解析、平台、数据等的安全问题暴露出来，扩散了安全风险面。海量的工业设备部署缺乏有效的安全更新机制，易被利用的高危漏洞大量且长期存在，从而增加了工业互联网的攻击入口。工业互联网网络层级结构复杂、设备系统异构，业务横向贯通与纵向连接，网络边界逐渐扩大，工业设备之间的广泛互联，使得攻击路径更加复杂多样。工业互联网标识解析在实现全要素互联互通方面有重要作用，其在架构、协议、身份、应用等方面存在一定安全风险，正逐渐成为网络攻击的重点目标。针对工业互联网平台的新型网络攻击不断涌现，攻击者利用工业互联网平台漏洞向工业内网进行网络渗透和攻击，或者针对工业专用设备进行工业勒索攻击，以及以工业生产控制设备为目标进行高级可持续攻击。其攻击手段复杂多样，给工业互联网安全带来了极大挑战。工业互联网数据种类和保护需求多样，数据流动方向和路径复杂，研发设计数据、内部生产管理数据、操作控制数据及企业外部数据等，可能分布在大数据平台、生产终端、工业互联网平台、设计服务器等多种设施上，数据全生命周期各环节的安全防护面临严峻挑战。

为了让广大读者更好地了解工业互联网安全现状，提高对工业互联网安全的认识和重视程度，我们将团队的研究成果与多年积累的经验编撰成书，希望能给工业互联网安全相关从业人员提供参考，从而推动工业互联网安全技术的创新与应用。

王冲华、李俊、郝志强负责全书内容的编写和校对工作，周昊、余果、樊佩茹、林晨、孔同、韦彦等同志参与了本书部分内容的编写。本书的编撰和出版得到了国家重点研发计划——工控系统安全可信关键技术及应用（项目编号 2020YFB2009500）的资助。

由于时间仓促和作者水平有限，文中不免有遗漏和不妥之处，还望读者批评指正！

作　者
2023 年 4 月于北京

目　录

第 1 章

工业互联网发展概述

● ● ● ● ● ● ●

　　近年来，新一轮科技革命和产业变革快速发展，互联网由消费领域向生产领域快速延伸，互联网创新发展与新工业革命形成历史性交会，加速了工业互联网的应用。

1.1　工业互联网的产生背景

　　随着新一代信息技术与制造业的深度融合，运用大数据、人工智能等新兴技术推动制造业数字化转型已成普遍共识。全球主要国家和地区积极把握数字化、网络化、智能化发展机遇，探索新技术、新业态、新模式，探寻增长新动能和发展新路径，巩固提升国家竞争优势。

1.1.1　制造模式的变革

　　第三次工业革命开创了电子和信息技术推动制造流程自动化的先河，形成了劳动投入驱动型、资本投入驱动型、知识创新驱动型三种典型发展路径，集约化和创新化成为主要聚焦点。制造业技术变革在对第二产业产生巨大影响的同时，也延伸至第一产业和第三产业，给其内部众多产业及组织方式带来巨大的变化，推动社会生产及生活方式产生变革。

制造模式变革的需求日趋紧迫。一方面，传统制造模式陷入发展瓶颈，迫切需要转型升级。近年来，全球制造业呈现三大特征：一是生产效率增速逐渐放缓，甚至趋于停滞；二是发达国家制造业空心化，在劳动力成本的驱使下，制造业向发展中国家转移，发达国家试图通过智能制造促使其制造业向更高水平回归；三是发展中国家高污染、高耗能的问题日益严重，资源环境压力使其成本优势逐渐丧失，现有的粗放式发展方式难以为继。因此，无论对发达国家还是对发展中国家而言，通过创新技术与模式为制造业注入新增长动力已是大势所趋。另一方面，国际金融危机催生再工业化浪潮，加快推动信息化、工业化深度融合成为争夺全球竞争优势的关键。21世纪以来，随着我国制造业的迅速崛起，发达国家制造业的技术优势和市场份额不断下降。加之国际金融危机爆发、虚拟经济泡沫破灭等的催化效应，发达国家纷纷提出再工业化战略，力图发挥其信息技术的领先优势，重新获得全球制造业竞争优势，促进新工业革命在全球的迅速兴起。

制造业变革主要有以下五个特征。一是技术范式变革，不同领域的技术相互融合、渗透、扩散，技术变革和技术应用的周期变短。二是制造方式变革，传统工业通过提高技术、缩短研发周期、改进组织方式，逐步由规模化制造向个性化、绿色化、智能化制造转变。三是产业形态变革，制造业的生产制造环节将主要由新型装备和软件系统完成，而与之配套的装配和软件等生产性服务业成为制造业的主体。四是组织形式变革，得益于信息技术的支撑，具有明显分散化和个性化行动特征的创业方式迅速发展，使得传统组织和协作的形式发生了巨大的变化。五是商业模式变革，随着新一代信息技术与传统制造业的有效融合，工业领域出现了一批新的商业生态，如信息经济、知识经济、分享经济等。

21世纪以来，全球化产业体系正在重塑，制造业重新成为全球经济竞争的核心力量。特别是以德国"工业4.0"、美国先进制造业和工业互联网为典型代表，制造业发达的国家正依托其坚实的工业基础和先进的制造能力，积极谋划部署，着力推动新一代信息技术与先进制造业融合，率先实现新技术体系下制造业的领先优势，掌握未来全球实体经济竞争主导权。随着新技术的迭代衍生，以信息物理系统融合为标志的第四次工业革命逐渐显现。

1.1.2 工业体系的重塑

伴随着再工业化浪潮的蓬勃兴起，制造业已成为全球经济发展的重要支撑。为实现制造业转型升级，主要发达国家采取了一系列重大措施。例如，美国实施先进制造战略，发展工业互联网；英国、法国、日本、韩国、瑞典等制造强国也均推出了相应的制造业振兴计划。

从技术储备来看，新一代信息技术产业创新不断发展，已逐渐达到工业级数据处理和车间级智能决策的复杂性要求。新一代信息技术创新加速了先进制造技术的发展，构建了更加智能、柔性的生产体系。新产品、新技术应用成本的下降也成为信息通信技术引领新一轮制造业变革发展的重要推动力。这些技术主要应用在以下四个方面。第一，数据汇集，指实时采集、实时监控，感知生产过程中产生的大量数据。物联网、传感网等感知技术通过实时采集生产作业过程中的数据，将连续性的生产流程做成实时切片，结合可供处理的数字化信息模型，实现了网络实时监控和调节。第二，信息传输，指实现生产数据的泛在高速传输，促进生产过程的无缝衔接和产业链各环节协同制造。有线网络和无线网络的提质增效满足了海量工业数据的高速传输需求。移动宽带的普及，使得数据在工业领域的传输效率大大提升，进一步促进了工业互联网在工业领域的应用。第三，信息处理，指对海量多样生产数据的快速处理，可实现生产系统的智能分析、决策优化。数据存储和计算能力的进步，提升了工业化企业的工作效率。"大智移云"等新一代信息技术的快速发展，大大提高了超海量计算、数据存储及分析等能力，实现了海量工业数据的效率优化。第四，信息控制，指快速响应、更加智能的制造方式。工业 App、分布式软件等信息控制技术的发展为制造业提供了更快速、更智能的工具，进一步加快了制造业生产组织变革的进程。

1.1.3　互联网对制造业的影响

现代制造业的发展史，也是一部信息技术与传统制造业不断融合、激发、迭代的发展史，新技术在每个阶段都有重大突破。互联网作为其中创新最活跃、赋能最显著、渗透最广泛的成果，正通过"互联网+"的模式加速向制造各环节渗透，驱动新产品、新应用、新市场与新业态的不断涌现，为传统行业发展赋予了网络化、智能化、服务化、个性化等新的时代特征，推动工业发生深刻变革。

互联网与传统行业深度融合，将形成一个以智能工厂为载体，以互联网驱动新产品、新模式、新业态为特征，以信息数据流为核心驱动，实现各生产要素之间相互贯通，形成闭环的智能工业生态系统。

互联网对制造业的推动可以划分为两个阶段。一是以个体互联网为主导的阶段，这个阶段以个人计算机、智能终端在个人、工厂的广泛应用为主要特征，技术应用创新大多基于现场终端设备。随着网络向着多应用、低延迟、广覆盖、高速率的方向持续演进，逐渐实现了从个体信息到终端、网络、平台、应用的发展，产业链垂直整合的新模式引发了信息产业格局大调整。二是以产业互联网为主导的阶段，这个阶段以互联网与生产生活深度融合、形成"互联网+"的经济社会发展格局为主要特征。这一阶段的信息技术虽然不直接作为生产力，却驱动传统领域之间不断延伸融合，从消费品领域到制造业上游，从原材料采集到销售和售后，从内部生产闭环到产业链集成，重塑服务模式、更新基础设施和创新要素。

目前，互联网正向着更开放、大容量、一体化和易使用的方向发展。人工智能、边缘计算和 5G 的结合与融合，使得计算机网络向思维化、智能化发展，这不仅是制造业向网络化、数字化、智能化发展的必然趋势，也是互联网由个体互联向万物互联发展的必然趋势。

1.2　工业互联网的内涵与外延

工业互联网（Industrial Internet）是新一代信息通信技术与工业经济深度融合的新型基础设施、应用模式和工业生态，通过对人、机、物、系统等的全面连接，构建覆盖全产业链、全价值链的全新制造和服务体系，为工业乃至产业数字化、网络化、智能化发展提供了实现途径，是第四次工业革命的重要基石。

工业互联网不是互联网在工业中的简单应用，而是具有更为丰富的内涵和外延。它以网络为基础、平台为中枢、数据为要素、安全为保障，既是工业数字化、网络化、智能化转型的基础设施，也是互联网、大数据、人工智能与实体经济深度融合的应用模式，同时也是一种新业态、新产业，将重塑企业形态、供应链和产业链。当前，工业互联网融合应用向国民经济重点行业广泛拓展，形成平台化设计、智能化制造、网络化协同、个性化定制、服务化延伸、数字化管理六大新模式，赋能、赋智、赋值作用不断显现，有力地促进了实体经济提质、增效、降本、绿色、安全发展。

我国制造业面临"高端回流"和"中低端分流"的双向挤压。我国制造业"大而不强"，产品附加值较低，生产成本偏高，研发水平相对低下。虽然我国的制造业规模和产业门类在世界居首位，但依然有优势产业、拳头产品短缺的现实问题，总体还处于全球产业链的中低端，主要表现在以下三个方面。

（1）制造业产出效率整体偏低，产品附加值不高。当前我国制造业增加值率大约为 21%，而发达国家普遍为 35% 以上。我国制造业增加值总量世界第一，但人均制造业增加值仅为 3000 多美元，仅为发达国家水平的 1/3，居于全球第 50 位左右。这反映出我国制造业经济产出效率和利润附加值偏低，在全球产业链分工中处于中游加工及下游制成品位置，"中国制造"仍未实现高质量发展。

（2）制造业核心部件缺失导致生产成本偏高。我国制造业中许多行业的核心零部件、机器人甚至高端生产线整体都依赖进口，这大大提高了我国制造业的生产成本。在人口红利逐渐消失的大背景下，制造业成本优势亟需寻找新的突破口。与此同时，原材料价格上涨、社会资产价格上涨、融资成本提升等因素导致我国制造业成本不断提升，我国制造业传统成本优势正在逐渐削弱。

（3）制造业科研投入不足导致部分核心高端技术领域受制于人。尽管近年来我国不断增加对科技创新的政策支持和资金投入，全社会研发经费从 2012 年的 1.2 万亿元增加到 2022 年的 3.09 万亿元，研发投入强度从 2012 年的 1.91%提升到 2022年的 2.55%，但距离发达国家仍然有一定差距。尤其是在技术、人才、创新方面，与发达国家相比较，我国仍有较大的进步空间。科技创新的不足成为制造业智能化转型升级的绊脚石。

基于上述原因，推进产业转型升级，实现供给侧结构性改革，加速信息化与工业化融合，推进工业互联网创新发展战略，已经成为国家抢占未来竞争制高点的关键。

因此，无论是发达国家还是发展中国家，无论是劳动密集型产业还是创新驱动型产业，无论是产业链上游企业还是产业链下游企业，工业互联网的出现都将有效改善各行业、各环节的资源优化配置，促进效能提升。根据美国通用公司测算，即使工业互联网让特定行业的运营或生产环节的效率提升 1%，也将使该行业获得巨大的效益。

1.3　工业互联网体系架构

工业互联网涵盖的内容众多，其体系架构也在不断演化发展。

1.3.1　工业互联网体系架构的演进

面向第四次工业革命与新一轮数字化浪潮，多国无不将制造业数字化作为强化本国未来产业竞争力的战略方向，并把参考架构设计作为重要抓手，如美国推出工业互联网参考架构 IIRA，日本推出工业价值链参考架构 IVRA。其核心目的是以参考架构来凝聚产业共识与各方力量，促进技术创新和产品解决方案研发，引导制造企业开展应用探索与实践，并组织标准体系建设与标准制定，从而推动一个创新型领域从"概念"走向"落地"。

1.3.2　工业互联网体系架构 1.0

中国工业互联网产业联盟于 2016 年 8 月发布了《工业互联网体系架构（版本 1.0）》（以下简称"体系架构 1.0"）。体系架构 1.0 提出工业互联网网络、数据、安全三大体系，其中网络是工业数据传输交换和工业互联网发展的支撑基础，数据是工业智能化的核心驱动，安全是网络与数据在工业中应用的重要保障。基于三大体系，工业互联网重点构建三大优化闭环，即面向机器设备运行优化的闭环，面向生产运营决策优化的闭环，以及面向企业协同、用户交互与产品服务优化的全产业链、全价值链的闭环，并进一步形成智能化生产、网络化协同、个性化定制、服务化延伸四大应用模式。工业互联网体系架构 1.0 如图 1.1 所示。

1.3.3　工业互联网体系架构 2.0

自体系架构 1.0 发布以来，工业互联网的概念与内涵已获得各界的广泛认同，其发展也由理念与技术验证走向规模化应用推广。随着工业互联网的发展与演进，有必要对体系架构进行升级。工业互联网体系架构 2.0 充分继承了体系架构 1.0 的核心思想。一是体系架构 2.0 仍将数据作为核心要素。业务视图的数字化转型方向、路径与能力实质由数据驱动，功能架构的网络、平台、安全服务于数据的采集、传输、集成、管理与分析，实施框架则重点回答了如何通过部署工业互联网，提升现有制造系统的数据利用能力。二是体系架构 2.0 仍强调数据智能化闭环的核心驱动及其在生产管理优化与组织模式变革方面的作用。基于体系架构 1.0 提出的三大优化闭环，体系架构 2.0 将其归纳为共性的数据优化闭环，体现其在工业互联网系统中无处不在的特征。这一数据优化闭环既可以作用于企业现有的生产和管理，使之更加精准智能，也可以作用于资源配置优化与生产方式重构，引发商业模式创新。三是体系架构 2.0 继承了体系架构 1.0 的三大体系。考虑到体系架构 1.0 中网络、数据、安全三大体系在数据功能上存在一定重叠，如网络体系中包含数据传输与互通功能，安全体系中包含数据安全功能，因此在体系架构 2.0 中以平台替代数据，重点体现体系架构 1.0 中数据的集成、管理与建模分析功能，形成网络、平台、安全三大体系，但功能内涵与体系架构 1.0 基本一致。

工业互联网体系架构 2.0 包括业务视图、功能架构、实施框架三大板块，形成以商业目标和业务需求为牵引，进而明确系统功能定义与实施部署方式的设计思路，自上向下，层层细化和深入。工业互联网体系架构 2.0 如图 1.2 所示。

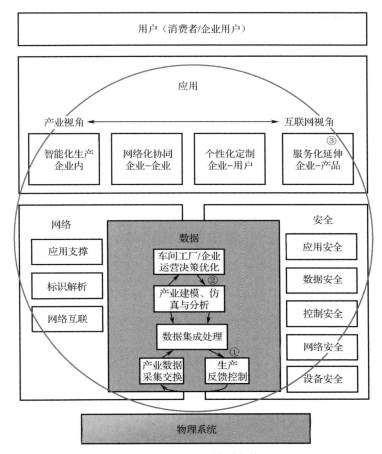

图 1.1　工业互联网体系架构 1.0

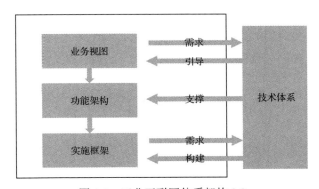

图 1.2　工业互联网体系架构 2.0

业务视图明确了企业应用工业互联网实现数字化转型的目标、方向、业务场景及相应的数字化能力。业务视图首先提出了工业互联网驱动的产业数字化转型的总体目标和方向，以及这一趋势下企业应用工业互联网构建数字化竞争力的愿景、路径和举措。这在企业内部将被进一步细化为若干具体业务的数字化转型策略，以及企业实现数字化转型所需的一系列关键能力。业务视图主要用于引导企业在商业层面明确工业互联网的定位和作用，相关需求数字化能力需求对于后续功能架构设计是重要引导。

功能架构明确企业支撑业务实现所需的核心功能、基本原理和关键要素。功能架构首先提出了以数据驱动的工业互联网功能原理总体视图，形成物理实体与数字空间的全面连接、精准映射与协同优化，覆盖制造、医疗等多行业领域的智能分析与决策优化，可细化分解为网络、平台、安全三大体系的子功能视图，描述构建三大体系所需的功能要素与关系。功能架构主要用于指导企业构建工业互联网的支撑能力与核心功能，并为后续工业互联网实施框架的制定提供参考。

实施框架描述各项功能在企业落地实施的层级结构、软硬件系统和部署方式。结合当前制造系统与未来发展趋势，提出了由设备层、边缘层、企业层、产业层四层组成的实施框架层级划分，明确了各层级的网络、标识、平台、安全的系统架构、部署方式及不同系统之间的关系。实施框架主要为企业提供工业互联网"落地"的具体统筹规划与建设方案，可进一步用于指导企业技术选型与系统构建。

1.4　工业互联网的典型应用场景

当前，工业互联网融合应用向国民经济重点行业广泛拓展，形成了供应链智能化制造、网络化协同、个性化定制、服务化延伸、数字化管理等新模式，赋能、赋智、赋值作用不断显现，有力地促进了实体经济提质、增效、降本、绿色、安全发展。

1.4.1　工业互联网促进智能化制造

1. 工业互联网促进智能化制造的定义

基于工业互联网的智能化制造是信息技术与制造业深度融合的新型生产制造过程。它通过部署工业互联网综合解决方案，采用物联网、大数据、云计算等信息技术采集，分析多维度信息、数据，构建全流程整体模型，实现对关键设备、生产过程、厂房基地等的全方位智能管控与决策优化，从而更加准确、有效地控制生产环节、优化生产制造、提高生产效率。

2. 工业互联网促进智能化制造的重要性

1）实现设备互联，提高企业生产能力

在过去的 20 年间，制造业先后经历了信息化和网络化。信息化解决的是人与机器之间的数字联通问题，如 ERP、MES、数据库等系统。网络化解决的是人与人之间的数字联通问题，以近零成本、近零时延实现了供需两端的个性化与差异化。基于工业互联网的智能化制造解决的是机器与机器之间的数字联通问题。通过数字自组织形成了设备自治，对异主、异构、异地数据进行跨系统、跨行业、跨平台的互联、互通、互操作，实现设备之间的数据互联。在这一进程中，工业互联网将人、机、料、法、环等生产要素全面互联，促进数据端到端的流通和集成，打破组织界限和信息孤岛，提升生产效率和产品质量，降低成本和能源消耗，实现工厂内的智能化制造。

2）促进行业发展，推动制造业转型升级

随着技术的进步，我国制造业亟需转型升级以应对全球化过程中面临的压力和机遇。生产技术层面，传统的科研水平、创新能力不足导致生产效率低下，制约了我国制造业的发展。市场层面，劳动力成本迅速攀升、产能过剩、竞争激烈、客户个性化需求日益增长等因素，迫使制造企业从低成本竞争策略转向建立差异化竞争优势。工厂层面，制造企业劳动力短缺，专业人才匮乏，必须实现减员增效，迫切需要推进智能化制造。基于工业互联网的智能化制造是实现制造业数字化、智能化的基础环节。只有夯实工业互联网的基础，方能进一步布局数字制造、智能制造及由生产工具转型带动的商业模式变革，推动传统产业向中高端迈进，逐步化解过剩产能，促进大企业与中小企业协调发展，进一步优化制造业布局，抢占国际竞争制高点。

1.4.2 工业互联网推动网络化协同

1. 工业互联网推动网络化协同的定义

基于工业互联网的网络化协同是供应链的发展趋势。它依托互联网、大数据和工业云平台，有效整合全球各地的设计、生产、供应和销售等资源，衔接研发、管理与生产流程，有机融合制造管理、产品设计、产品服务生命周期和供应链管理、客户关系管理，一方面实现企业的价值链从单一的制造环节向上游设计与研发环节延伸，另一方面实现企业的管理链从上游向下游生产制造控制环节拓展，最终改变业务经营模式，达到资源全局最优配置。

2．工业互联网推动网络化协同的重要性

1）应对复杂多变的竞争环境，强化协同关系

当前，市场竞争环境呈现复杂性和多变性。无论是跨国企业还是中小企业都无法靠单打独斗去面对所有环节的竞争，企业之间协同的必要性和重要性日益凸显，但是追求自身利益最大化的动机往往会破坏乃至摧毁这种协同关系。企业必须与供应链的上下游企业结成联盟，整合整体的竞争能力和资源，实现共赢。基于工业互联网的供应链网络化协同通过信息技术与物流配送网络的支撑，实现全渠道的需求订单、便捷支付、物流配送之间的有效融合、交互衔接，使整个供应链的采购、计划、生产、流通、服务等业务过程更加协同高效，降低面临的不确定性。各产业板块不仅与核心企业联通，还与成百上千家供应商建立合作，真正实现信息互通与资源共享，从而稳固和强化企业之间的协同关系。

2）创新企业管理模式，创造协同价值

企业间信息沟通不畅是供应链管理面临的突出问题。企业的供应商往往分布在不同地区，导致信息的传递与交流存在障碍，影响供应链的有效管理。处在链条较长、物料品种繁多的供应链中，企业的管理效率往往更加低效。这不仅对企业的生产链管理造成了很大的阻碍，也影响了企业各元素之间的协同与分工合作，加大了各环节间连接的难度。基于工业互联网的供应链网络化协同采用移动设备构建信息与资源共享平台，可以把分散在不同地区的生产设备资源、智力资源和各种核心能力通过平台的方式集聚起来，通过数据协同业务实现全方位的信息覆盖以及高效的生产要素匹配，可以及时、准确地提供相关产品和服务，增加协同企业的融合性和参与性，最大化供应链协同价值。

1.4.3　工业互联网升级个性化定制

1．工业互联网升级个性化定制的定义

基于工业互联网的个性化定制是一种精准的生产模式。它利用互联网平台和智能工厂，将用户需求直接转化为生产排单，建立以客户为中心的数字营销服务体系，在精准对接的基础上及时高效地满足客户的个性化定制需求，同时解决制造业长期存在的库存和产能问题，实现产销动态平衡。

2．工业互联网升级个性化定制的重要性

1）需求个性化趋势明显，可有效提高客户满意度

随着社会生产力和科技水平的不断提高，用户需求日益个性化和多元化，用户

越来越关注产品设计、独特体验、工艺特点等元素。然而传统的工业渠道单一、封闭运行，企业-用户关系单向流动，旧有的需求定位粗略、市场反馈滞后等问题成为个性化定制发展的绊脚石。基于工业互联网的个性化定制可打破信息流阻断的壁垒，借助工业互联网平台的集聚和交互功能实现海量用户与企业间的交互对接、需求征集，从事前调研、产品推广、订单设计、个性生产到交付使用和售后服务，让用户切实参与其中，带给用户个性化的服务体验，增加顾客黏性。

2）柔性化生产难度较大，可借助数字化降本增效

在传统大规模生产模式下，企业内生产组织缺乏柔性，企业依靠规模经济进行生产是主流模式。个性化定制给传统的标准化、大批量生产方式带来了前所未有的挑战，柔性大规模个性化生产线应运而生，但该生产模式存在复用性低、生产成本高、服务成本高、生产周期长等问题。基于工业互联网的个性化定制运用大数据分析建立排产模型，依托柔性生产线保持规模经济，借助数字化缩短流通渠道，减少因定制化产生的额外成本，实现以用户为中心的个性定制与按需生产双融合。例如，树根互联基于根云工业互联网平台，赋能定制家居产业链，提升从门店接单、定制设计到订单生产、物流配送、上门安装的全业务链整体业务环节的数字化能力与协同价值，打通生产后端与设计前端，构建了"个性定制、柔性生产、资源协同、交付透明、直通服务"一站式协同制造模式。

1.4.4　工业互联网打造服务化延伸

1. 工业互联网打造服务化延伸的定义

基于工业互联网的服务化是一种融合产品和服务的商业模式。它将管理活动从产品生产环节延伸到产品流通环节，利用工业互联网打通产品出厂后的物流服务、仓储服务、配装服务、售后服务等产品流通环节，由提供有形产品转变为提供"产品+服务"，从而提升服务效率和客户体验。

2. 工业互联网打造服务化延伸的重要性

1）打造数据闭环，感知客户需求变化

客户需求的碎片化、个性化、场景化发展趋势，是供应链服务化的主要驱动力。在仅通过交付产品获利的商业模式下，制造企业很难掌握客户对产品的使用习惯和真实体验。为了给客户提供高质量的服务，大多数制造企业努力向全方位服务提供商转型，通过产品智能化获取产品的运营状况，形成数据闭环，为研发产品、响应客户需求提供基础。基于工业互联网的供应链服务化整合了移动互联网、大数据、云计算、物联网、人工智能等信息技术，可探索直销电商、社交电商、粉丝经济等

网络营销方式，实现产品监测追溯、远程诊断维护、产品全生命周期管理等高附加值服务。服务化使企业和客户利益休戚相关，双方共担风险，有助于满足客户分散经营风险、减少不可预测性支出的需求。

2）获得竞争优势，提升行业整体价值

差异化服务和难以被模仿的服务，成为制造企业获取潜在竞争优势的有效战略工具。但是，服务初期投入巨大，且因为服务的无形性、异质性、产销同时性、不可储存性等特征，导致企业服务成本居高不下。由于服务业劳动生产率一般低于制造业，企业的服务化阻力巨大，因此容易陷入"服务化困境"。基于工业互联网的供应链服务化既包含低时延、高可靠、广覆盖、更安全的工业互联网基础设施体系（硬件基础），也包含集成消费、设计、生产、销售和服务全过程工业大数据应用服务的信息化软件系统（软件基础），从而有效降低服务化成本，增加附加价值，提高综合竞争力。

1.4.5　工业互联网赋能数字化管理

1. 工业互联网赋能数字化管理的定义

基于工业互联网的数字化管理是一种数据驱动、敏捷高效的管理方法。它基于工业互联网平台打通核心数据链，实现覆盖生产制造、产品全生命周期及供应链的数据贯通，推动资产管理、运营管理、组织管理等方面的数字化管理创新，提升企业的管理能力和效率。

2. 工业互联网赋能数字化管理的重要性

1）打通内部管理环节，实现数据互联互通

数据支撑的管理决策往往具有更强的复用性，满足数字经济时代打造敏捷高效的企业经营管理的需要。企业数据资源散落在各业务部门，各业务环节之间的数据难以集成共享，节点间信息分享不畅，形成"数据孤岛"现象。通过工业互联网统一的工业大数据平台，企业可以打通计划、采购、生产、交付等环节，持续采集研发、工艺、生产、物流、销售、服务等生产经营数据，使数据调取更加便捷。通过对产品全生命周期数据、全量生产设备数据的感知和管理，结合工业机理模型，基于实时数据开展大型设备或电子产品的故障检测和预警、产线预测性维护、精细化用户和分销商服务等，实现对运行数据的全面分析、精准诊断，辅助智能决策，提升管理效率。

2）优化管理运营模式，提高资源配置能力

企业竞争的本质是资源配置效率的竞争，当前企业的组织结构在数字化时代受到较大的冲击，对外界变化反应不灵敏、机构设置逐渐冗杂、协调成本和信息传递成本高等弊端日渐显现，迫使组织结构逐渐向分布化、弹性化的网络组织转变。基于工业互联网平台的数字化管理可以降低信息在部门间传递的门槛，极大地减少管理层级，加速管理扁平化，使得组织结构的灵活性大幅提高。此外，基于平台的数字化管理还促使企业用工方式发生变革，从传统的正规就业转向灵活用工。平台汇聚广大中小企业与第三方开发者，快速对接人才、技术、知识等资源，提升资源配置能力。

1.5 本章小结

工业互联网以网络为基础、平台为中枢、数据为要素、安全为保障，既是工业数字化、网络化、智能化转型的基础设施，也是互联网、大数据、人工智能与实体经济深度融合的应用模式，同时也是一种新业态、新产业，将重塑企业形态、供应链和产业链。本章对工业互联网的发展进行了概述，1.1 节从制造模式的变革、工业体系的重塑、互联网对制造业的影响出发，介绍了工业互联网的产生背景。1.2 节介绍了工业互联网的内涵和外延。1.3 节介绍了工业互联网体系架构的演进。1.4 节总结了工业互联网的 5 个典型应用场景。

第 2 章

工业互联网安全概述

• • • • • • • • •

当前，全球各国不断重视并持续升级工业互联网安全防御体系，但针对工业互联网的攻击威胁不断加剧，全球工业互联网安全发展仍面临巨大挑战。

2.1　工业互联网安全的定义与内涵

工业互联网通过对人、机、物、系统等的全面连接，构建起覆盖全产业链、全价值链的全新制造和服务体系，为工业乃至产业数字化、网络化、智能化发展提供了实现途径，是第四次工业革命的重要基石。与此同时，工业互联网也打破了工业控制系统传统的封闭格局，使工业互联网控制层、设备层、网络层、平台层等存在的大量安全问题暴露出来，线上线下安全风险交织叠加放大，安全形势更加复杂。随着新一代信息技术在工业控制系统中的深入应用，无论是互联网端，还是在工业生产网络侧，都可能通过网络对工业控制系统进行攻击。加强工业互联网安全保障能力建设，切实维护国家关键信息基础安全，筑牢网络安全基石，是网络强国战略实施的重要目标。

2.1.1　工业互联网安全的定义

工业互联网安全是新一代信息通信技术与工业经济深度融合产生的伴生安全

问题，包括设备安全、控制安全、网络安全、标识解析安全、平台安全、应用安全和数据安全等内容。从图 2.1 中可以看到，设备和控制信息处于工业互联网的"端"侧，作为工业互联网数据的来源，是工业互联网安全保障的重点。网络（含标识解析）是工业互联网的基础设施，连接"端"与"云"，是工业互联网安全保障的基础。平台和应用处于工业互联网"云"侧，连接大量的工业设备，存储了大量的工业数据，是工业互联网安全保障的核心。数据贯穿工业互联网全流程，其安全代表了工业互联网的"信息"安全，是工业互联网安全保障的主线。

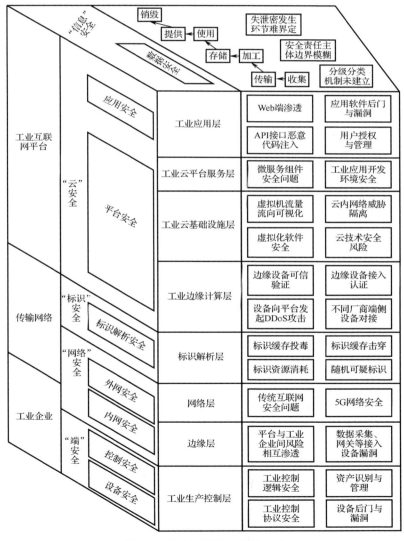

图 2.1　工业互联网安全的定义

1. 设备安全

设备安全包括设备固件安全、设备软件安全及设备接入安全 3 个方面。工业互联网设备是工业互联网底层的核心组件，覆盖工业互联网智能器件、智能终端、边缘网关、工业网关等具有感知、分析、推理、决策功能的智能设备和智能产品。工业互联网设备是攻击者对工业互联网发动网络攻击的重要突破口，主要体现在两个大的方面：一是工业互联网智能设备自身安全防护手段薄弱；二是工业互联网智能设备被用作跳板，向平台、网络发起攻击。

2. 控制安全

控制安全包括接入工业互联网的 PLC、DCS、SCADA 等工业控制系统的安全，涉及被控端（终端设备）与控制端（云平台、控制器）之间传输控制指令数据的控制协议安全、控制端内搭载的操作系统环境与控制软件安全及涉及指令执行上下文的控制逻辑安全等。

3. 网络安全

网络安全包括网络传输协议安全和网络通信链路安全。网络传输协议安全是指工业互联网设备之间、设备与平台之间、设备与人之间在信息交互时传输数据所使用的通信协议安全，如 HTTP、MQTT 等互联网协议，5G、NB-IoT 等移动通信协议，工业以太网、工业 PON、TSN 等工业有线协议，ZigBee、LoRa 等无线网络通信协议。网络通信链路安全是指工业互联网的网络通信信道安全。其中，常见的链路层安全攻击有 MAC 地址扩散、ARP 攻击与欺骗、IP 地址欺骗等。通过链路层攻击，攻击者可以非法接入工业互联网网络，进而恶意操控系统或发起拒绝服务攻击。

4. 标识解析安全

标识解析安全包括架构、协议、运营、身份、数据、恶意利用等方面的安全。标识解析是工业互联网的重要网络基础设施，为工业设备、机器等提供编码、注册与解析服务，并通过标识实现对异主、异地、异构信息的智能关联。标识解析体系是工业互联网的重要基础设施，类似 DNS 服务器，它会成为攻击者的重要目标。标识数量相比现在互联网的域名解析体系数量是千倍甚至是万倍的量级，其平时的请求解析可以达到千万量级。如此量级的解析，对标识解析的安全保障也提出了更高的要求。

1）架构安全

从标识解析架构来看，客户端主机、标识解析服务器、缓存与代理服务器都有可能成为标识解析体系的脆弱点，如服务器被篡改导致返回错误的标识解析结果，树形分层架构为拒绝服务攻击提供了可能。

2）协议安全

标识解析协议的脆弱性很容易被攻击者利用，以监听标识解析会话从而对中间人攻击，通过窃听、篡改和伪造标识解析消息的方式对标识解析系统进行攻击。攻击者也可通过递归解析服务器加载恶意数据进行缓存投毒攻击。

3）运营安全

工业互联网标识解析在运营过程中可能涉及根节点运行机构、顶级节点运行机构、二级节点服务机构、标识注册管理机构、标识注册代理机构等多种标识解析服务机构。攻击者可以滥用标识注册、非法注册、伪造标识服务机构，引发标识资源浪费、标识资源分配混乱、标识资源失信、标识解析结果失真等安全风险。

4）身份安全

身份是工业互联网标识解析的门户，根节点、顶级节点、二级节点、递归节点、企业节点、用户等之间发送查询和解析请求时首先需要进行身份认证，不同的节点角色拥有不同的权限。任何环节出现认证问题都可能带来信任风险，导致标识数据被非法访问或出现不可信的解析结果。

5）数据安全

工业互联网标识数据中携带大量敏感隐私信息，随着工业互联网的互联互通，海量标识数据在采集、传输、存储和使用等生命周期流转中，将为数据的安全治理、合规管控带来挑战。

6）恶意利用

标识解析的流量通常不会被安全防护工具（如防火墙、入侵检测系统等）拦截，但这也给了攻击者可乘之机。攻击者可以利用标识解析数据构建命令与控制信道或建立隧道，用恶意流量伪装成标识解析流量而避开安全防护工具的拦截。

5. 平台安全

工业互联网平台安全是指工业边缘计算、工业云基础设施、工业云平台服务、工业应用等的安全。工业互联网平台是业务交互的桥梁，连接大量工业控制系统和设备，是全生产链各环节实现协同制造的"纽带"，也是海量工业数据采集、汇聚、分析和服务的"载体"。由于工业互联网平台具有用户类型复杂、应用和微服务数量大、种类多等特点，其面临攻击路径多、攻击手段多样、防护难度大等安全挑战，因此工业互联网平台安全是工业互联网安全的核心。

6. 数据安全

工业互联网数据安全主要涉及数据收集、存储、使用、加工、传输、提供、销毁等数据处理过程中的安全。相比传统网络数据，工业互联网数据种类更丰富、形态更多样，涉及的主体较多，包括工业企业涉及的研发设计数据、生产制造数据、经营管理数据等，平台企业涉及的知识机理、数字化模型、工业 App 信息等，基础电信运营企业涉及的工业网络通信数据，标识解析企业涉及的标识解析数据，系统集成商和工控厂商涉及的设备实时数据、设备运维数据、集成测试数据等，数据交易所涉及的工业交易数据等。工业互联网数据体量大、种类多，采集范围、流动方向、传递路径、存储位置等复杂，且不同领域对数据的保护和利用存在较大差异，面临数据安全采集难、敏感数据难识别、缺乏数据可信交换共享机制等问题。

2.1.2　工业互联网安全与传统互联网安全的区别

传统互联网的网络层级较少，基于 TCP/IP 的通信协议安全机制也比较完善，对网络时延的容忍度比较高，运行的信息系统更关注保密性和完整性，数据安全以信息数据保护为重点，遭受到网络攻击后的主要后果为经济损失。而工业互联网是基于泛在连接的复杂网络，生产控制网络对网络的连续性和实时性要求极高，运行的工业互联网平台和工控（工业控制）系统更关注可用性。数据安全以保护工业数据为重点，其遭受攻击网络攻击后可能影响安全生产，危害严重。工业互联网安全与传统互联网安全的区别具体体现在以下几个方面。

1. 工业互联网安全防护对象更多，安全场景更丰富

传统互联网安全更多地关注网络设施、信息系统软硬件及应用数据安全。而工业互联网安全的关注点扩展延伸至工厂内部并伴随多种新型安全防护对象，包含设备安全、控制安全、网络（含标识解析）安全、平台安全和数据安全。

2. 工业互联网安全连接范围更广，威胁延伸至物理世界

传统互联网安全中的攻击对象主要为用户终端、信息服务系统、网站等。工业互联网打通了工业现场与互联网，使网络攻击可直达生产一线。现场控制层、集中调度层、企业管理层之间直接通过以太网甚至互联网承载数据通信，越来越多的生产组件和服务直接或间接与互联网连接，攻击者从研发端、管理端、消费端、生产端都有可能实现对工业互联网的攻击或病毒传播。

3. 工业互联网安全中的网络安全和生产安全交织，安全事件危害更严重

传统互联网安全遭受网络攻击后大多面临经济损失。工业互联网一旦遭受攻击，不仅面临经济损失，更可能影响工业生产运行，引发安全生产事故，对国民经济造成重创，影响社会稳定，甚至对国家安全构成威胁。

4. 工业互联网安全更加关注可靠性与实时性

与传统互联网安全不同，工业互联网安全更加强调人、机、物、数据的全面融合，强调对设备、控制系统等实体的控制。工业互联网安全应保障智能化生产的连续性、可靠性，保障智能设备、工业控制设备和系统能够快速及时地做出响应，更加关注设备和系统的实时性和可用性。

5. 工业互联网协议种类繁多，互通难度大

传统互联网的网络层级较少，基于 TCP/IP 的通信协议安全机制也较为完善。而工业互联网是基于泛在连接的复杂网络，运行着超过 1000 种安全机制不完善的工业控制、现场总线、工业通信等协议，且不同企业接口不一、较为封闭等特点加大了安全协议分析的难度。

6. 工业互联网安全防护机制相比传统网络安全仍不完善

与传统互联网相比，工业互联网安全仍处于发展阶段，场景及防护机制相对单一，主要基于传统的安全防护手段进行简单的移植，针对工业互联网安全需求及特色的有针对性的安全防护手段仍不完善。

7. 工业互联网数据种类多样，缺乏防护重点

工业互联网数据种类和保护需求多样，数据流动方向和路径复杂，研发设计数据、内部生产管理数据、操作控制数据及企业外部数据等，可能分布在大数据平台、生产终端、工业互联网平台、设计服务器等多种设施上，仅依托单点、离散的数据保护措施难以有效保护工业互联网中流动的工业数据安全。

2.2　工业互联网安全面临的形势与挑战

2.2.1　工业互联网漏洞问题

工业设备、工业控制器、工业控制系统、协议、平台等存在大量漏洞，攻击者利用漏洞可以实施非法接入、身份伪造、越权操作等，造成信息泄露、拒绝服务等影响，严重威胁生产过程中数据的隐私性、可靠性与业务连续性，甚至影响生产安全、人员安全。整体来看，2020 年工业信息安全漏洞数量高速增长，呈现危害等级高、分布范围广、类型多样的特点。

1. 漏洞数量高速增长

2020 年国家工业网络安全漏洞库（China National Industrial Cyber Security Vulnerability Database，CICSVD）共收录工业网络安全漏洞 2138 个，较 2019 年上升 22.2%，其中通用型漏洞 2045 个，事件型漏洞 93 个，保持了较高的增长态势。

2. 危害等级高

高危漏洞占比居高不下，CICSVD 收录的通用型漏洞中，高危及以上漏洞占比高达 62.5%。具体来看，超危漏洞 379 个（占比 18.5%），高危漏洞 899 个（占比 44%），中危漏洞 716 个（占比 35%），低危漏洞 51 个（占比 2.5%）。危害等级较高的漏洞包括 TreckTCP/IP 软件库漏洞、法国施耐德电气公司 Easergy T300 认证绕过漏洞、德国 WAGO 公司 I/O-CHECK 工业软件缓冲区错误漏洞、瑞士 ABB 公司 Relion 670 Series 目录遍历漏洞等。

3. 分布范围广

漏洞分布范围广泛，在 CICSVD 收录的通用型漏洞中，受影响产品共涉及 10 个大类、66 个小类。其中，工业主机设备和软件类、工业生产控制设备类和工业网络通信设备类产品是收录漏洞数量最多的产品大类，合计占比 72.8%。从产品小类来看，PLC、组态软件、工业路由器、SCADA、工业软件是收录漏洞数量最多的 5 类产品，合计占比 83%。漏洞基本涵盖国内外主流设备厂商，涉及德国西门子公司、法国施耐德电气公司、瑞士 ABB 公司等 335 家厂商，影响关键制造、能源、化工、医疗、安防等重点领域。

4. 漏洞类型多样

CICSVD 收录的漏洞共涉及 31 种漏洞类型。其中，缓冲区错误漏洞数量最多，为 337 个（占比 16.5%），输入验证错误、授权问题、资源管理错误漏洞分别占比 7.4%、7.2% 和 6.9%。例如，2020 年，至少有 17 款西门子工业交换机存在高危漏洞，黑客利用这些漏洞可远程窃取敏感信息，直接控制甚至随意破坏这些设备。2022 年 3 月，美国罗克韦尔自动化公司的 PLC 和工程工作站软件中暴露出 2 个零日漏洞，攻击者可以利用这些漏洞向工控系统注入恶意代码并秘密修改自动化流程。

2.2.2　工业互联网安全事件

随着工业互联网加快发展，工业设备由机械化向智能化转变，由孤岛式运转向开放式联网转变，导致工控设备暴露面增大，工业环境攻击的针对性显著增强。2020

年国家工业信息安全发展研究中心（以下简称"国家工信安全中心"）全国工控系统威胁诱捕网络共检测到来自境外 105 个国家和地区的恶意网络行为超 200 万次。2021 年，这一数字上升至超过 600 万次，数量激增。与此同时，针对工业互联网的攻击手段不断升级，工业勒索、数据擦除等新型攻击不断涌现，针对工业企业的勒索攻击数量 2018—2020 年增长了超过 500%，占勒索攻击总数超过 50%。

自"震网"病毒开始，针对工业互联网的攻击事件层出不穷。2010 年 6 月，伊朗核设施遭受"震网"病毒攻击。病毒通过被感染的可移动存储设备入侵，在网络中扫描所有目标工控主机，并通过零日漏洞感染传播，造成数百台高速离心机损坏。2019 年 3 月 7 日，委内瑞拉最大的水电站遭受网络攻击，导致全国发生大规模停电事件，致使 18 个州一度陷入黑暗之中。这次停电导致地铁无法运行，造成大规模交通拥堵，学校、医院、工厂、机场等都受到严重影响，手机和网络也无法正常使用。

随着工业信息化程度不断提升，信息技术（Information Technology，IT）与运营技术（Operation Technology，OT）之间的边界日益模糊，工业互联网开始面临勒索病毒等传统网络攻击风险。2018 年 8 月，台积电晶圆厂和营运总部遭受 WannaCry 勒索病毒攻击。病毒通过新安装的设备入侵，通过未打补丁的 Windows 操作系统进行扩散，导致生产线停摆 3 天，损失超 10 亿元。2021 年 5 月 7 日，美国油气运输管道公司 Colonial 遭受 Darkside 黑客组织发动的勒索攻击，攻击者通过 RDP 远程执行漏洞感染公司内部系统，加密窃取了超过 100GB 的内部数据，造成美国东岸 45% 的燃料供应中断近一周。2020 年 2 月，美国的另一家天然气压缩运营商遭受勒索病毒攻击。攻击者使用鱼叉式钓鱼攻击的方式获取对该组织机构信息技术网络的初始访问权限，之后跳转到其 OT 网络。由于受害者未能在 IT 和 OT 网络之间部署有效的隔离措施，使得攻击者能够穿越 IT-OT 网络边界，使用勒索病毒加密数据来破坏 IT 和 OT 网络上基于 Windows 的资产，受到攻击的 OT 网络的资产包括 HMI、数据历史记录和轮询服务器等。

在国际冲突的背景下，针对工业互联网的新型攻击不断涌现。2022 年 3 月 30 日，卫星通信提供商 Viasat 的网络基础设施遭受 AcidRain 新型数据擦除恶意软件攻击。攻击者破解了卫星网络管理端的远程访问权限，利用后台下发合法的管理命令来覆盖调制解调器闪存中的关键数据，致使中欧、东欧地区的卫星服务大规模中断，乌克兰军用卫星网络受到严重影响。2022 年 4 月 8 日，乌克兰能源供应商遭受 Industroyer2 恶意软件攻击。攻击者通过组策略对象部署 ArguePatch 恶意软件，利用蠕虫病毒渗透入侵变电站工业控制网络后，经上位机系统 ProxyShell 远程执行漏洞，部署数据擦除恶意软件，进一步下发控制指令、清除生产控制数据后，使用数据擦除恶意控制系统数据，阻止系统恢复，掩盖攻击痕迹。

2.2.3 联网工控系统与设备安全问题

随着 IT 与 OT 的融合发展，工控系统网络逐步由封闭转向开放，导致威胁暴露面持续扩大。同时，由于工控系统普遍缺乏安全设计，常用的工业协议为保证稳定性而牺牲了部分安全性，且长期存在安全配置基线无加固、恶意代码防范能力弱等问题，致使工控系统在面临网络攻击时不堪一击，从而导致生产系统瘫痪，低防护联网设备暴露于公共互联网，自身防护水平差，可被识别、监测，存在极大的被远程入侵风险。

根据国家工信安全中心 2020 年 12 月最新监测数据，我国各类低防护联网设备数量总计超过 500 万台。其中，摄像头、车载模块、打印机等终端设备占比超过 80%。可编程逻辑控制器、数据采集与监视控制系统、数据传输单元等工业控制系统数量已超过 2.5 万套，相比 2019 年增加了近 4 倍。从地域分布来看，低防护联网工业控制系统分布于全国 31 个省（自治区、直辖市），其中，山东、辽宁、北京排名前 3，数量均超过 2000 台（套）。

在低防护联网工业控制系统中，电力系统、Modbus 协议设备、DTU 数据采集终端占比最高。2020 年 12 月监测数据显示，DLT698 电能采集主站、Modbus 协议设备、DTU 数据采集终端占比分别为 31.60%、20.52%和 20.03%。其中，Modbus 协议设备涉及施耐德、和利时、通用电气、罗克韦尔、浙江中控等国内外主流工业控制系统厂商，在智能制造、能源、化工等多个重点行业领域应用广泛。由于 Modbus 协议自身安全性不足，存在加密手段缺失、授权认证不足等固有问题，导致此类低防护联网设备存在较大安全隐患。

2.2.4 工业企业上云上平台带来安全挑战

随着工业互联网平台、网络、安全等配套政策趋于完善，工业互联网平台的发展与应用已经成为工业企业构建网络化协同、规模化定制、服务型制造等新模式、新业态、新动能。自 2018 年以来，工业和信息化部（以下简称"工信部"）先后编制印发了《工业互联网平台建设及推广指南》《工业互联网平台评价方法》等系列文件，并在《工业互联网发展行动计划（2018—2020 年）》中明确提出工业设备上云"领跑者"计划和工业 App 培育工程，推动百万家企业上云上平台。广东省、江西省等各地方省厅也将工业企业上云上平台写入地方规划政策文件，企业上云上平台已成为工业互联网未来发展趋势。

企业上云上平台在给工业企业带来极大便利的同时，也给工业企业带来了潜在的安全风险。大量工业应用、管理系统从本地迁移到云平台，面临着来自外部互联网的攻击威胁，催生了企业安全上云风险。在现有工业应用场景中，人、机、物等数字主体众多，身份权限管理复杂，现有工业信息系统接入认证机制不完善，缺乏细粒度访问控制能力，带来了工业现场生产控制设备的安全接入问题。

企业上云上平台进一步加深了企业网络的开放化程度，使得内外网边界逐渐模糊，安全风险双向传导，为勒索病毒、挖矿木马等恶意软件传播及 APT 等网络攻击提供了便利途径。一方面，攻击者可利用云平台安全漏洞，侵入企业内网，以云平台为跳板纵向渗透、传播恶意软件，从而影响工业现场生产控制系统的正常运转。另一方面，海量异构工业终端设备自身安全机制薄弱，一旦被攻破，可被用于伪造生产数据，造成控制逻辑紊乱，或者被用于组建大规模僵尸网络，向企业系统发起高烈度 DDoS 攻击，严重影响企业系统可用性。

企业上云上平台使得工业数据在收集、存储、使用、加工、传输、提供、公开等生命周期过程中的风险面随之扩大。工业数据在现场网络和企业内网之间的交换往往缺乏统一的加密认证手段，安全防护手段相对单一，生产控制系统、应用系统上云，可能导致在交换共享过程中的企业数据泄露、数据被篡改、发生越权访问等威胁。而随着工艺设计、辅助决策等核心工业系统上云，企业数据在云平台汇聚，云平台自身的软硬件虚拟化、网络虚拟化等隔离性安全问题，也给工业数据带来了潜在风险。攻击者可利用虚拟机逃逸、跨虚拟机侧信道攻击、镜像篡改等攻击破坏云平台的隔离性，窃取虚拟机中的敏感工业数据、加密密钥等信息，甚至获得虚拟机的控制权，危害工业数据安全。

2.2.5　新一代信息技术应用带来安全挑战

1. 5G 与工业互联网融合应用的安全风险

5G 安全主要包括新型网络边界安全、网络切片安全、移动边缘计算、数据安全与应用安全。工业互联网安全主要包括设备安全、控制安全、网络（含标识解析）安全、平台安全、数据安全。5G 与工业互联网融合，推动制造业从局部应用走向生产要素全面互联。在新的交互场景下，网络攻击的影响范围和危害程度大幅提升，并衍生出诸多新型安全挑战。例如，2022 年 3 月，欧洲卫星通信因遭受网络攻击而中断，致使中欧和东欧地区近 6000 台风力发电机组失去远程控制。

1）网络安全边界放大导致防护难度增加

5G 与工业互联网实现人与人、人与物、物与物之间的全面连接、全景感知、全域互通，网络安全边界更加泛化，针对单点的网络威胁可能引发全局风险，对身份识别和边界安全防护需求极高。网络安全和各领域物理安全风险相互交织、叠加放大，5G 与工业互联网承载与经济发展和国家安全密切相关的核心业务，网络信息系统价值远远高于普通节点，极有可能成为黑客组织、敌对势力的高价值攻击目标。

2）新技术融合应用导致安全问题更复杂

5G 的低时延、高带宽、大连接等特性导致网络攻击入口和对象增多，恶意行为识别难度增大。工业互联网在泛在连接场景下，在边缘接入与管控、标识解析接入认证与访问控制、工业 App 安全等方面面临严峻挑战。行业应用场景使安全问题更加复杂，5G 为工业互联网、车联网的快速发展提供了有力支撑，但多点接入及多场景多业务的接入也极易引发重要数据泄露、篡改、伪造及注入攻击、拒绝服务攻击等安全威胁。在工业互联网场景下，工业现场侧与互联网侧的安全需求与行业特性紧密相关，传统安全防护思路和手段难以应对安全问题。

3）数据要素共享流动导致数据安全风险凸显

5G 与工业互联网在带动数据量的指数级增长和多场景应用的同时，也加剧了数据安全风险。工业数据、个人信息、业务数据等来源分散的数据资源逐步向工业互联网平台、大数据中心等开放平台汇聚，一旦平台遭受网络攻击，将导致大规模数据泄露。同时，数据应用涉及的环节和主体众多，数据流动方向路径复杂，同一数据可能存在云端、网络端和终端，单点、离散的数据保护措施难以有效保障数据安全。例如，2022 年 7 月，中欧天然气管道公司 Creos Luxembourg S.A.遭受勒索病毒攻击，导致系统中 150GB 数据失窃，涵盖合同、协议、护照、账单等 18 万个文件。

5G 与工业互联网多责任主体带来了安全责任模糊问题。5G 网络涉及不同垂直行业管理网、生产网、控制网的人、机、物等对象，工业互联网涉及工业企业、平台企业、标识解析基础服务企业等多对象。5G 与工业互联网安全需要全产业链上下游各企业来负责管理。多主体参与增加了安全攻击溯源的难度，安全责任界定也比传统互联网更难，引发了责任不清、管理难度增加的安全问题。

4）国际竞争形势严峻导致供应链安全风险加剧

目前，我国关键软硬件技术和核心零部件产品依赖国外的状况尚未得到改善，5G 与工业互联网面临的供应链安全风险较大，本质安全问题突出。随着中美战略竞争走向常态化，在 5G 与工业互联网建设中直接使用国外现成商用技术和产品，可能直接引入后门和漏洞，成为网络攻击和渗透的跳板。近期，美国对我国关键技术产品的限制措施持续升级，强势切断 5G 相关的关键产品的供应，"卡脖子"问题将造成供应链断裂风险，从而导致 5G 与工业互联网延宕的严重后果。

2．人工智能与工业互联网融合带来安全风险

人工智能技术可应用于工业互联网安全的主动防御、威胁分析、策略生成、态势感知、攻防对抗等诸多方面，在网络安全行为检测、安全态势分析预测、安全辅助决策分析等领域具有较为成熟的应用。然而，受应用场景与分析精度的影响，人工智能技术也存在"双刃剑"效应。

1）人工智能可被武器化，助力网络攻击

人工智能的自我学习能力和自组织能力可用于自动瞄准更具吸引力的目标，提高网络攻击效率。俄罗斯莫斯科的研究人员使用一张人工智能算法生成的图片，就可以让广泛在用于手机、门禁和支付系统的 FaceID 人脸识别系统出错。

2）人工智能可被滥用，威胁个人隐私

人工智能技术的应用增强了信息采集和数据挖掘能力，加大了隐私泄露风险，甚至可能导致数据匿名化等安全保护措施无效。剑桥分析公司通过智能数据挖掘的方式获得了海量美国公民信息，借此实施各种政治宣传和非法牟利活动。

3）人工智能可决策失误，威胁人身安全

人工智能系统一旦出现感知、认知偏差或受到网络攻击，就可能判断失误，进而采取错误行动，甚至危及人身安全。2016 年，在中国高新技术成果交易会上，一台儿童机器人由于决策系统出现错误，导致反复撞击展台，造成一人受伤。

2.2.6　工业互联网供应链安全风险

工业互联网作为新一代信息技术与制造业深度融合的产物，日益成为新工业革命的关键支撑、深化"互联网+先进制造业"的重要基石。供应链作为工业领域不可缺少的组织形态，以客户需求为导向，以提高质量和效率为目标，以整合资源为手段，实现产品设计、采购、生产、销售、服务等全过程的高效协同，成为工业制造业的重要组成部分。工业互联网新技术体系及其能力对行业转型的牵引力不断增强，工业领域出现了丰富的新模式、新业态。随着工业互联网与实体经济的不断融合，工业领域供应链逐步开展数字化转型，形成工业互联网供应链。

工业互联网供应链涉及的系统、实体、活动多样及结构复杂等特性扩大了其受攻击面。国内外已经发生了多起工业互联网供应链安全事件，其主要风险分为供应链断供和针对供应链的网络攻击两类。

1．供应链断供风险

我国和美国在科技、制造领域存在结构性、长期性的竞争关系，而我国工业互

联网供应链在部分关键核心技术产品方面对美国等发达国家的依赖度较高。国际形势瞬息万变，工业互联网供应链一旦断裂，我国的工业生态稳定性将受到严重威胁。随着中美经贸摩擦的不断升级，美国不断出台限制措施以阻断我国重点领域的供应链。1990 年，美国将中国升级为"重点观察国家"。1991 年，美国对我国发起了"特别 301"调查，此后公布的《特别 301 报告》将我国列入"黑名单"重点调查。2017 年，美国根据调查结果对我国实施单边制裁。根据美国《联邦公报》（*Federal Register*）的公开数据，截至 2021 年 1 月，美国将 484 个中国实体列入"实体清单"，针对关键新兴技术、基础技术和相关产品进行出口管制。仅在 2020 年，新增列入"实体清单"的中国实体数量就多达 145 家。芯片断供、内存禁售、呼吸机关键元器件缺货等事件表明，我国科技制造业发展仍受制于工业互联网供应链的短板弱项。新型冠状病毒疫情来临之后，全球经济动荡，各国间的不信任度增加，单边主义和贸易保护主义盛行，严重冲击了全球既有的供应链，各国着手构建更独立、完整、安全的工业互联网供应链将是新的趋势。2020 年 4 月，美国和日本公开鼓励本国企业撤出中国，欧洲通过《自贸协议》引导"4 换 1"计划（用日本、韩国、越南、印度来整体替换中国的世界工厂）。受劳动力成本升高、贸易摩擦加剧等因素的影响，我国制造业可能失去原有的国际竞争力，我们要警惕并有针对性地做好长期准备。

2. 针对供应链的网络攻击风险

在工业互联网供应链全球化态势下，能接触到工业企业核心技术产品、核心部件、敏感数据的供应商和服务商数量大大增加，工业企业的受攻击面大幅延展。针对企业外部合作伙伴、供应商或第三方服务商的供应链攻击已经成为一种新型威胁。近年来，工业互联网关键技术产品在开发、交付、使用等不同环节遭受了多起实际攻击，利用企业外部合作伙伴的安全疏忽与缺陷造成的关键基础设施破坏、敏感数据泄露、信息系统入侵等网络安全事件层出不穷。

1）工业生产厂商预留后门

厂商在开发过程中忘记删除测试版本中的调试后门、为方便售后管理或出于其他目的预留的超级后门，都可能被攻击者发现并直接登录，获得工业产品的控制权。2013 年 6 月，"棱镜门"事件披露了美国在全球范围内开展的绝密电子监听计划，以思科公司、国际商业机器公司、谷歌公司、苹果公司等为代表的科技巨头利用其在全球软硬件供应链中广泛渗透的优势，在科技产品中隐藏"后门"，协助美国政府对世界各国实施大规模信息监控。2017 年 8 月，知名电信设备制造商 Arris 生产的调制解调器存在 3 个硬编码后门账号漏洞，可被攻击者利用获取设备控制器、安装恶意固件、架设僵尸网络等。

2）基础软件被污染

当开发工具、协议栈等基础软件被植入恶意代码、后门并编译到其他应用程序中进行分发时，将造成威胁扩散，且难以被用户发现和根除。2015 年 9 月，XcodeGhost 事件引发关注，攻击者在 Mac 操作系统上的集成开发工具 Xcode 中加入恶意模块并进行传播，开发者使用被污染的软件版本编译应用程序时会植入恶意代码，可能导致弹窗攻击和被远程控制，仅我国感染该恶意代码的用户当月就达到 2.14×10^7 个。2018 年，安全公司 ESET 发布的 OpenSSH 跟踪报告指出，被植入后门代码并经过编译的 OpenSSH 能被攻击者用于窃取合法登录账户和密码。

3）工业产品存在漏洞

攻击者通过利用工业产品漏洞来实现远程设备控制、拒绝服务攻击等。2018 年 3 月，思科公司发布了智能安装客户端远程代码执行漏洞（CVE-2018-0171）预警，随后该漏洞被用于攻击我国多个互联网数据中心及组织机构，导致交换机因配置信息被清空而瘫痪，造成业务网络不可用等问题。2019 年 2 月，苏格兰远程监控系统制造商开发的制冷控制系统被发现存在重大安全缺陷，攻击者利用默认账户和密码登录系统后台，可修改制冷系统的温度、报警阈值等参数，进而影响设备正常运行。工业产品在采购、销售、物流等供应渠道中可能被劫持和篡改，攻击者可以在产品中构建后门或漏洞以实现入侵。2009 年，伊朗核设施的数家工控系统供应商、离心机制造商、零部件供应商，陆续被国家力量攻破并植入"震网"病毒，病毒被引入伊朗核设施并造成破坏，导致伊朗核计划推迟数年之久。2015 年，卡巴斯基安全实验室披露"方程式"组织拥有的超级信息武器库，包括能对数十种常见品牌硬件固件重编程的恶意模块。该攻击可以通过在特定目标采购、返修主机或硬盘过程中修改硬盘固件程序实现，受攻击目标包括中国、俄罗斯、印度等国家。2017 年，维基解密曝光了美国中央情报局的 Vault7 武器库，可以推测其通过物流渠道劫持，在全新的 iPhone 手机中刷入固件达到入侵目的。

4）工业软件升级劫持

软件产品在整个生命周期中要进行功能升级、补丁修复等更新，攻击者可以通过劫持软件升级过程中的更新模块或下载链接，在工业软件中植入恶意代码。2017 年，乌克兰专用会计软件 me-doc 的升级程序被劫持，用户更新软件时会感染 Petya 勒索病毒变种 NotPetya，导致乌克兰、俄罗斯、印度、法国、英国等多个国家的政府、银行、电力系统、通信系统等受到不同程度的影响。近年来，一些国家对我国通信行业领头企业实施了各种维度的供应链封锁，硬件断供会导致企业停产，软件断供将扼杀企业硬件设计和实验试制能力。全球典型网络安全事件表明，针对工业互联网供应链的攻击在数量上虽不及传统网络安全事件，但攻击一旦成功，可能影响上亿名用户，造成巨大的经济损失，严重时甚至威胁国家安全。

2.3 工业互联网企业存在的典型安全问题

为充分落实企业网络安全主体责任，提高网络安全防护能力和水平，工信部于2021年发布的《工业互联网企业网络安全分类分级指南（试行）》将工业互联网企业分类为联网工业企业、工业互联网平台企业、工业互联网标识解析企业，以加强工业互联网企业差异化、精细化管理。

2.3.1 联网工业企业安全风险及问题

1. 海量低防护工业设备系统联网化趋势明显，传统网络安全威胁向工业领域蔓延

随着 IT 与 OT 的深度融合，工业设备、业务系统的云上平台联网化趋势明显，自身安全机制薄弱，缺乏安全上云技术手段，为恶意软件的植入、传播提供了新的通道，延展了网络攻击面。勒索病毒、蠕虫、挖矿木马等恶意软件会降低工控系统可用性，导致系统因过载、锁定而暂停甚至崩溃，影响、破坏工业生产关键流程。《2021 年工业信息安全态势报告》指出，2021 年我国各类低防护联网设备数量总计超过 600 万台，相较 2019 年增长 16%，攻击次数超过 600 万次。2022 年 2 月，攻击者利用日本小岛冲压公司联网设备脆弱性入侵企业内部网络，导致其下游厂商日本丰田公司 14 家工厂 28 条生产线停产。

2. 工业控制系统软硬件漏洞利用门槛低，攻击影响范围广

工业设备固件、操作系统、应用软件、控制协议等漏洞呈高发态势，普遍存在"缓冲区溢出""输入验证""命令注入"等易被利用的安全漏洞，工业主机、工控系统"打补丁难""带病运行"等问题普遍存在。漏洞范围涉及 PLC、组态软件、工业路由器、SCADA、工业软件等工业领域常用设备及软件，基本涵盖西门子、施耐德、ABB 等国内外主流设备厂商，影响关键制造、能源、化工、医疗、安防等重点领域。截至 2021 年，国家信息安全漏洞共享平台（CNVD）已收录工控相关漏洞3095 个，其中高危漏洞 1430 个，中危漏洞 1490 个，CICSVD 收录工业相关漏洞数量超过 6000 个。

3. 高端工业装备大量依赖进口，潜藏后门威胁隐患突出

我国高端装备核心技术受制于人，如高档数控机床国产化率不足 10%，工业机器人国产化率仅为约 34%，未知漏洞、后门被利用，导致恶意代码注入、设备系统提权、工业数据泄露或违规出境等安全事件时有发生。2020 年，SolarWinds 软件安装包被植入后门后的恶意版本影响范围覆盖美国政府机构、《财富》500 强企业、重要的基础设施提供商等。2021 年，美国佛罗里达州水务系统支持远程桌面软件提供运维服务，攻击者利用远程运维路径实施入侵，篡改了水处理配方。

4. 重要工控系统成为敌对势力主要攻击目标，有针对性的安全事件频发

工业控制系统广泛应用于装备制造、石油化工、电力、核电、交通运输等行业，在国家关键信息基础设施中扮演着至关重要的角色。对国家重要行业的工业控制系统进行攻击，已成为敌对国家、恐怖组织及犯罪分子为达到其政治、军事、经济或信仰等目的而采取的新型威胁手段。自 2010 年美国和以色列通过"震网"病毒攻击了伊朗位于纳坦兹的核工厂以来，陆续出现了 LC-Blaster、Havex、BlackEnergy、Industroyer、Industroyer2 等专门针对工业设备及系统设计的恶意软件，利用工控软件或协议的漏洞，造成可编程逻辑控制器、数据采集与监视控制系统等瘫痪或下发错误指令，甚至直接攻击工业硬件（如变电站控制断路器）导致断电，严重危害企业生产运行与国家民生。在俄乌网络战中，乌克兰电力网络遭受 Industroyer2 攻击，造成大规模停电，俄罗斯超过 900 个工控系统遭受匿名者组织攻击，涉及交通、能源、政府、军队、银行等多个重要行业。

2.3.2　工业互联网平台企业安全风险及问题

1. 企业"云安全"依赖云服务商，"安全底座"不稳

工业互联网平台业务拓展对算力要求高，树根互联、忽米网、浙江蓝卓等双跨平台企业普遍以采买云计算资源的方式建设平台，存在"云托管、安全即托管"的问题，云安全能力取决于企业是否购买云安全服务，以及第三方云服务商的云安全及应用安全水平。购买云服务的平台企业往往难以自主开展云安全防护，且存在云安全服务过期未发现、云安全相关系统配置不合理、安全运维责任不清等问题。

2. 平台容器、微服务组件等安全隔离能力弱，攻击容易横向渗透

我国工业互联网平台普遍利用容器虚拟化、微服务等技术构建上层应用，容器技术系统隔离性弱、容器镜像安全缺乏检测、微服务组件安全缺乏认证和访问控制措施等问题易引发平台未授权访问、数据泄露、恶意代码注入、容器逃逸等安全风

险。2018年，黑客入侵了特斯拉部署于亚马逊上的 Kubernetes 容器集群，控制部分容器进行挖矿操作并窃取相关敏感数据。

3. 平台边缘侧接入设备海量异构，网络攻击纵向延伸

工业互联网平台边缘侧接入了海量异构的工业数据采集设备、工业控制设备、边缘智能终端，终端设备因资源受限而难以部署安全措施，平台边缘侧缺乏接入认证、边界防护等安全手段，从而导致平台与边缘设备间的风险传导问题突出，平台自身漏洞及互联网攻击风险可渗透到边缘系统及现场设备，同时接入设备的漏洞隐患可被恶意利用并成为攻击云平台的入口，网络攻击纵向延伸。分类分级试点发现，某企业现场设备上云而设计的智能网关类设备缺少连接认证和数据加密机制，易产生设备远程控制和数据泄露等安全问题。

4. 平台承载大量工业应用及用户，应用生态安全管控问题突出

部分企业平台运营的安全管理、运维制度及相关规范不完善，企业客户托管的平台账号管理混乱，第三方开发后交由平台托管的工业 App 缺少上线前检测和安全审计，导致安全风险在平台内部蔓延，并可能延伸至与平台相连接的工业企业。分类分级试点发现，某公司存在将所有客户托管的业务系统运行在同一云平台账户下的现象，一旦其中一个业务系统受到攻击，可能影响该企业多个客户系统的正常运行。

2.3.3 工业互联网标识解析企业安全风险及问题

1. 标识解析节点面临 DDoS、数据恶意擦除等攻击风险，服务可用性受到威胁

标识解析节点作为工业互联网的重要基础设施，服务价值大、社会影响广，已经成为网络攻击的重要目标。自 2022 年 3 月以来，标识解析顶级节点遭受恶意攻击次数超过 40000 次，攻击类型包括信息泄露、远程代码执行、命令注入、目录遍历等。当前我国标识解析节点应对攻击的能力不足，根节点和顶级节点网络出口带宽均不足千兆，难以应对短时峰值可达 2.4Tbps 的高烈度 DDoS 攻击。部分标识解析节点备份机制不完善，节点文件遭到数据恶意擦除时，节点标识解析服务的可用性将受到不可逆破坏。2016 年，美国 Dyn 公司域名管理系统遭受高烈度 DDoS 攻击，导致半个美国网络瘫痪。

2. 标识解析建设方案"同源同发"安全隐患突出，分类分级防护措施匮乏

当前我国标识解析体系中所有顶级节点和超过 90%的二级节点、企业节点均基

于统一的标识解析建设方案进行适配和定制，建设效率高、速度快，但也导致标识解析系统安全设计缺陷、漏洞等风险在各节点中广泛"复制"，"同源同发"安全隐患突出。同时，现有标识解析建设生态相对封闭、集中，未落实顶级、递归、二级、企业等不同层级标识解析节点的分类分级建设和网络安全防护，运营机构只能通过外围加固的方式各自探索标识解析安全防护方案，标识解析体系中网络安全分类分级防护措施匮乏。

3. 标识主体身份权限管理复杂，数据采集、交换共享信任问题严峻

一方面，海量标识主体对身份与权限管理带来巨大挑战。标识解析体系中涉及工业互联网人、机、料、法、环等海量、多类型的主体，且二级节点、企业节点数量众多，未来 3 年将部署不少于 3000 万主动标识载体。不同主体的身份信息与权限级别各异，一旦主体身份信息被伪造、权限策略被篡改或绕过，标识主体间的越权访问、伪造中间人攻击、解析路径篡改等将严重影响标识解析服务的可控性。另一方面，标识解析数据全生命周期安全风险隐患需要关注。基于 DOA 架构的标识解析技术实现了工业互联网数据资源的互联互通和交换共享，在制造业数字化转型中发挥重要的数据底座作用。当前我国标识解析系统安全机制不完善，管理意识仍不足，将严重影响企业开展基于统一数据管理的数字化转型工作。例如，标识对象接入认证机制缺乏将造成数据采集不可信，解析权限配置不当将造成数据泄露风险，重要行业节点和下游企业标识节点被攻击将造成业务协同低效、供应链紊乱。

4. 标识解析扩大工业系统设备的受攻击面，安全风险可能渗透到其他行业领域

随着新一代信息技术与工业经济的深度融合，主动标识载体、标识解析网关等标识终端形成规模化部署，标识解析作为工业互联网的关键网络基础设施，连接工业设备、工业控制系统、工业互联网平台和工业 App 等工业互联网关键要素。标识解析扩大了工业系统设备的受攻击面，当标识解析应用及产品存在漏洞、被植入恶意软件或其他未知安全风险时，可作为跳板将安全隐患传递至与之连接的工业设备和系统，在极限情况下集中爆发后可导致攻击涟漪效应，渗透到其他行业领域，破坏工业互联网供应链上下游企业标识查询、解析等相关业务系统的正常运行。

2.3.4　工业互联网数据安全

1. 开放互联暴露工业数据资产，数据安全风险面延伸

工业互联网开放互联的特点使得工业主机、时序/实时数据库、工业 App 等暴露面不断扩大，攻击渗透至生产现场层的可能性加大，工业互联网数据在收集、存

储、使用、加工、传输、提供、公开等处理过程中的受攻击面也随之扩大，存在更多数据泄露的安全风险。Verizon 公司发布的《2021 数据泄露调查报告》显示，制造业数据泄露事件累计共 270 起，数据泄露造成的经济损失逐年递增。国家工业数据安全监测平台发现暴露在公网的工业数据资产超 33 万个，易遭受网络嗅探等攻击，可能造成工艺流程图等敏感数据泄露、篡改等风险。2021 年，在工信部互联网行业专项整治检查中发现，某公司"综合管理车联网平台"存在敏感数据泄露篡改等风险，涉及中广核、中石油等 425 个相关单位，可能造成高精度油井位置、核电站厂区内部结构、公检法单位公务车辆定位及车辆调度信息等数据泄露。

2. 工业领域数据勒索事件频发，勒索攻击已成为最常见的工业互联网数据安全攻击行为

海量设备接入、联网化、补丁长时间不更新等因素为勒索病毒提供了便利的传播渠道，使得勒索病毒更易通过远程连接、钓鱼邮件、移动存储设备等多种隐蔽方式进行传播。工业领域数据特别是关键行业的生产、运维数据关系到生产运行的稳定性，勒索价值高，一旦遭到攻击可能引发系统崩溃、生产活动被迫停止等严重后果，严重影响企业利益。据工信部监测，2021 年我国勒索攻击发生 11.9 万次，涉及化工、原材料等 120 余家工业企业。161 家工业企业中有 22 家遭受过勒索攻击，占比达到 13.7%。头部安全厂商在近三年处理的工业领域勒索攻击事件达 431 起。从 2018 年至今，富士康、台积电、宏基等多家企业遭受了勒索攻击，导致企业内部数据泄露、生产工厂停工等安全事件。挪威能源供应商 Volue 公司遭勒索攻击，关闭了挪威国内 200 座城市的水处理设施，影响范围覆盖全国约 85% 的居民。

3. 新型数据恶意擦除攻击逐步成为高级可持续性威胁的攻击载荷，成为工业领域数据安全的新型隐患

数据恶意擦除攻击是以完全破坏目标系统为目的的一种新型网络攻击，通常通过高级可持续性威胁攻击并入侵目标网络，具备隐蔽性高、攻击泛用性强、危害程度大的特点，一旦攻击成功，将对工业领域数据安全造成不可逆转的影响。俄乌战争以来，数据恶意擦除攻击被大规模应用于网络战，对乌克兰工业领域关键系统、基础设施造成了极大的破坏。2022 年 3 月 30 日，卫星通信提供商 Viasat 遭受 AcidRain 数据恶意擦除软件攻击，致使乌克兰卫星服务中断，国防、军工等核心数据传输受阻。2022 年 4 月 8 日，乌克兰电力网络遭受 Industroyer2 攻击，攻击者入侵变电站工业控制网络，在下发恶意控制指令、清除生产控制数据后，使用数据恶意擦除软件阻止系统恢复，掩盖攻击痕迹。

4.　工业数据出境场景多样，数据出境安全风险底数不清

工业数据从传统在生产内网存储或流动，转变为触网、上云及跨系统、跨地区、跨国境的复杂流动和多方利用。工业企业存在海外上市、跨国业务往来、数据跨境交易、国外设备厂商远程运维诊断等多样复杂的数据出境场景，可能造成工业设备数据、工艺参数、研发图纸等重要数据违规出境。工业互联网数据安全监测系统（山东）发现，有 300 多家工业企业存在工业数据出境行为。在工业领域数据安全管理试点工作推进过程中发现，某公司在美国和日本部署了 CDN 境外节点，境外节点的缓存数据存在数据违规出境情况。工信部也曾在国家网络安全专项检查工作中发现，我国某核电基地用于监测与控制核电厂热能和电能生产过程的数字化仪控系统全套采用西门子公司的方案，且系统更新维护全部由西门子公司实施，系统运行日志是一些无法查看的代码，需通过互联网发回境外厂家分析。

2.4　本章小结

工业互联网打破了工业控制系统传统的封闭格局，使工业互联网控制层、设备层、网络层、平台层等安全问题凸显，线上线下安全风险交织叠加放大，安全形势更加复杂，工业互联网安全保障至关重要。2.1 节主要介绍工业互联网安全的定义以及工业互联网安全与传统互联网安全的区别。2.2 节分别从漏洞、安全事件、联网系统与设备、企业上云上平台、新一代信息技术应用、供应链安全等方面描述了工业互联网安全面临的形势与挑战。2.3 节从联网工业企业安全、平台企业安全、标识解析企业安全、工业互联网数据安全等方面系统地分析了当前工业互联网企业存在的典型安全问题。

第 3 章

工业互联网安全战略

● ● ● ● ● ● ● ●

工业互联网安全是实现工业互联网产业高质量发展的重要前提和保障，也是实施网络强国和制造强国战略的重要支撑。尽管各国战略导向各有不同，发展路径各有特点，但工业互联网安全已成为全球主要工业国家抢占产业竞争制高点、保障工业体系安全可靠运行的共同选择。

3.1 国家网络空间安全战略

国家网络空间安全战略全方位构建网络空间安全和国家安全能力，为国民经济体系的数字化转型和公民个人信息安全提供了有效保障。本章结合对习近平总书记有关网络安全工作的重要讲话和重要指示精神的学习与理解，从 4 个视角阐述网络安全及网络安全的极端重要性。

（1）从统筹发展和安全的视角阐述。党的十九届五中全会对"统筹发展和安全，建设更高水平的平安中国"做出了战略部署，明确要求"把安全发展贯穿国家发展各领域和全过程"。习近平总书记在《关于〈中共中央关于制定国民经济和社会发展第十四个五年规划和二〇三五年远景目标的建议〉的说明》中指出，"安全是发展的前提，发展是安全的保障"。

发展是安全的保障，是党执政兴国的第一要务，是推动国家和民族赓续绵延的根本支撑，只有发展才能筑牢国家繁荣富强、人民幸福安康、社会和谐稳定的物质基础，从根源上预防和减少安全问题的产生。安全是发展的前提，是安邦定国的重要基石，是确保国家和民族行稳致远的坚强柱石。习近平总书记在要求构建新发展格局时，指出"要牢牢守住安全发展这条底线。这是构建新发展格局的重要前提和保障，也是畅通国内大循环的题中应有之义"。在工业和信息化领域，具体体现在一手抓住新一轮科技革命和产业革命的历史性机遇，推动制造业做大做强，实现工业和信息化高质量发展；同步考虑安全因素，着力提升网络和数据安全综合保障能力，筑牢国家安全屏障，实现发展和安全动态平衡，双轮驱动。

（2）从总体国家安全观的视角阐述。党的十八大以来，党中央一直积极推进国家安全理论和实践创新。2014 年 4 月 15 日，在中国共产党中央国家安全委员会第一次会议上，首次提出了"总体国家安全观"的战略构想，自此以后国家安全体系不断丰富完善。随着信息技术全面深入的发展，网络安全在国家安全中的基础性、全局性、战略性地位更加凸显，是国家安全在网络空间的一种具体体现。

（3）从树立正确网络安全观的视角阐述。习近平总书记 2016 年在网络安全和信息化工作座谈会上的讲话为我国网络安全工作提供了基本遵循。会议上提到了要"树立正确的网络安全观"，对网络安全的 5 个特点进行了高度凝练总结，即网络安全是整体的而不是割裂的，是动态的而不是静态的，是开放的而不是封闭的，是相对的而不是绝对的，是共同的而不是孤立的；强调在信息时代，网络安全对国家安全牵一发而动全身，同许多其他方面的安全都有着密切关系；深刻指出网络安全威胁和风险日益突出，并日益向政治、经济、文化、社会、生态、国防等领域传导渗透；同时明确了加快构建关键信息基础设施安全保障体系，全天候、全方位感知网络安全态势，以及增强网络安全防御能力和威慑能力的工作要求。

（4）从网络空间命运共同体的视角阐述。习近平总书记着眼全球互联网发展与治理大势，指出："网络安全是全球性挑战，没有哪个国家能够置身事外、独善其身，维护网络安全是国际社会的共同责任。"随着世界经济加速向数字化转型，数据在全球范围内流动，将不可避免地面临关键基础设施和个人信息保护、企业境外数据存储和调取、供应链安全等重大网络安全问题。因此，近年来，网络安全成为国际竞争与合作、国际规则制定的核心议题和重要领域。

3.2　发达国家工业互联网安全发展布局

美国、德国、英国等工业强国在工业互联网安全领域的产业优势明显；中国、日本、韩国等国家的信息化、工业化进程加快，对工业互联网安全领域的投入也随之加大。本节主要从政策引导、标准化建设等方面对全球主要国家和地区的工业互联网安全发展布局的现状和特点进行梳理分析。

3.2.1　美国工业互联网安全发展布局

美国为赢得制造业全球竞争优势，在 2011 年就正式启动了"先进制造伙伴计划"（AMP），推动政府、学术界、产业界形成合力，共同投资新一代信息技术以制造高水准的美国产品，确保其在全球制造业发展中的领导地位。在政策引导方面，2018 年 10 月，美国在"先进制造国家战略计划"的基础上，推出了"美国先进制造领导力战略"，将制造业网络安全作为战略实施的重要着力点和产业布局方向，出台了一系列安全政策与标准规范以保障工业互联网产业安全有序发展。2018 年11 月，美国成立了网络安全和基础设施安全局（CISA），负责网络和基础设施的安全，并将工控安全列为优先事项。美国 CISA、能源部等政府机构注重与产业界的合作，加强工业、能源等领域的信息安全保障建设。同时，美国持续开展工业互联网安全领域的立法工作，为安全产业发展提供法律支撑，仅在 2019 年就通过了《物联网设备安全法案》《保障能源基础设施法》《利用网络安全技术保护电网资源法案》《供应链网络安全风险管理指南》，全面保障物联网、能源、电力、医疗等关键基础设施的信息安全。

在标准化建设方面，美国工业互联网产业联盟、美国国家标准与技术研究院等均在积极布局和推进工业互联网安全标准化工作。美国工业互联网产业联盟在 2016年发布了工业互联网安全架构，旨在规范企业在安全防护领域的规划和实践；先后发布了《工业互联网安全成熟度模型：从业者指南》《端点安全最佳实践》《数据保护最佳实践》《在实践中管理和评估工业物联网（IIoT）可信度》等一系列与安全相关的文件内容，为工业互联网安全研究和实践提供指导；不断加强与国际标准化组织、开源组织、标准研制部门的协同合作，推动研究成果转为统一标准。美国国家标准与技术研究院发布了《制造业与工业控制系统安全保障能力评估》《工业控制系统安全指南》等，力求引领工业控制系统安全标准的制定。

3.2.2　欧盟工业互联网安全发展布局

德国作为传统制造业强国，在国家层面大力推进"工业 4.0"战略，期望通过数字化、网络化、智能化手段来提高工业效率，巩固其在全球制造业中的龙头地位。在政策引导方面，2015 年，由德国政府牵头，联合相关协会、企业启动建设升级版工业 4.0 平台,将数据安全作为五大主题之一;先后发布了《工业 4.0 安全指南》《工业 4.0 中的 IT 安全》《跨企业安全通信》《安全身份标识》等指导性文件,提出了以网络物理系统平台为核心的分层次安全管理思路。德国联邦信息安全局出台了《2019 年工业控制系统安全面临的十大威胁和反制措施》等多份工控安全实施建议文件,具体指导企业做好工业信息安全防护工作。

在标准化建设方面,德国电工电子与信息技术标准化委员会发布《德国工业 4.0 标准化路线图》,全面布局工业 4.0 的标准化工作。在德国政府的支持下,德国工程院、弗劳恩霍夫协会、西门子公司等共同组建了"工业 4.0 平台",围绕工业 4.0 的安全、架构、路线图等关键方向,加速推进德国工业产业布局;将安全作为落实工业 4.0 的三大重要主题之一,针对设备、系统安全的加固与增强,发布了《工业 4.0 中的 IT 安全》;针对架构、标准、安全、测试床等关键共性问题,加速与美国工业互联网产业联盟的技术协同和产业协作。

3.2.3　日本工业互联网安全发展布局

日本虽然制造业不如美、德等国强势,但凭借三菱、欧姆龙等工业自动化优势企业,积极推进自动化和生产制造的先进能力与工业互联网融合发展,加速部署工业互联网产业,在研发与应用探索方面取得了显著成效。在政策引导方面,2016 年,日本提出了以 AI 技术为基础、以提供个性化产品和服务为核心的"超智能社会 5.0"概念,"互联工业"是其中的重要组成部分;同年成立了工业网络安全促进机构,专门抵御关键基础设施的网络攻击。2019 年 4 月,日本依托经济产业省发布了《网络/物理安全对策框架》及配套的一系列行动计划,用于确保新型供应链的整体安全,全面梳理产业所需的安全对策。同时,日本积极实施供应链网络安全强化、网络安全经营强化、安全人才培养、安全业务生态系统建设等配套行动计划。

在标准化建设方面,日本成立了工业价值链促进会,以企业联合体牵头的方式打造开放安全的制造业生态体系;发布了《日本互联工业价值链的战略实施框架》,提出了新一代工业互联网参考架构,成为指导日本产业界发展工业互联网的顶层框架。

3.3　我国工业互联网安全政策标准体系

随着云计算、5G、物联网等新一代信息技术与制造业的不断融合,工业领域的网络安全风险逐渐增大,工业互联网安全成为国家和企业高度关注的议题。我国从国家安全角度出发，对工业互联网安全体系进行了顶层设计和战略布局，坚持"以安全保发展、以发展促安全、安全和发展并重"的发展路径，确保安全保障与信息化建设同步规划、同步建设、同步运行，为工业互联网安全产业的健康发展奠定了良好基础。近年来，我国陆续出台了一系列政策、指南，从宏观、中观、微观层面不断完善工业互联网安全政策体系。

3.3.1 我国工业互联网安全政策支持现状

2011 年 9 月，工信部印发了《关于加强工控系统信息安全管理的通知》（工业和信息化部协〔2011〕451 号）文件，有效提升了相关主管部门和工业企业的工控安全意识。为应对新时期下的工控安全新形势，2016—2017 年，工信部陆续发布了《工业控制系统信息安全防护指南》《工控系统信息安全事件应急管理工作指南》和《工业控制系统信息安全防护能力评估工作管理办法》《工业控制系统信息安全行动计划（2018—2020 年）》等政策文件，明确了工控安全防护、应急及能力评估等工作的要求，推动形成工业信息安全管理工作闭环，初步建立了覆盖全生命周期的工业信息安全政策体系。2017 年 11 月，国务院发布了《关于深化"互联网+先进制造业"发展工业互联网的指导意见》，提出了"建立工业互联网安全保障体系、提升安全保障能力"的发展目标，部署了"强化安全保障"的主要任务，为工业互联网安全保障工作制定了时间表和路线图。2019 年，工信部等十部门联合发布了《关于加强工业互联网安全工作的指导意见》，指出加快构建工业互联网安全保障体系，提升工业互联网安全保障能力，促进工业互联网高质量发展，推动现代化经济体系建设，护航制造强国和网络强国战略实施。2020 年 3 月，工信部印发了《工业和信息化部办公厅关于推动工业互联网加快发展的通知》提出要加快健全安全保障体系，包括建立企业分级安全管理制度、完善安全技术监测体系、健全安全工作机制以及加强安全技术产品创新。2020 年 3 月，工信部办公厅印发了《工业数据分类分级指南（试行）》，指导工业企业、平台企业开展数据分类分级工作，为数据管理奠定基础，促进工业数据的充分使用、全局流动与安全共享。2021 年，工信部发布了《工业互联网企业网络安全分类分级管理指南（试行）》。2021 年年初，工信部启动开展了 15 个省市 266 家工业互联网企业网络安全分类分级管理试点工作。2021 年 9 月，工信部起草了《工业和信息化领域数据安全管理办法（试行）（征求意见稿）》，面向社会公开征求意见，加快推动工业领域数据安全管理工作制度化、规范化，提升工业行业数据安全保护能力，防范数据安全风险。截至 2022 年 6 月底，全国 31 个省（自治区、直辖市）累计出台近 50 项属地工业互联网相关政策部署安全保障工作，不断强化工业互联网安全管理制度，着力推动企业网络安全主体责任的落实，跨部门协同、政府指导、企业主体、第三方支撑的工业互联网网络安全管理格局基本形成。

3.3.2 我国工业互联网安全标准制定现状

近年来，针对工业互联网标准的跨行业、跨专业、跨领域特点，我国加速开展相关标准的研制工作，陆续发布了《工业互联网安全防护总体要求》《工业互联网平台安全防护要求》等标准规范，印发了《工业互联网综合标准化体系建设指南》等，初步形成了涵盖设备安全、控制安全、网络安全、数据安全、应用安全、平台安全、安全管理的工业互联网安全标准体系。为系统推进工业互联网安全标准体系研究，加快基础共性、关键技术、典型应用等产业标准制定，我国目前已开展工业互联网安全标准顶层设计，编制了《工业互联网安全标准体系（2021 年）》，形成了涵盖 3 大类别、16 个细分领域、76 个具体方向的工业互联网安全标准建设指引。同时，积极推动《应用工业互联网的工业企业网络安全防护规范》《工业互联网平台企业网络安全防护规范》等 4 项国家标准立项，推动分类分级安全防护、安全管理、安全应用服务等行业标准研制，对切实发挥标准规范引领作用、加快建立网络安全分类分级管理制度、强化工业互联网企业安全防护能力、推动网络安全产业高质量发展具有重要支撑作用。工业互联网安全标准体系如图 3.1 所示。

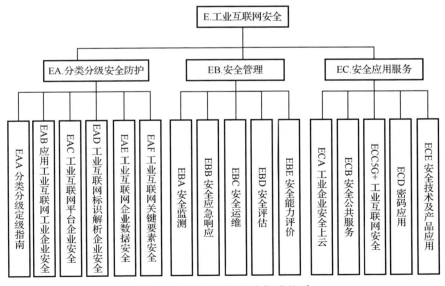

图 3.1 工业互联网安全标准体系

3.3.3 工业互联网企业网络安全分类分级

工信部于 2021 年制定发布了《工业互联网企业网络安全分类分级管理指南（试行）》（以下简称《指南》）。为加强工业互联网企业差异化、精细化管理，落实企业网络安全主体责任，提高网络安全防护能力和水平，促进工业互联网高质量发展，《指南》将工业互联网企业分为以下三类。

（1）应用工业互联网的工业企业，主要指将新一代信息通信技术与工业系统深度融合，推动企业网络化、智能化升级，实现智能控制、运营优化和生产组织方式的变革，主要涉及原材料工业、装备工业、消费品工业和电子信息制造业等行业的企业。

（2）工业互联网平台企业，主要指面向工业企业提供云服务等资源协作、信息服务及应用（工业 App）服务等的企业。

（3）工业互联网标识解析企业，主要指从事工业互联网标识注册服务、解析服务及其运行维护的机构。

根据工业互联网企业网络安全分类分级评定规则，参照行业重要性、企业规模、安全风险程度等因素，将企业网络安全等级由高到低划分为三级、二级、一级。不同级别企业根据不同防护要求开展差异化安全防护。

2021 年，工信部印发《关于开展工业互联网企业网络安全分类分级管理试点工作的通知》，面向 15 个省、230 余家企业部署启动分类分级管理试点工作。2022 年，工信部发布《关于开展工业互联网安全深度行活动的通知》，旨在深入宣传贯彻工业互联网安全相关政策标准，健全自主定级、定级核查、安全防护、风险评估等工作机制，加快工业互联网安全专用技术和产品创新，培育壮大地方专业化服务机构，推动在全国范围内深入实施工业互联网企业网络安全分类分级管理，指导督促企业落实网络安全主体责任，共同提升工业互联网安全保障能力。

3.4 我国工业互联网安全发展探索

党的十八大以来，党中央、国务院高度重视工业互联网发展，习近平总书记强调要深入实施工业互联网创新发展战略，三大体系实现规模化发展，融合应用持续深化，产业规模不断壮大，为经济社会高质量发展提供源源不断的新动能。党的二十大报告指出，坚持把发展经济的着力点放在实体经济上，推进新型工业化，加快建设制造强国、质量强国、航天强国、交通强国、网络强国、数字中国，推动制造业高端化、智能化、绿色化发展，促进数字经济和实体经济深度融合。

3.4.1　我国工业互联网安全发展成效

自 2018 年工信部启动工业互联网创新发展工程以来，安全方向工程项目以构建技术先进的工业领域网络与数据安全保障体系为目标，以安全监管服务模式优化、关键要素安全防护水平提升、核心技术攻关突破、基础支撑保障和产业服务供给等重点工作为核心，着力提升工业互联网创新发展安全保障和服务水平。支持建立了覆盖全国的工业互联网安全监测服务技术体系，国家、地方/行业、企业三级协同的安全服务模式初步实现；工业控制系统安全"一网一库三平台"也已基本建成，包括工控安全监测预警网络、工控安全应急资源库，以及工控安全信息通报平台、工控安全信息共享平台和工控安全仿真测试平台，全面提升了工业互联网设备、控制、网络、平台、数据和标识的安全防护水平；拟态防御、工业大流量分析等多项关键核心技术加快突破，车联网、5G、工业机器人等新兴领域安全技术加速应用，超过 140 项技术成果申请专利，创新引领作用显著增强；建成了一批面向工业互联网安全标准、技术、产品的试验验证环境；建设了一批面向中小企业服务的公共服务平台，培育了一批面向融合应用领域的网络安全解决方案供应商，产业服务供给能力明显提升，支撑力量日益增强。

3.4.2　我国工业互联网安全产业现状

1.　工业互联网安全产业结构逐步调整并持续优化

工业互联网安全产业结构依据市场应用分为安全产品和安全服务两大类。目前，我国工业互联网安全产品类市场和服务类市场均在持续发展壮大，产品和服务体系正在加速构建，产业结构不断优化，呈现出以下特点。在工业互联网安全产品方面，防护类产品中的边界、终端安全防护是当前的主要分布形态，发展相对成熟，市场占有率较大。随着网络安全等级保护 2.0 的正式实施，防护类产品将成为工业互联网安全整体解决方案中必备的基础安全措施，市场规模将继续稳定增长。此外，防护类产品中的网络检测、工业安全审计类产品的市场规模虽然较小，但发展速度较快。管理类产品中的态势感知、安全合规管理、安全运维等产品是安全厂商的重要布局方向。在国家和行业政策的双重推动下，我国工业企业用户对合规安全和内生安全的需求加大，未来该类产品的市场规模也将稳定增长。在工业互联网安全服务方面，由于近年来工业网络威胁朝着多样化、复杂化方向演化，传统的单一安全产品模式已难以满足用户的安全防护需求；以风险评估、安全管理咨询、安全应急响应、安全托管服务等为主的安全服务获得了更多关注，针对工业互联网安全评估和安全培训的需求日趋旺盛。此外，科研院所、高校对工业信息安全人才培养的重视程度显著提高，促进了安全培训服务市场的快速增长，进一步优化了产业结构。

2. 工业互联网安全产业规模持续增长

随着中国数字化转型加速，国内知名安全厂商纷纷进入工业互联网安全领域，提供工控安全防护产品、安全咨询、安全管理等各类服务，构建工业互联网安全产品体系和解决方案，应用于能源电力、轨道交通、智能制造、钢铁、水务等行业。有效的安全保障离不开坚实的产业支撑。随着我国工业互联网战略的全面实施，政府及企业不断加大安全投入，各类企业利用自身优势，不断挖掘工业互联网安全市场潜能。在龙头企业的引领下，工业互联网网络安全市场规模逐渐扩大，工业互联网安全产业迎来快速增长期。2021 年全球工业信息安全市场规模达 186.55 亿美元，预计 2029 年将增至 337.75 亿美元，年均复合增长率约为 8.85%。在政策环境与市场需求的共同作用下，加强安全保障将成为今后工作的重点，我国工业互联网安全产业进入快速发展的新阶段。

3.4.3　我国工业互联网安全发展趋势

1. 产业政策利好进一步释放，产业基础更加坚实

工业互联网安全是我国实施制造强国和网络强国战略的重要保障，也是落实总体国家安全观的重要抓手。在 5G、工业互联网等新型基础设施建设加速发展的大背景下，统筹发展与安全将成为我国新时期制造业数字化转型的主旋律。随着工业互联网战略的深入推进，我国不断加大政策和财政支持力度，促进工业互联网安全产业的内需增长，引导企业加大安全技术投入，加快相关安全技术研发和产业化推进。随着国家相关法规政策的持续推进，工业互联网产业环境将不断优化，产业基础将更加坚实，产业聚集效应将逐渐形成。

2. IT 安全与 OT 安全不断深入融合

工业互联网安全是工业生产安全和网络空间安全相融合的领域，涵盖工业领域数字化、网络化、智能化过程中各个要素和各个环节的安全，需要专门的安全产品、技术和服务。当前，我国工业互联网企业多采用传统的网络信息安全防护技术，以工控系统的"外建"安全防护产品和解决方案为主，尚没有工业互联网 OT 方面的

安全专用防护设备，整体安全解决方案还不成熟。随着工业互联网的加速推进，来自工控系统、工业智能设备、工业平台、数据的安全问题不容忽视，对内嵌信息安全功能的产品和服务的市场需求激增。以 IT 安全为主的传统产品和服务已不能完全满足实际市场需求，应充分结合 OT 安全进行纵深发展。因此，未来工业互联网安全产业发展应统筹考虑 IT 安全和 OT 安全的市场需求，提升工业企业综合防护水平。在特殊性能需求方面，保障生产的连续性和可靠性是工业互联网的首要任务，IT 安全方案无法适用于 OT 网络对于高可靠性、低时延的要求，需要针对 OT 网络的特点研究平衡安全风险和业务影响的技术方案。

3. 多领域、新技术融合的工业互联网安全解决方案不断涌现

随着大数据、云计算、AI、5G、边缘计算等新一代信息技术在工业互联网领域的快速应用，IT 和 OT 融合加速。与此同时，融合了新技术的工业互联网安全环境将变得更加复杂多样，安全风险呈现多元化特征；安全隐患发现难度更高，安全形势进一步加剧。这一系列技术和形势的变化，对安全理念和技术提出了新的要求，将促使安全态势感知、安全可视化、威胁情报、大数据处理等新技术在工业互联网安全领域不断取得应用突破；促使定制化安全产品加速出现，满足客户对不同产品形态、性能的需求；安全服务将由现场服务为主、远程服务为辅转向远程化、云化、自动化、平台化发展。整体而言，围绕设备、控制、网络、应用、数据五大安全领域，结合多领域、新技术的工业互联网安全解决方案将不断涌现，为工业企业部署安全防护措施提供可参考的模式。

4. 安全产品的国产化替代需求促进工业互联网安全产业快速发展

我国的重要工控系统较多采用国外技术和设备，存在核心技术受制于人的问题。大量工业企业的工控系统依赖国外厂商提供的运维服务，企业对系统运行的可控性较低，存在一定的安全隐患。工业互联网安全事关经济发展和社会稳定，重要的工业数据一旦被窃取、篡改或破坏，将对国家安全构成严重威胁。频繁爆发的窃密和攻击事件，使得各国在网络空间安全领域的对抗态势进一步加剧。需要高度关注信息安全产品的自主性，将信息安全产品的国产化上升到国家安全的高度，依靠自主创新，积极发展具有自主知识产权的信息安全产品。近年来，在信息产品国产化政策的推动下，信息安全产品的国产化替代趋势逐步显现。

3.4.4　我国工业互联网安全人才培养

当前，全球正处于抢抓数字人才的关键期，我国针对自身情况全面谋划、系统

施策，积极培育具备工业控制系统和网络安全技能与素养的复合型人才，构建我国工业互联网安全人才体系，保障数字经济的持续健康发展。

1. 人才培训体系与评价机制逐步完善

2021 年 9 月，人力资源和社会保障部（以下简称"人社部"）、工信部联合发布《工业互联网工程技术人员国家职业技术技能标准》，从规划设计、工程实施、运行维护等维度对工业互联网工程技术人员的专业能力进行了界定。2021 年 10 月，人社部印发《专业技术人才知识更新工程数字技术工程师培育项目实施办法》，提出围绕人工智能、工业互联网等数字技术技能领域，培育壮大高水平数字技术工程师队伍。2021 年，工信部中小企业经营管理领军人才培训工作增设"工业互联网方向高级研修班"，以提升工业互联网中小企业经营发展能力和领导力。

2. 学科专业建设持续优化

2021 年 3 月，教育部印发《职业教育专业目录（2021 年）》，增设 4 个工业互联网新专业。截至 2022 年 9 月，全国共有 108 所高职院校完成新专业的设置与备案工作，其中"工业互联网技术"专业 83 个，"工业互联网应用"专业 79 个。2021 年 12 月，全国工业和信息化职业教育教学指导委员会下设工业互联网职业教育教学指导分委员会，面向工业互联网行业相关专业开展职业教育教学指导工作。2022 年 9 月，教育部发布新版《职业教育专业简介》，指导院校制定人才培养方案、更新课程体系、加快专业数字化升级改造。

3. 产教融合深入推进

在全球数字经济蓬勃发展且和实体经济深度融合的时代背景下，需进一步推进产学研的深度融合，加强对数字化产业的支持作用。《工业互联网创新发展行动计划（2021—2023 年）》中明确指出，要"加大人才保障""强化专业人才培养"。2022 年 4 月，教育部办公厅、工信部办公厅印发《现代产业学院建设指南（试行）》，指出以区域产业发展急需为牵引，建设一批现代产业学院。例如，360 数字安全集团与浙江机电职业技术学院基于相同的校企育人合作理念，共建工业互联网安全产业学院，共同开启数字化人才培养实践。

3.5 本章小结

工业互联网安全是现代工业安全的基础，其重要性不言而喻。本章总结了工业互联网安全战略，3.1 节从 4 个视角阐述网络安全及网络安全的极端重要性，分别是统筹发展和安全的视角、总体国家安全观的视角、树立正确网络安全观的视角和网络空间命运共同体的视角。3.2 节从政策引导、标准化建设等方面对全球主要国家和地区的工业互联网安全发展布局的现状和特点进行梳理分析，分析了美国、欧盟、日本的工业互联网安全发展布局。3.3 节结合发达国家互联网安全发展布局，对我国工业互联网安全政策标准体系进行了概述，分别从我国工业互联网安全政策支持现状、我国工业互联网安全标准制定现状、工业互联网企业网络安全分类分级三个方面进行了分析。3.4 节通过对我国工业互联网安全政策标准体系的分析，提出了对我国工业互联网安全发展的探索，对我国工业互联网安全的发展成效、产业现状进行了总结，提出了对我国工业互联网安全的发展研判。

第4章

工业互联网安全体系

· · · · · · · ·

当前世界各国均加快推进工业互联网安全技术研究与实践，也同步积极开展相关参考架构研究。

4.1 典型网络安全框架

当前主要的网络安全框架有防护检测响应（Protection-Detection-Response，PDR）模型、信息保障技术框架（Information Assurance Technical Framework，IATF）、开放式系统互连（Open System Interconnection，OSI）安全体系结构等安全框架。

4.1.1 PDR 模型及其衍生模型

PDR 模型是 20 世纪 90 年代出现的一种安全模型。PDR 模型并不将安全看作一种简单的状态，其所基于的假设是"无法构建一个绝对安全的环境，防护措施很难阻挡一个专门的有无限时间的攻击者"。因此，PDR 模型将安全看作包括"防护（Protection）、检测（Detection）和响应（Reaction）"三个阶段的过程（见图 4.1）。其中，防护是指采用加密、认证、访问控制、恶意代码防护等手段保护网络、系统及信息的安全；检测是指利用入侵检测、漏洞扫描和网络扫描等技术发现、识别系统的安全状态；响应是指对紧急事件和异常情况的处理和解决。

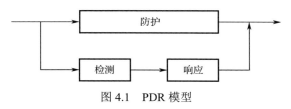

图 4.1　PDR 模型

PDR 模型认为，评估系统安全性的唯一指标就是攻击者攻破该系统所花费的时间。因此，为了量化评估安全防护措施的效果，PDR 模型引入了时间参数，提出了"基于时间的安全"（Time-Based Security）的原理：用 P_t 表示攻击者攻破系统所需的时间，D_t 表示检测系统安全的时间，R_t 表示发现攻击或漏洞后实施防御措施所需的时间。当 $P_t>D_t+R_t$ 时，则系统处于一种动态的安全状态；反之，系统的安全无法实现。PDR 模型为实现系统的安全指出了比较明确的努力方向。根据 PDR 模型的假设，任何系统都无法避免攻击。因此，为了尽可能实现系统的安全，需要采用防护机制以尽可能增大 P_t，同时提升检测和防御能力，尽可能缩短 D_t 和 R_t，及时的检测和响应就是安全。

后来，安全研究人员对 PDR 模型进行了进一步扩充，衍生出了 P2DR 模型、PDRR 模型等更多安全模型，简要介绍如下。

P2DR 模型是在 PDR 模型的基础上考虑了安全管理因素，引入了安全策略衍生而成的。P2DR 模型强调安全防护机制、检测机制和响应机制围绕在统一的安全策略的控制和指导之下，并且同样强调防护、检测、响应的循环反馈。P2DR 模型如图 4.2 所示。

PDRR 模型（或称 PPDRR 或 P2DR2 模型）与 P2DR 模型相似，也考虑了安全策略，并进一步将恢复（Recovery）提升到与防护、检测、响应同等的高度。在这个模型中，防护、检测、响应和恢复在安全策略的指导下，基于时间关系构成一个完整、动态的安全循环。

图 4.2　P2DR 模型

4.1.2　IATF 网络安全框架

IATF 是美国国家安全局于 1998 年 5 月组织制定的用于美国政府和工业界信息技术基础设施信息安全保障的指导性文件。IATF 是一个不断演化发展的框架，目前的版本是 2002 年 9 月发布的 3.1 版。IATF 全面描述了信息安全保障体系的框架，并定义了实现信息系统信息安全保障的过程，给出了各个过程中包含的活动及应当遵循的原则。应用这些原则的结果最终应能体现 IATF 所提出的"深度防护战略"（Defense-in-Depth Strategy）思想。深度防护战略的思想主要体现为以下两点。

（1）多点防护。由于针对某个目标的攻击可以从内外部多点发起，因此必须在多个位置进行防御以阻止用各种方法发起的攻击。

（2）层次式防护。任何安全产品都可能存在缺陷，因此，有效的防护措施是在攻击者和目标系统之间部署多层防护机制，不同的防护机制采用不同的原理，避免单一防护机制的失效。对于多点防护，IATF 指出，应至少对网络基础设施、系统边界和计算环境等区域进行防御。

深度防护战略思想的 3 个主要方面是人、操作和技术，强调信息保障依赖人、技术和操作来共同实现，达到稳健的信息安全保障意味着在信息基础设施的各个层次充分实施信息保障的策略、过程、技术和机制。人、操作和技术 3 个主要方面的关系（IATF 安全框架）可以用图 4.3 表示。

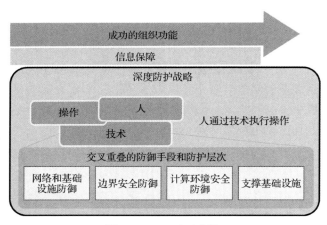

图 4.3　IATF 安全框架

4.1.3　OSI 网络安全框架

OSI 安全体系结构是国际标准化组织在对 OSI 开放系统互联环境的安全性进行深入研究的基础上提出的。如图 4.4 所示，它定义了为保证 OSI 参考模型的安全应具备的 5 类安全服务，包括对象认证、访问控制、数据完整性、数据保密性和禁止否认，以及为实现这 5 类安全服务所应具备的 8 种安全机制，包括加密、数字签名、访问控制、数据完整性、鉴别交换、业务流填充、路由控制及公证。OSI 安全体系结构中的 5 类安全服务和 8 种安全机制可根据所防护网络的具体要求适当地配置于

OSI 参考模型的 7 个层次中。

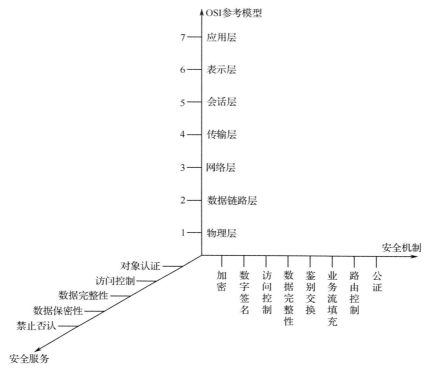

图 4.4　OSI 安全体系结构

1．OSI 安全服务

针对网络系统的技术和环境，OSI 安全体系结构中对网络安全提出了 5 类安全服务，即对象认证服务、访问控制服务、数据完整性服务、数据保密性服务、禁止否认服务。

（1）对象认证服务。对象认证服务又可分为对等实体认证和信源认证，用于识别对等实体或信源的身份，并对身份的真实性、有效性进行证实。其中，对等实体认证用来验证在某一通信过程中的一对关联实体中双方的声称是一致的，确认对等实体中没有假冒的身份。信源认证可以验证所接收到的信息是否确实具有它所声称的来源。

（2）访问控制服务。访问控制服务可以防止越权使用通信网络中的资源。访问控制服务可以分为自主访问控制、强制访问控制、基于角色的访问控制。由于自主访问控制、强制访问控制具有固有的弱点，基于角色的访问控制具备突出优势，所以基于角色的访问控制一出现就成为最受欢迎的一种访问控制方法。访问控制的具体内容前面已有讲述，此处不再赘述。

（3）数据完整性服务。数据完整性服务包括防止非法篡改信息，如修改、删除、插入、复制等。

（4）数据保密性服务。数据保密性服务是针对信息泄露而采取的防御措施，包括信息保密、选择段保密、业务流保密等内容。数据保密性服务是通过对网络中传输的数据进行加密来实现的。

（5）禁止否认服务。禁止否认服务可以防止信息的发送者在事后否认自己曾经进行过的操作，即通过证实所有发生过的操作防止抵赖。禁止否认服务具体可以分为防止发送抵赖、防止递交抵赖和进行公证等几个方面。

2. OSI 安全机制

为了实现前面所述的 5 种安全服务，OSI 安全架构建议采用如下 8 种安全机制：加密机制、数字签名机制、访问控制机制、数据完整性机制、鉴别交换机制、业务流填充机制、路由控制机制、公证机制。

（1）加密机制。加密机制即通过各种加密算法对网络中传输的信息进行加密，它是对信息进行保护的最常用措施。加密算法有许多种，大致分为对称密钥加密与公开密钥加密两大类，其中有些加密算法（如 DES 等）已经通过硬件实现，具有很高的效率。

（2）数字签名机制。数字签名机制是采用私钥进行数字签名，同时采用公开密钥加密算法对数字签名进行验证的方法，用来帮助信息接收者确认收到的信息是不是由它所声称的发送方发出的，并且能检验信息是否被篡改、实现禁止否认等服务。

（3）访问控制机制。访问控制机制可根据系统中事先设计好的一系列访问规则判断主体对客体的访问是否合法，如果合法，则继续进行访问操作，否则拒绝访问。访问控制机制是安全保护的最基本方法，是网络安全的前沿屏障。

（4）数据完整性机制。数据完整性机制包括数据单元的完整性和数据单元序列的完整性两个方面。它保证数据在传输、使用过程中始终是完整、正确的。数据完整性机制与数据加密机制密切相关。

（5）鉴别交换机制。鉴别交换机制以交换信息的方式来确认实体的身份，一般用于同级别的通信实体之间的认证。

（6）业务流填充机制。业务流填充机制是指设法使加密装置在没有有效数据传输时，还按照一定的方式连续地向通信线路上发送伪随机序列，并且这里发出的伪随机序列也是经过加密处理的。这样，非法监听者就无法区分所监听到的信息中哪些是有效的、哪些是无效的，从而防止非法攻击者监听数据，分析流量、流向等，达到保护通信安全的目的。

（7）路由控制机制。在一个大型网络里，源节点和目的节点之间往往有多种路由，其中有一些是安全的，而另一些可能是不安全的。在这种源节点和目的节点之间传送敏感数据时，就需要选择特定的安全的路由，使之只在安全的路径中传送，从而保证数据通信的安全。

（8）公证机制。在一个复杂的信息系统中，一定有许多用户、资源等实体。由于各种原因，很难保证每个用户都是诚实的，每个资源都是可靠的，同时也可能由于系统故障等原因造成信息延迟、丢失等。这些很可能会引起责任纠纷或争议。而公证机构是系统中通信的各方都信任的权威机构，通信各方之间进行通信前，都与这个机构交换信息，从而借助这个可以信赖的第三方保证通信是可信的，即使出现争议，也能通过公证机构进行仲裁。

OSI 安全体系结构针对 OSI 参考模型中不同的层次，部署不同的安全服务与安全机制，体现了分层防护的思想，具有很好的灵活性。然而，OSI 安全体系结构专注于网络通信系统，其应用范围具有一定的局限性。同时，OSI 安全体系结构实现的是对网络的静态安全防护，而网络的安全防护具有动态性，该体系结构对于持续变化的内外部安全威胁缺乏足够的监测与应对能力。此外，OSI 安全体系结构主要从技术层面出发对网络的安全防护问题进行讨论，未考虑管理在安全防护中的地位和作用。面对更复杂、更全面的安全保障要求，仅依靠 OSI 安全体系结构是远远不够的。

4.1.4　其他网络安全框架

1. 美国工业互联网联盟的工业物联网安全框架

工业物联网安全框架（Industrial Internet of Things Volume G4 : Security Framework，IISF）是美国工业互联网联盟（Industrial Internet Consortium，IIC）安全工作组于 2016 年发布的针对工业物联网系统安全的架构、设计和技术框架。

IISF 的功能视图分为 3 层、6 个方面。顶层包括 4 个安全功能，分别是从边到云的端到端保护、通信和连接安全保护、安全监控与分析、安全配置与管理。这 4 个功能之下是数据保护层，为 4 个安全功能中涉及的数据提供保护。底层是安全模型与策略层，定义了在工业物联网系统整个生命周期过程中的机密性、完整性和可用性安全策略，并规定了安全如何实现。IISF 安全框架功能模块如图 4.5 所示。

2. 德国工业 4.0 安全框架

德国工业 4.0 注重安全实施，出版了《工业 4.0 安全指南》《跨企业安全通信》《安全身份标识》等一系列指导性文件，指导企业加强安全防护。德国虽然从多个角度对安全提出了要求，但是并未形成成熟的安全体系框架。安全作为新的商业模式的推动者，在工业 4.0 参考架构（RAMI 4.0）中起到了承载和连接所有结构元素的骨架作用。德国 RAMI 4.0 从 CPS 功能视角、全生命周期价值链视角和全层级工业系统视角三个视角构建了如图 4.6 所示的工业 4.0 参考架构。从 CPS 功能视角看，安全应用于所有不同层次，因此对安全风险必须整体考虑；从全生命周期价值链视角看，对象的所有者必须考虑全生命周期的安全性；从全层级工业系统视角看，需要对所有资产进行安全风险分析，并对资产所有者提供实时保护措施。

图 4.5　IISF 安全框架功能模块

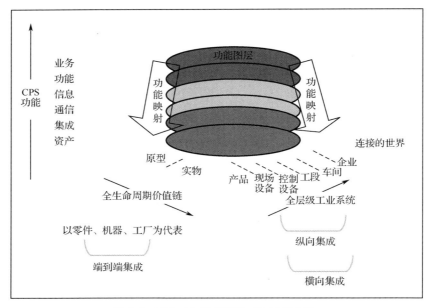

图 4.6　工业 4.0 参考架构（RAMI 4.0）

德国 RAMI 4.0 采用了分层的基本安全管理思路，侧重于防护对象的管理。我们在工业互联网安全框架的设计过程中可借鉴这一思路，并且从实施的角度将管理与技术相结合，更好地指导工业互联网企业部署安全实施。

4.2　工业互联网安全体系架构

本章介绍我国工业互联网安全体系架构 2.0，聚焦工业互联网技术演化及其延伸应用的迫切需求，面向新一代信息通信技术与工业经济深度融合产生的安全问题，为工业互联网可靠运行、实现工业智能化的安全可信提供体系化思路，指导相关单位与企业打造满足工业需求的安全技术体系和相应管理机制，识别和抵御来自内外部的安全威胁，化解各种安全风险。

4.2.1　工业互联网安全体系架构概述

工业互联网安全体系架构 2.0 包括功能架构和实施架构，按照"需求牵引、前瞻引领、技术创新、智能融合、内生安全"的指导思想，采用自顶向下的研究方法，形成以"网络攻防""数据防护""五层三网六要素"为视图的新一代工业互联网安全体系架构，支撑构建我国工业互联网安全保障体系与服务能力。

4.2.2　工业互联网安全功能架构总览

工业互联网安全功能架构立足"网络攻防""数据防护"两个视角，形成以网络攻防为基础、以数据驱动为核心的工业互联网安全协同保障体系（见图 4.7）。

1. 网络攻防视角

网络攻防视角以网络攻击杀伤链为灵感来源建立"目标侦察、工具投递、渗透利用、安装植入、命令控制、攻击执行"的基础攻击视图，以美国国家标准与技术研究院网络安全框架为灵感来源建立"识别、检测、防护、响应、恢复、追溯"的基础防御视图，构建攻防一体化的工业互联网安全思路，保障安全体系架构全面覆盖工业互联网各个方面。

2. 数据防护视角

数据防护视角以"收集、存储、使用、加工、传输、提供、公开"等工业数据处理活动全生命周期的安全为核心，聚焦以数据为中心的工业互联网安全思路。

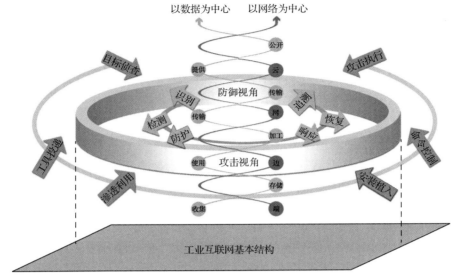

图 4.7　工业互联网安全功能架构

4.2.3　工业互联网安全网络攻防视角

1. 基础攻击视图

从攻击视角看，工业互联网遭受网络攻击受多种因素的制约，包括攻击者的目的、攻击能力、攻击的复杂程度和对攻击目标的熟悉程度等。攻击者通常通过一系列行为来获取足够的目标信息和访问权限并突破工业互联网的防护系统，达成攻击效果。了解攻击行为的具体流程有助于防御方做出更明智的安全和风险管理决策。此外，对攻击行为的了解可以帮助防御方鉴别和评估攻击者可能的攻击目的、攻击能力、攻击复杂程度和对工业互联网系统的了解程度，这些信息有利于评估攻击行为的潜在影响。

1）目标侦察

目标侦察是网络攻击杀伤链的第一步，是通过观察或其他侦测方法获取攻击对象有关信息的行为。这个阶段是寻找目标系统的脆弱点，为后续的攻击步骤寻找相关的信息，包括人员、网络、主机、账户和协议信息，以及相关的策略、进程和过程等相关信息。目标侦察分为被动和主动两种。被动侦察通常利用大量的互联网公开信息对目标系统进行侦查而攻击对象无法感知，如通过网络收集企业或组织机构网站、报道资料、职员的社会关系网等各种与目标相关的信息。主动侦察通常包括主动连接目标的公开或私有的可访问的攻击面从而了解其运行模式，以及通过常规查询确定其操作系统或软件的版本等。在目标侦察阶段，攻击者通常会利用正常的互联网流量和活动噪声隐藏自己，根据其获得的信息来确定攻击目标。对防御者来说，一个公司、机构或组织通常拥有比其意识到的更多的信息暴露在外。例如，社交网络上的员工姓名和联系方式会被用于通过社会工程获取用户名和密码等信息）；网络服务器或主机的物理位置的详细信息会被用于缩小入侵防御方网络环境的可能漏洞列表。

2）工具投递

工具投递包括工具制作和传送投递两个方面。工具制作通常就是把病毒或木马封装到一般文件或应用程序中，如修改 PDF 格式的文件使其中包含发动攻击的工具，利用 Word 文档中的宏作为工具发动攻击。投递就是把病毒或木马传播到攻击目标的系统中。最常见的传播方式有 3 种：钓鱼电子邮件的有毒附件、挂马的网站和有毒的 USB 移动存储介质。工具投递不是发动网络攻击的必需步骤。攻击者会根据攻击的时间期限、工作量和技术措施的可能性及被检测发现的风险进行权衡，决定他们将针对目标使用什么攻击工具或方法。例如，在侦察之后，攻击者发现用获取的账号口令通过虚拟专用网络（Virtual Private Network，VPN）直接进入目标网络是最优途径，就不再需要通过工具投递来进入目标网络，从而用最少的资源消耗达到最佳的攻击效果。

3）渗透利用

渗透利用是利用目标系统的操作系统或应用程序漏洞，通过触发攻击代码获取系统的控制权限来执行恶意操作。例如，在 PDF 或其他文件打开时触发漏洞获取权限，或者直接获取对网络的访问权限（如获取 VPN 的访问账号和口令）。攻击者还可以替换或修改系统现有功能，如 Windows 环境中 PowerShell 工具提供了足够的功能，方便攻击者无须依赖恶意代码即可完成入侵过程。因此，防御者应该专注于发现和理解威胁，而不应该认为威胁仅来自恶意软件。

4）安装植入

安装植入是指在目标系统中安装远程访问的木马或后门，或者盗用注入 VPN 这样的可信通信信道实现对目标系统的管理与控制。

5）命令控制

攻击者在顺利完成前面几个步骤成功入侵网络后，就来到命令控制环节。有经验的攻击者经常建立多个命令控制通道，以确保在某个命令控制工具被检测到或移除后不会丢失管理控制权，维持对目标网络的长期管理和控制。攻击者通常通过劫持现有通信的方法隐藏命令控制的出入站流量。在某些情况下，攻击者也可能通过向目标网络接入特殊设备建立自己的通信桥来实现命令控制，达到攻击的目的。

6）攻击执行

经过前面 5 个阶段的准备，攻击者就可以在其认可的时机执行攻击，达到既定的攻击效果。攻击执行的方式多种多样，实现效果常分为 3 类：数据泄露、服务拒绝和行为操纵。数据泄露包括数据的采集、加密和提取信息及破坏数据的完整性或可用性。常见的勒索攻击就是这类攻击效果的典型。服务拒绝是一种简单的破坏性攻击，攻击者使攻击目标失去工作能力，使系统不可访问因而合法用户不能及时得到应得的服务或系统资源。它最本质的特征是延长正常的应用服务的等待时间。行为操纵是指通过修改控制或过程参数使得受控的设备或过程元素损坏或被修改。

2. 基础防御视图

1）识别

识别是在风险事件发生之前或之后，对该事件给人们的生活、生命和财产等各个方面造成的影响与损失的可能性进行量化评估的工作。风险评估就是量化测评某一事件或事物带来的影响或损失的可能程度。在 ISO13335 中阐述的风险（评估要素）关系模型是以风险为中心，分析资产（价值）、安全措施、威胁和脆弱性等影响风险的编号，得到残余风险。其内容是威胁利用脆弱性导致风险。威胁越多，风险越大；脆弱性暴露资产，脆弱性越多，风险越大；资产拥有资产价值，资产价值越大，风险越大；风险导出安全需求，安全需求被安全措施满足，安全措施通过对抗威胁来降低风险。

2）检测

检测是指对工程师站对控制器的写操作行为进行审计，对操作的时间、协议、寄存器地址、数值进行检测并与设定阈值和通过自学习新增的策略进行组合分析，对超出阈值范围的操作进行报警，报警输出至态势感知体系中大数据分析平台进行进一步分析及展示。对镜像流量中报文做出深度解析，可还原完整操作记录，检测生产过程中的误操作行为。对生产网络工业主机等资产的安全性检测，包括设备自身的功能健壮性检测和抗攻击检测，以及时发现系统漏洞、安全配置不当或系统设计等安全问题。

3）防护

防护是指针对五大防护对象，部署主被动防护措施，阻止外部入侵，构建安全运行环境，消减潜在安全风险。五大防护对象包括感知与执行、边缘与控制、网络与标识、平台与应用、数据与隐私。第一，感知与执行设备安全：包括工业控制设备（PLC、RTU 等）、网络和安全设备（工业交换机、工业防火墙等）、智能终端设备（数采网关、视频监控设备及其他物联网相关设备）等智能设备围绕工业环境的适用性、硬件安全、系统/固件安全、应用安全、数据安全、接入安全等。设备安全体现在抗渗透能力、恶意代码防范、抗 DDoS 能力、漏洞隐患情况排查等方面，可能存在未授权访问、恶意控制、数据窃取及性能下降或系统崩溃等安全隐患。第二，边缘与控制安全：包括控制协议安全、控制软件安全及控制功能安全。第三，网络与标识安全：包括承载工业智能生产和应用的工业控制网络、企业与园区网络、骨干网络及标识解析系统等的安全。第四，平台与应用安全：包括工业互联网平台安全与工业应用程序安全。第五，数据与隐私安全：包括涉及收集、传输、存储、加工等各个环节的数据及用户信息的安全。

4）响应

响应是指建立响应恢复机制，及时应对安全威胁，并及时优化防护措施，形成闭环防御。处置恢复机制可以确保落实工业互联网信息安全管理，支撑工业互联网系统与服务持续运行。通过处置恢复机制，在发生风险时，灾备恢复组织能根据预案及时采取措施进行应对，及时恢复现场设备、工业控制系统、网络、工业互联网平台、工业应用程序等的正常运行，防止重要数据丢失，并通过数据收集与分析机制，及时更新优化防护措施，形成持续改进的防御闭环。处置恢复机制主要包括响应决策、备份恢复、分析评估等。

5）恢复

恢复是指为了及时应对安全威胁，并及时优化工业互联网安全防护措施，形成持续改进的闭环防御体系。恢复机制实施的目的就是确保落实工业互联网安全管理的相关工作，保障工业互联网相关系统和相关服务持续运行。通过恢复机制，工业互联网安全管理人员可以在风险发生时，根据应急预案及时采取措施进行应对，并快速恢复现场设备、网络设备、工业控制系统、工业互联网平台、网络及应用程序等的正常运行，防止工业互联网中的重要数据丢失，并通过相关数据的集中收集、存储与分析，及时优化、完善工业互联网相关防护措施，形成持续改进更新的防御闭环。恢复机制主要包括备份恢复、安全防护措施优化和恢复预案改进等。

6）追溯

追溯是指在工业互联网中发生安全事件后，安全管理人员利用自动化手段对工业互联网面临的脆弱性及典型安全威胁进行全面、深度的检测，并基于事件发生过程中所记录的网络及系统行为进行攻击路径还原与安全事件的追踪溯源，最终确定安全事件的责任人及引发安全事件的原因，并采取措施加强安全防护体系的构建，避免类似安全事件的发生。追溯的整个过程则是通过深入分析捕获采集到的攻击过程中的网络流量、行为及攻击载荷等相关信息，结合工业威胁信息、恶意代码信息等相关内容，针对工业互联网安全事件按照时序进行追踪溯源，再结合已掌握的威胁情报数据将攻击特点和数据聚类，从而有效追溯到攻击者的攻击手法和 IP 及域名资产等信息，最终确定责任人。同时，在追溯过程中也能够对工业互联网安全防护体制的有效性进行综合评估，为保障工业互联网安全提供支撑。

4.2.4　工业互联网数据安全防护视角

数据是工业互联网的核心资产，针对工业互联网数据防护，应从数据泄露、数据篡改、数据滥用、违规传输、非法访问、流量异常等数据面临的主要安全风险出发，针对数据全生命周期中的各个环节制定不限于数据明示用途、数据分级分类管理、数据风险核查、访问控制、身份认证、数据加密、数据脱敏等多种数据防护措施。

1. 数据收集

在数据收集环节，数据安全要对外部数据源进行鉴别，并对源数据进行安全检测。一是防止工业互联网平台企业过度收集联网工业企业机密、敏感数据，收集的数据需用户授权同意并签署相关协议；二是防止联网工业企业接入工业互联网平台后带来的自身数据非授权访问、敏感数据泄露等风险，应从工业数据梳理、身份认证及数据防泄露方面加强安全防护。

以身份为中心的身份认证和设备识别可以进行动态、细粒度的授权，基于数据源得出安全监测和信任评估结论；以数据为中心的识别与分类分级通过对全部数据资产进行梳理，明确数据类型、属性、分布、账号权限、使用频率等，绘制"数据目录"，以此为依据对不同级别的数据实施合理的安全防护手段，主要包含数据源发现、数据资产识别、数据资产处理（分析）、数据分类分级、数据资产打标。

2. 数据存储

数据存储环节的数据安全包含数据库安全和数据储存环境安全，应从数据安全状况评估、技术防护手段、数据库监测及数据存储加密等方面加强安全防护。通过安全现状评估，能有效发现当前数据库系统存在的安全问题，对数据库的安全状况进行持续化监控。漏洞扫描可快速完成对数据库的漏洞扫描和分析工作，并提供详细的漏洞描述和修复建议；可基于各种主流数据库口令生成规则，实现口令匹配扫描；配置检查规避了由于数据库或系统的配置不当造成的安全缺陷或风险；采用加密技术对数据进行加密存储，防止安全风险，保障数据存储时的安全性。

在该环节，相关的安全防护技术主要包含数据加密技术、灾难恢复技术、本地双机热备、远程异地容灾、云数据保护技术、大数据保护技术等。

3. 数据使用

在数据使用环节，存在隐私数据泄露的风险，应从数据安全分享和敏感数据脱敏等方面制定安全技术措施。通过隐私计算实现数据所有权和使用权的分离，避免隐私信息泄露，实现数据流通价值。数据脱敏通过向用户提供高度仿真的数据，可防止滥用敏感数据，同时保持执行业务流程的能力。水印溯源通过对数据进行打标签、加水印、植入溯源种子的方式解决数据的非授权扩散监管问题。

在该环节，相关的安全防护技术主要包含数据加密技术、数据脱敏技术、身份认证技术、访问控制技术、数据访问治理、DLP 技术和安全审计。

4. 数据加工

在数据加工环节，工业互联网服务提供商应当严格按照法律法规及在与用户约定的范围内加工处理相关数据，不得擅自扩大数据使用范围。在该环节，要采取必要的措施防止用户数据或数据有效信息泄露。一是重视环境安全问题，确保数据处理平台或系统等不被篡改、擅自收集、泄露企业或个人等相关重要数据，泄露风险主要是由分类分级不当、数据脱敏质量较低、恶意篡改/误操作等情况导致的。二是加工前后注意导入导出安全，主要是建立数据导入导出过程保护和回退机制。三是注意加工与分析安全，确保工业互联网数据处理结果的准确性和安全性。

在整个数据加工过程中，都需要采用访问控制、隐私保护、身份鉴别等措施，以减少和避免泄露风险，并在不影响数据加工分析的情况下，采用模糊化处理等方式对工业互联网数据进行脱敏。该环节需要使用知识机理、数字化模型、算法、工具等进行测验分析，防止出现数据伪造、恶意篡改、违规信息隐藏、超负荷运算等情况。

5. 数据提供

在数据提供环节，工业互联网数据控制者向其他控制者提供数据，或者将数据控制权由一个控制者向另一个控制者转移，且双方分别对数据拥有独立控制权。一方面，工业互联网数据交换前的安全评估不足，可能导致重要敏感数据泄露，共享中数据脱敏、水印等防护不足会导致数据被篡改、泄露等，交换后的监控、溯源追踪不足会造成数据恶意使用、非授权使用等安全风险。另一方面，缺乏可信的数据安全交换共享机制会造成数据滥用、非法交易等风险。

在数据交换前，数据交换双方需明确交换共享的目的、用途、方式、日期、数据量、数据类型和安全级别、数据接收方的基本情况等信息，建立数据交换共享安全监控措施，确保交换共享的数据被合理规范地使用，未超出授权范围。在数据提供过程中，缺乏对数据复制的使用管控和终端审计、行为抵赖、数据发送错误、非授权隐私泄露/修改、因第三方过失而造成数据泄露等问题可通过数据溯源技术进行解决，主要采用数据标注、水印等溯源技术，对数据流经节点及流转过程中的篡改、泄露、滥用等行为进行溯源。

6. 数据公开

在数据公开环节，数据泄露的风险主要是由于很多数据在未经过严格保密审查、未进行泄密隐患风险评估，或者未意识到数据情报价值或涉及公民隐私的情况下随意发布。

该环节使用的安全防护技术主要是水印技术，水印技术包括图像水印、媒体水印、数据库水印、屏幕水印等。数字水印技术可以确定版权拥有者，认证数字内容来源的真实性，识别购买者，提供关于数字内容的附加信息，确认所有权认证和跟踪侵权行为。

7. 数据销毁

数据销毁是指将数据介质上的数据不可逆地删除或将介质永久销毁，从而使数据不可恢复、还原的过程。在将资源重新分配给新的租户之前，必须对存储空间中的数据进行彻底擦除，防止非法恶意恢复。应根据不同的数据类型及业务部署选择必要的清除操作方式。在涉及敏感数据的高安全场景，可采用消磁或物理粉碎等措施保证数据被彻底清除。

数据销毁作为数据生命周期中的最后一环，目的是使被删除的敏感数据不留踪迹、不可恢复。该环节所使用的销毁方式主要分为硬销毁和软销毁，其中硬销毁又可分为物理销毁和化学销毁两种方式。

4.2.5 工业互联网安全实施架构

实施架构立足"五层三网六要素"视角，以"云-网-边-端"为核心，形成分层部署、纵横联动的安全实施架构，构建国家-省-企业多级联动的安全保障体系，动态应对工业互联网安全风险。"云-网-边-端"对应工业互联网的云侧、网侧、边侧和端侧，"五层"对应国家层、省级/行业层、企业/园区层、边缘层、生产现场层，"三网"覆盖骨干网络安全、企业/园区网络安全、生产控制网络安全，"六要素"包含设备安全、控制安全、网络安全、标识解析安全、平台安全、数据安全。工业互联网安全实施架构2.0如图4.8所示。

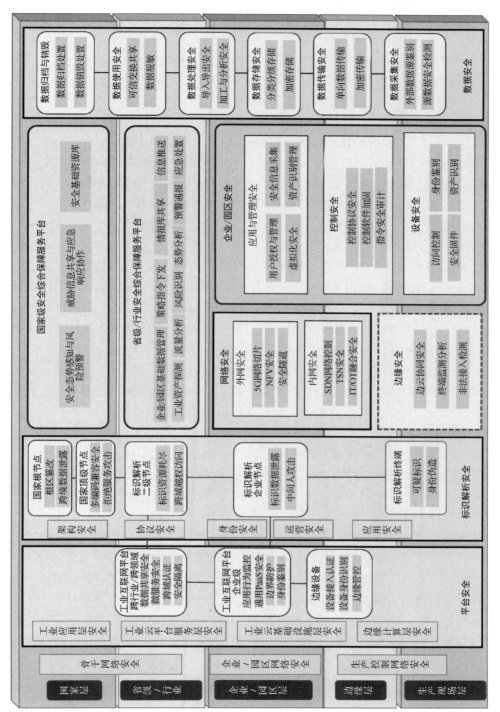

图 4.8　工业互联网安全实施架构 2.0

1. 以位置分布为依据的层次划分

1）云侧

云侧主要是指工业互联网平台，连接大量的工业设备并存储着大量的工业数据，是工业互联网安全保障的核心。工业互联网平台安全涉及省级/行业层、企业/园区层及边缘层，其安全性贯穿工业应用层安全、工业云平台服务层安全、工业云基础设施层安全、边缘计算层安全等各方面。根据服务类型，可将平台安全分为跨行业/跨领域工业互联网平台安全、企业工业互联网平台安全、边缘安全。跨行业/跨领域工业互联网平台主要服务于行业产业层，为本行业或其他行业提供智能化平台服务，实现工业应用云上敏捷开发、跨域认证与微服务调用等功能，其安全保障包括数据共享安全、微服务安全、跨域认证、安全隔离等方面；企业工业互联网平台主要服务于企业/园区层，主要形式为工业企业自建平台，实现企业自身资源泛在连接、弹性供给、高效配置，其安全保障包括应用行为监控、通用平台即服务（Platform as a Service，PaaS）安全、边界保护、身份鉴别等；边缘设备作为工业互联网平台的边缘硬件基础，主要包括具有边缘算力的智能终端设备、工业控制设备、边缘控制器、边缘网关、边缘计算盒子等，其安全保障包括设备接入认证、设备身份识别、边缘管控等。

2）网侧

网侧包括原有通信网络在工业领域的应用延伸及新型标识解析网络，是工业互联网安全保障的基础，其主要涉及工业互联网国家层、省级/行业层、企业/园区层及生产现场层，其安全贯穿架构安全、协议安全、身份安全、运营安全、应用安全各方面。国际根节点属于国家层，为标识解析体系的最高层级服务节点，不限于特定国家或地区提供面向全球范围公共的根层级标识服务，同时面向国内不同层级节点提供数据同步与注册解析等服务，其面临的安全威胁包括根区篡改、跨境数据泄露等；国家顶级节点属于国家层，为国家或地区内部的顶级节点，其与国际根节点及二级节点连接，面向全国范围提供顶级标识解析服务，其面临的安全威胁包括多编码兼容安全、拒绝服务攻击等；标识解析二级节点属于行业产业层，是面向特定行业或多个行业提供标识服务的公共节点，负责为工业企业分配标识编码及提供标识注册、标识解析、标识数据服务等，其面临的安全威胁包括标识资源耗尽、跨域越权访问等；标识解析企业节点属于企业/园区层，为企业内部的标识服务节点，能够面向特定企业提供标识注册、标识解析服务、标识数据服务，其面临的安全威胁包括标识数据泄露、中间人攻击等；标识解析终端为工业互联网标识载体或客户端，是标识解析服务的入口，其面临的安全威胁包括可疑标识、身份伪造等。

此外，除标识解析安全外，网络安全对于网侧安全也同样重要，网络安全主要涉及企业/园区层与边缘层，包括外网安全与内网安全。外网是工业企业网络对外互联的基础，体现为工业实体的工业互联网接入、工业云平台之间的互联、5G+工业互联网等。外网安全主要采用 5G 网络切片、NFV 安全、安全隧道等手段保障企业与外部系统和网络的正常通信。内网是工业企业网络内部通信的基础，体现为连接生产现场设备与系统的控制网络。内网安全主要采用 SDN 网络控制、TSN 安全、IT/OT 融合安全等手段保障企业内部系统与设备正常通信。

3）边侧

边侧是指边缘计算与生产控制侧的融合。边缘计算作为工业互联网边侧智能化、实时化改造的重要手段，通过融合工业互联网边缘侧的计算、通信和存储能力，就近提供边缘智能服务，并可通过云边协同机制为工业互联网平台提供数据支撑，从而实现工业互联网泛在互联、实时业务、可靠服务、数据优化、边缘应用智能、安全和隐私保护等多方面应用需求。但目前部署在工业互联网中的边缘设备、边缘网络、边缘应用、边缘平台等面临不同的安全风险，如设备物理安全、通信协议漏洞、设备非法接入等问题。工业互联网边侧的边缘计算安全主要涉及边缘层与生产现场层。边缘安全主要通过边云协同安全、终端检测分析、非法接入检测等手段提供边缘平台与设备的可信接入和权限管控，为保障边缘计算安全运行提供有效支撑。

4）端侧

端侧主要涉及企业/园区层、边缘层、生产现场层，包含应用与管理、控制与设备各个方面，作为工业互联网数据的来源，是工业互联网安全保障的重点。应用与管理安全通过采用用户授权与管理、安全信息采集等安全机制保障企业内部的综合安全。控制安全通过采用控制协议安全机制、控制软件安全加固、指令安全审计等安全策略确保控制软件安全和控制协议安全。设备安全主要通过访问控制、安全固件等手段确保工业现场生产设备、单点智能装备器件与产品及成套智能终端等智能设备的安全运行。

2. 以管理对象为依据的层次划分

以工业互联网安全管理对象为划分依据，应按照国家层、省级/行业层、企业/园区层、边缘层、生产现场层 5 个层面建设内容的需求，建立实施国家-省-企业-边缘-现场多级联动的安全保障体系。

1）国家层

应面向全国工业互联网安全需求，实施涵盖全国范围的安全态势感知与风险预警、威胁信息共享与应急响应协作、安全基础资源库等功能，部署国家级工业互联网安全综合管理和保障平台。

2）省级/行业层

应面向省级/行业安全平台，实施企业/园区基础数据管理、智能化安全分析、策略指令下发、情报库共享、信息推送、工业资产探测、流量分析、风险识别、态势分析、预警通报、应急处置等功能。部署方式上，省级/行业层安全平台应保障本省/行业安全运行的同时，与国家层和企业/园区层安全平台对接。

3）企业/园区层

工业互联网企业/园区应面向企业侧应用与管理安全需求，实施用户授权与管理、安全信息采集、虚拟化安全、资产识别管理、数据安全等功能，部署上云的企业/园区层安全防护系统。

4）边缘层

工业互联网边缘安全应面向分域安全策略，实施涵盖边缘层的边云协同安全、终端监测分析、非法接入检测、安全信息传输与边界隔离等功能，部署边缘层安全防护系统。

5）生产现场层

生产现场层应保障设备安全和控制安全，部署生产现场层安全防护系统。为保障设备安全，应实施访问控制、身份鉴别、安全固件、供应链安全、资产识别安全、漏洞修复等安全功能。

3. 以网络类型为依据的层次划分

1）骨干网络

骨干网络应具有相较于企业/园区网络要求更高的高可靠、广覆盖、大宽带的特点。骨干网络用于支撑跨企业的业务协同，相比于企业/园区网络需要实现更大范围的覆盖，对网络安全也将提出更高的要求。一方面需要能够支撑跨行业、跨领域的多方敏捷交互，对接国家、省级/行业安全综合保障服务平台，对骨干网络的传输效率、可靠性和覆盖范围提出了较高要求；另一方面需要能够做好传输通信加密，防止企业敏感信息外泄。在安全防御部署策略上，骨干网络应具备优于企业/园区网的安全能力。边界区域应部署安全威胁发现系统，实现边界网络流量检测，提供网络流量获取与内容检查能力，识别相应的攻击行为流量，响应 APT 攻击与未知威胁，提供全面的网络威胁侦测。

2）企业/园区网络

企业/园区网络应具有高可靠、广覆盖、大宽带的特点。企业/园区网络指企业信息网络和园区公共服务网络，为企业内部实现生产管理与企业经营管理业务提供网络支撑：一方面是生产过程中产品质量全流程管控、设备维护、集中调度等业务和企业经营过程中涉及的采购、营销、仓储等业务，以及产销协同、业财一体化等业务集成；另一方面是园区内各企业间的互联互通并提供基础公共服务。在建设上需要能够广泛汇聚各生产现场的海量数据并进行上传，并发下达生产计划等信息，同时保证数据传输的可靠性。例如，质量全流程管理业务需要接入各工序与质量相关的控制系统和信息系统数据，根据质量数据分析结果向车间下达调整方案。在组网方式上，当前大型工厂企业的企业/园区网络通常采用网络虚拟化技术将一张物理网划分为多个业务网，按照核心层、汇聚层、接入层的分层网络架构搭建，同时支持办公、生产管理、经营管理等企业级应用，使用 VPN、虚拟桌面等技术建立安全隧道实现远程办公需求。在安全防御部署策略上，应建设统一、安全可控的外网出口。在企业/园区网络与骨干网络间配置出口网络设备和安全设备，连接企业对外专线和互联网出口，在带宽上满足业务高峰期和抗 DDoS 攻击能力的需要，作为关键节点，应能够监测、防止或限制从外部发起的网络攻击行为。在企业/园区网络内部，可通过边界控制、通信和传输保护、接入认证授权保障等安全策略，采用网络虚拟化、网络防火墙等技术，将不同业务网络分区分域，在网络边界或区域之间部署访问策略，保证不同工厂、业务的子网络之间的环境隔离。

3）生产控制网络

生产控制网络应具备低时延、高可靠、高带宽、高融合、标准化、可拓展的特点。生产控制网络为生产现场设备、产线及边缘层设施提供网络连接。一方面为生产现场层状态监测、控制指令下发、生产实绩反馈等提供网络通道，要求网络满足低时延、高可靠的要求，满足产线、装备连续稳定运行的要求，如某些生产环节中的高频数据传输等。另一方面为实现生产数据采集至边缘层提供网络通道，要求网络高带宽、高融合、标准化，满足各类生产设备、过程控制应用、工业视频等数据的快速采集要求，还应灵活配置现场网络，实现不同类型网络融合与新建设备快速接入，解决生产现场设备类型多样、数据格式不统一、落后产线淘汰等问题。网络带宽应能够保证高清视频或图片上传。在组网方式上，一般分为两种，一是传统分层组网模式，二是融合组网模式。传统分层组网模式是根据功能及协议的不同，生产控制网由基础自动化网络、过程自动化网络等构成，网络之间采用服务器双网卡或其他方式连接。融合组网模式是打破传统分层组网的模式，一般按照核心层、汇聚层、接入层来设计组成一个整体网络。其中，核心层设置一个双机节点，通过 10G 链路以三层路由方式连接汇聚层节点；汇聚层节点设置在产线/区域，宜采用双机冗余部署，向上以双路 10G 链路路由上连到核心节点，向下为所辖范围的接入层交换机提供 1G 甚至 10G 接入；接入层节点为各机组 HMI、PLC、工序质量检测、设备状态采集等现场终端提供千兆/百兆接入。在安全防御部署策略上，生产控制网络与企业/园区网络应在边界划分为两个区域。生产控制网络内部应根据业务特点划分为不同的安全区域。各区域之间部署必要的冗余热备的边界隔离防火墙，实现区域间的隔离，为边界提供数据访问控制和入侵防范功能，同时串接部署必要的防毒墙，用于病毒检测、拦截和清除，实现安全威胁攻击防范和恶意代码检测功能，防止勒索软件及病毒向工控网传播。

4. 以防护主体为依据的层次划分

工业互联网安全实施架构以防护主体为依据进行层次划分，可以划分为设备安全、控制安全、网络安全、标识解析安全、平台安全、数据安全六大防护主体。

1）设备安全

设备安全包括设备的访问控制、身份鉴别、安全固件、资产识别各个环节的安全。设备安全是指工业互联网范围内单点智能器件及成套智能终端等智能设备的安全，可采用的安全策略包括设备身份鉴别、访问控制、安全固件增强、资产识别等。

在设备身份鉴别与访问控制方面，对于接入工业互联网的现场设备，应支持基于硬件特征的唯一标识符，为包括工业互联网平台在内的上层应用提供基于硬件标识的身份鉴别与访问控制能力，确保只有合法的设备才能够接入工业互联网，并根据既定的访问控制规则向其他设备或上层应用发送或读取数据。在安全固件增强方面，工业互联网设备供应商需要采取措施对设备固件进行安全增强，阻止恶意代码传播与运行。工业互联网设备供应商可从操作系统内核、协议栈等方面进行安全增强，并力争实现对设备固件的自主可控。在资产识别方面，工业互联网企业应在工业现场网络重要控制系统（如机组主控 DCS 系统）的工程师站、操作员站和历史站部署运维管控系统，实现对外部存储器（如 U 盘）、键盘和鼠标等使用 USB 接口的硬件设备的识别，对外部存储器的使用进行严格控制。同时，注意部署的运维管控系统不能影响生产控制区各系统的正常运行。另外，还需要对工业现场中常见的设备与装置进行漏洞扫描和挖掘，发现操作系统与应用软件中存在的安全漏洞，并及时对其进行修复。

2）控制安全

对于工业互联网的控制安全防护，主要从控制协议安全、控制软件加固安全、指令安全审计等方面实施安全策略。其中，控制协议安全防护采取的技术措施包括身份认证、基于角色的访问控制、加密等。指令安全审计防护采取的技术措施包括协议深度解析、攻击异常检测、无流量异常检测、重要操作行为审计、告警日志审计等。在控制协议安全机制方面，为了确保控制系统执行的控制命令来自合法用户，必须对使用系统的用户进行身份认证，未经认证的用户所发出的控制命令不被执行。在控制协议通信过程中，一定要加入认证方面的约束，避免攻击者通过截获报文获取合法地址建立会话，影响控制过程安全。不同的操作类型需要不同权限的认证用户来操作，如果没有基于角色的访问机制，没有对用户权限进行划分，就会导致任意用户可以执行任意功能。在控制协议设计时，应根据具体情况，采用适当的加密措施，保证通信双方的信息不被第三方非法获取。在控制软件安全加固方面，控制软件的供应商应及时对控制软件中出现的漏洞进行修复或提供其他替代解决方案，如关闭可能被利用的端口等。在指令安全审计方面，通过对控制软件进行安全监测审计，可以及时发现网络安全事件，避免发生安全事故，并可以为安全事故的调查提供翔实的数据支持。

3）网络安全

网络安全分为外网安全和内网安全，主要指工业企业管理网、控制网和外网的安全，要做好网络安全态势感知，确保传输安全和运行安全。外网安全防护主要从 5G 网络切片、NFV 安全、安全隧道等方面考虑。内网安全防护主要从 SDN 网络控制、TSN 安全、IT/OT 融合安全等方面考虑。

4）标识解析安全

工业互联网标识解析是工业互联网实现全要素互联互通的重要网络基础设施，为工业设备、机器、零部件和产品提供编码、注册与解析服务，是平台、网络、设备、控制、数据等工业互联网关键要素实现协同的"纽带"。我国工业互联网标识解析体系采用以 DOA 技术为核心，兼容 Handle、OID、Ecode、GS1 等主流标识技术的融合型方案，其架构由国际根节点、国家顶级节点、标识解析二级节点、标识解析企业节点等要素组成。

国际根节点是指标识解析体系的最高层级服务节点，一方面不限于特定国家或地区提供面向全球范围公共的根层级标识服务，另一方面面向国内不同层级节点提供数据同步与注册解析等服务。国际根节点安全主要从防止根区篡改和跨境数据泄露两方面进行防护。

国家顶级节点是指一个国家或地区内部的顶级节点，其与国际根节点及二级节点连接，面向全国范围提供顶级标识解析服务。国家顶级节点安全主要从多编码兼容安全和拒绝服务攻击两方面进行防护。

标识解析二级节点是面向特定行业或多个行业提供标识服务的公共节点，负责为工业企业分配标识编码及提供标识注册、标识解析、标识数据服务等，其分为行业二级节点和综合类二级节点两种类型。二级节点安全主要从防止标识资源耗尽、跨域越权访问两方面进行防护。

标识解析企业节点是指一个企业内部的标识服务节点，能够面向特定企业提供标识注册、标识解析服务、标识数据服务等，并与二级节点连接。企业节点安全主要从防止标识数据泄露和中间人攻击两方面进行防护。

5）平台安全

平台安全涵盖跨行业/跨领域工业互联网平台、企业级工业互联网平台，以及边缘设备，包括工业应用层安全、工业云平台服务层安全、工业云基础设施层安全及边缘计算层安全四大防护对象安全。

工业应用层安全的防护对象包括工业知识库、工业应用接口、应用配置、第三方依赖库、Web 服务等。

工业云平台服务层安全的防护对象包括通用 PaaS 环境、工业大数据系统、工业应用开发环境、工业微服务组件、工业数据模型、容器镜像等。

工业云基础设施层安全的防护对象包括虚拟化管理软件、虚拟化应用软件、服务器、云端网络、存储设备等。其主要通过虚拟化技术将计算、网络、存储等资源虚拟化为资源池，支撑上层平台服务和工业应用的运行，其安全是保障工业互联网平台安全的基础。

边缘计算层安全的防护对象包括通信协议、数据采集与汇聚、设备接入等。对于跨行业/跨领域工业互联网平台的防护，主要采取数据共享安全、微服务安全、跨域认证和安全隔离等措施。对于企业级工业互联网平台的防护，主要采取应用行为监控、通用 pas 安全、边界防护、身份鉴别等措施。对于边缘设备的防护，主要采取设备接入认证、设备身份认证、边缘管控等措施。

6）数据安全

工业互联网数据安全涉及收集、传输、存储、处理、使用、归档与销毁等各个环节，主要指工业生产业务活动中产生、采集、处理、存储、传输和使用的数据安全。要建立工业数据分级分类管理制度，形成工业互联网数据流动管理机制，解决工业数据流动方向和路径复杂导致的数据安全防护难度增大等问题。

在数据收集安全方面，要对外部数据源进行鉴别，并对源数据进行安全检测。工业互联网平台应遵循合法、正当、必要的原则收集与使用数据及用户信息，公开数据收集和使用的规则，向用户明示收集使用数据的目的、方式和范围，经过用户的明确授权同意并签署相关协议后才能收集相关数据。授权协议必须遵循用户意愿，不得以拒绝提供服务等形式强迫用户同意数据采集协议。另外，工业互联网平台不得收集与其提供的服务无关的数据及用户信息，不得违反法律、行政法规的规定和双方约定收集、使用数据及用户信息，并应当依照法律、行政法规的规定和与用户的约定处理其保存的数据及个人信息。

在数据传输安全方面，主要包括单向数据传输安全和加密传输安全。为防止数据在传输过程中被窃听而泄露，工业互联网服务提供商应根据不同的数据类型及业务部署情况，采用有效手段确保数据传输安全。例如，通过 SSL 协议保证网络传输数据信息的机密性、完整性与可用性，实现对工业现场设备与工业互联网平台之间、工业互联网平台中虚拟机之间、虚拟机与存储资源之间及主机与网络设备之间的数据安全传输，并为平台的维护管理提供数据加密通道，保障维护管理过程中的数据传输安全。

在数据存储安全方面，主要包括分类分级存储安全和加密存储安全。对于分类分级存储安全，可以通过访问控制，保证不同安全域之间的数据不可直接访问，避免存储节点的非授权接入，同时避免对虚拟化环境数据的非授权访问。分类分级存储安全包括存储业务的隔离、存储节点接入认证及虚拟化环境数据访问控制。存储业务的隔离是指借助交换机，将数据根据访问逻辑划分到不同的区域，使得不同区域的设备相互之间不能直接访问，从而实现网络中设备之间的相互隔离。存储节点接入认证可通过成熟的标准技术，包括 iSCSI 协议本身的资源隔离、询问握手认证协议（Challenge Handshake Authentication Protocol，CHAP）等实现，也可通过在网络层面划分虚拟局域网或设置访问控制列表等实现。虚拟化环境数据访问控制是在虚拟化系统上对每个卷定义不同的访问策略，以保障没有访问该卷权限的用户不能访问，各个卷之间互相隔离。对于加密存储，工业互联网平台运营商可根据数据敏感度采用分等级的加密存储措施（如不加密、部分加密、完全加密等）。建议平台运营商按照国家密码管理的有关规定使用和管理密码设施，并按规定生成、使用和管理密钥。同时针对数据在工业互联网平台之外加密之后再传输到工业互联网平台中存储的场景，应确保工业互联网平台运营商或任何第三方无法对客户的数据进行解密。

在数据处理安全方面，主要包括数据导入导出安全和数据加工与分析安全。在数据处理过程中，工业互联网服务提供商要严格按照法律法规及在与用户约定的范围内处理相关数据，不得擅自扩大数据使用范围，使用中要采取必要的措施防止用户数据泄露。如果在数据处理过程中发生大规模用户数据泄露的安全事件，应当及时告知用户和上级主管部门，对于造成用户经济损失的应当给予赔偿。

在数据使用安全方面，要求进行可信交换共享和数据脱敏。可信交换共享应用安全多方计算技术，解决一组互不信任的参与方之间保护隐私的协同计算问题，具有输入的独立性、计算的正确性、去中心化等特征，能为数据需求方提供不泄露原始数据前提下的多方协同计算能力，为需求方提供经各方数据计算后的整体数据画像，因此能够在数据不离开数据持有节点的前提下，完成数据的分析、处理和结果发布，并提供数据访问权限控制和数据交换的一致性保障。安全多方计算主要通过同态加密、混淆电路、不经意传输和秘密共享等技术，保障各参与方数据输入的隐私性和计算结果的准确性，可实现多方之间的数据可信互联互通，保证数据查询方仅得到查询结果，但对数据库其他记录信息不可知。同时改进已有的数据分析算法，通过多方数据源协同分析计算，保障敏感数据不泄露。数据脱敏包括当工业互联网平台中存储的工业互联网数据与用户个人信息需要从平台中输出或与第三方应用进行共享时，应当在输出或共享前对这些数据进行脱敏处理。脱敏应采取不可恢复的手段，包括工业互联网数据脱敏技术向动静结合脱敏、敏感字段定向脱敏、数据智能脱敏等技术，避免数据分析方通过其他手段对敏感数据复原。此外，数据脱敏后不应影响业务连续性，避免对系统性能造成较大影响。工业互联网数据的脱敏技术需要适配大流量、高速流动、实时交互等需求，能够自动识别敏感数据并匹配推荐脱敏算法的数据脱敏工具，并随着机器学习技术的应用，进一步研究应用集敏感数据自动化感知、脱敏规则自动匹配、脱敏处理自动完成等能力于一体的数据智能脱敏技术。

在数据归档与销毁安全方面，需要进行数据归档销毁处置。数据归档和销毁处置要求在将资源重新分配给新的租户之前，必须对存储空间中的数据进行彻底擦除，防止被非法恶意恢复。应根据不同的数据类型及业务部署情况，选择必要的清除操作方式，包括在逻辑卷回收时对逻辑卷的所有 bit 位进行清零，并利用"0"或随机数进行多次覆写；在非高安全场景，系统默认将逻辑卷的关键信息（如元数据、索引项、卷前 10M 等）进行清零；在涉及敏感数据的高安全场景，当数据中心的物理硬盘需要更换时，系统管理员可采用消磁或物理粉碎等措施保证数据被彻底清除。

4.3 下一代工业互联网安全体系架构展望

工业互联网安全体系架构 2.0 作为本领域最新的架构设计方案，不仅涵盖当前工业互联网安全的各个方面，还充分考虑了工业互联网的技术发展演进和落地实施部署需求，是一个更加通用的体系架构，涵盖了工业互联网安全的未来发展方向，可以科学、系统地引导工业互联网安全布局，指导企业建立满足工业需求的安全技术体系和管理机制。其对工业互联网安全未来发展的思考和展望主要体现在以下几个方面。

1. 多级联动的安全保障体系

目前我国已初步形成了国家-省-企业多级联动的安全保障体系，可动态应对工业互联网安全风险，体现了国家整体安全态势感知与风险预警、威胁信息共享与应急响应的协作机制，涵盖了对工业互联网当前运行状态的检测和未来安全趋势的预测。

2. 内生安全将成为工业互联网安全防护的核心能力

在工业领域，专用工业协议在设计之初，为了保证功能实现与实时性要求，在安全性和稳定性之间做了取舍，导致安全性普遍较弱。因此，做好安全防护的关键切入点在于内生安全能力的提升，从功能安全和信息安全融合的需求出发，重新设计、改造现有的工控设备、控制、网络、平台、数据技术，使其有效抑制、发现、调控、消除自身安全脆弱性所导致的未知安全威胁，即完善安全设计，提高自身免疫力。

3. 主动防御的技术成为提升防护能力的重点发展方向显著增强

本架构除包含传统的被动防御手段和外挂式安全防护设备外，还对主动防御等新型安全防护技术进行了整合梳理。本架构可以协助应用工业互联网的企业增强安全防护能力。一方面，在其对计算机系统造成恶劣影响之前，及时、精准地发出预警，实时构建弹性防御体系，避免、转移、降低信息系统面临的风险；另一方面，从分析工控漏洞、利用机理和攻击路径入手，找出攻击者所用信息技术的脆弱性，同时对设备自身的软硬件进行安全加固，通过强化安全的方式进一步实现工业互联网的纵深安全。

4. 智能化的安全检监测与响应联动

未来工业互联网的风险识别、异常检监测和响应恢复将利用人工智能技术来实现更全面、自动化的安全保障。本架构通过主被动采集网络中的资产、信息、状态等数据，构建工业互联网安全知识图谱，将多维异构数据知识化、数字化和智能化，结合自动化安全编排、自动化和与响应技术，实现安全检监测、威胁分析、响应回复恢复的自动智能化联动。利用工业互联网智能体（涉及智能交互、智能连接、智能中枢、智能决策四层应用），对工业互联网中的威胁进行智能化学习、分析、综合、分类、判别、抽象、控制、决策等，构成协同一体化智能系统，自动化、智能化地检测、响应网络威胁。

5. 基于零信任的系统安全防护

零信任安全架构针对工业互联网日益严峻的网络威胁形势，基于"以身份为基石、业务安全访问、持续信任评估、动态访问控制"四大关键能力，利用软件定义边界、增强的身份管理和微隔离技术三种要素，对接入工业互联网中的资产、终端、人员、标识解析和数据等要素，始终保持身份鉴别、校验和持续的评估，构筑以身份为基石的动态虚拟边界产品与解决方案，降低供应链攻击的潜在风险，助力工业互联网企业实现全面身份化、授权动态化、风险度量化、管理自动化的新一代网络安全架构。

6. 面向新型云原生架构的安全防护

"云原生"（Cloud Native）是一种构建和运行应用程序的方法，是一套技术体系和方法论。其中的"Cloud"表示应用程序位于云中，而不是传统的数据中心，也不是将传统的应用程序简单地部署到云上；"Native"表示应用程序是为云设计的，即从开发之初，就考虑到云的运行环境，可以充分发挥云计算平台分布式和高可用的优势。云原生架构本质上也是一种软件架构，最大的特点是在云环境下运行，也是微服务的一种延伸。其有助于提高开发效率，提升业务敏捷度、可扩展性、可用性、资源利用率，降低成本。

7. 工业领域的网络弹性工程构建

网络弹性是指系统在受到外来攻击的条件下，其预测、承受、恢复、适应对抗条件、压力、攻击或破坏的能力。网络弹性工程是根据网络弹性标准和方法，对弹性目标系统进行规划、研究、设计、开发、测试和运行的方法，使系统结构能够预测和规避事故，通过适当的学习和适应在中断中生存，并尽最大可能恢复到中断前的状态。网络弹性架构属于网络安全架构的一个部分，又与传统的安全架构不完全一致。它强调的不是系统安全保障的能力，而是在受到攻击的情况下，系统能够提供关键业务的连续、可靠运行。网络弹性架构是国际网络系统架构的一个新的发展方向。

8. 结合区块链技术的工业互联网安全框架

区块链通过加解密授权、零知识证明等密码学技术，可有效保障工业互联网中的设备运行数据、生产数据等各类重要信息的可靠性和完整性，实现数据防篡改、防破坏等安全保护。同时，区块链可对工业互联网中的流量、行为等进行可信记录，结合威胁情报关联分析，有助于实现攻击事件的快速溯源和应急响应。

4.4 本章小结

工业互联网大量采用诸如云计算、边缘计算、大数据、人工智能、区块链、5G等新技术，使新一代设备比前代设备更智能，效率更高。与此同时，工业互联网安全风险也不断增加并变得越来越复杂。当前全球各国均加快推进工业互联网技术研究与实践，也积极开展相关参考架构研究。4.1 节主要介绍了典型的网络安全框架。4.2 节从多角度对下一代工业互联网安全体系架构的展望进行了介绍。工业互联网安全框架需紧密结合工业互联网安全发展趋势，针对防护对象，从防护措施和防护管理视角加强安全防护，并不断进行丰富和完善，从而更好地指导企业开展工业互联网安全防护工作，推动我国工业互联网技术创新、标准研制、试验验证、应用实践等工作，助推我国工业互联网产业发展，提升工业互联网安全防护能力。4.3 节介绍了工业互联网安全体系结构的主要内容。

第 5 章

工业互联网安全保障体系

为构建工业互联网安全保障体系，我国多措并举，从政策引导、资金支持、手段建设等方面全面提升工业互联网安全技术保障能力。

5.1 工业互联网安全保障体系概述

当前，网络安全风险不断向工业领域转移，安全形势日益复杂，风险日益加大，工业互联网正在成为网络安全的主战场。伊朗核设施遭遇"震网"病毒攻击，"永恒之蓝"勒索病毒致使全球多家汽车等生产企业停产，委内瑞拉古里水电站遭受网络攻击导致全国停电等一系列事件说明，如何构建完备、完善的安全保障体系已经成为工业互联网发展中的关键问题。

工业互联网安全保障体系包括工业互联网安全管理体系、工业互联网安全防护手段、工业互联网安全保障技术及工业互联网安全生态等方面。工业互联网安全公共服务是通过国家引导，充分发挥网络安全保障能力，由国家、地方、第三方机构或运营企业面向社会工业互联网企业（含联网工业企业、平台企业、标识解析企业）提供的与工业互联网安全能力相关的各类资源、技术服务的总称。工业互联网安全公共服务作为工业互联网安全保障体系的重要内容，贯穿工业互联网安全准备阶段的事前、事中、事后等全流程，覆盖边缘侧的设备接入与安全管控，上层的工业软件运行安全防护，应用侧的漏洞扫描、流量监测、威胁情报，以及数据侧的数据取证、泄密溯源、隐私保护等复杂的安全服务。

自 2018 年起，工信部通过工业互联网创新发展工程、网络安全试点示范工程等，培育了一批工业互联网安全平台和网络安全技术保障平台。这些平台基于大数据、云计算、人工智能、区块链等新一代信息技术，通过远程或在线服务等方式为社会各类单位和群体组织提供包括勒索病毒、木马蠕虫、安全漏洞、恶意攻击等安全威胁在内的实时监测与应急处置服务，同时利用线上与线下相结合的方式，开展威胁信息共享、数据安全防护、恶意代码检测等网络安全服务。典型的工业互联网安全技术保障平台包括工业互联网安全基础资源库、信息共享平台、态势感知平台、资源测绘与安全分析平台、标识解析安全保障平台、企业网络安全防护平台等。

5.2　工业互联网安全基础资源库

工业互联网安全基础资源库主要包括工业资产类型知识、工业/网络协议指纹、漏洞描述、恶意代码样本、网络安全威胁情报、安全评估检查工具等工业互联网安全基础资源，为社会公众提供安全工具和各类资源库的共享服务，同时也为工业互联网企业提供资源共享和防护能力调用服务。

5.2.1　关键技术

工业互联网安全基础资源库的相关技术主要包括工业互联网安全漏洞挖掘技术、漏洞资源信息统一收集技术、多源异构资源统一汇聚技术等。

1. 工业互联网安全漏洞挖掘技术

随着工控系统开放性的逐步提高，利用漏洞、后门等实施的攻击和窃密行为成为工业互联网安全面临的巨大威胁。我国大部分工控系统来自国外，相关系统的运营维护无法实现自主可控。同时，工控系统漏洞来源范围广，涵盖网络安全中的安全计算环境漏洞、控制协议自身漏洞、应用系统漏洞、PLC 等控制器的自身漏洞与后门等。此外，工控系统相对封闭，系统通信协议相对私有，难以深度研究其通信协议和安全特性。因此，工业互联网中的漏洞挖掘技术，需对工控系统的网络特性、生产控制过程及其控制协议进行分析，采取有针对性的模糊测试技术。在工业互联网中，需采用 IT 和 OT 融合环境下的漏洞挖掘思维，运用多种组合且深度融合的漏洞挖掘技术。

2. 漏洞资源信息统一收集技术

目前，我国仅在漏洞库方面建成了规模化的资源库，这些国家级漏洞资源库对通用漏洞披露的依赖程度高，且主要漏洞信息大多来源于美国国家通用漏洞数据库、美国工控系统网络应急响应小组等国外漏洞库。受国内漏洞挖掘能力、软硬件原理机理认识程度、漏洞上报奖励激励机制等的影响，自主提交的漏洞数量较少，存在一定的漏洞资源库供应链安全风险。

3. 多源异构资源统一汇聚技术

我国工业互联网安全基础资源种类繁多、数量庞大、汇聚难度高，各类资源多源异构，如何将多源异构资源进行统一汇聚，是后续需要解决的关键问题。目前，除漏洞库外，资产目录库、协议规则库、恶意代码病毒库、安全工具库等其他安全基础资源库主要以企业自身资源使用为主，尚未形成国家级资源平台。

5.2.2　能力现状

自 2012 年以来，美国着手建设了覆盖轨道交通、能源电力、生产制造等关键领域基础设施的安全基础资源共享体系，已初步形成安全基础资源共享能力。目前，我国在安全漏洞资源库方面已经建设了国家信息安全漏洞共享平台（CNVD）、中国国家信息安全漏洞库（CNNVD）等国家级漏洞库，以及包括补天漏洞库、绿盟科技安全漏洞库等在内的企业漏洞库。2019 年，我国启动国家工业信息安全漏洞库（CICSVD）建设，收集覆盖汽车、航空、航天、石油化工等重点工业行业领域的相关漏洞和补丁。

5.2.3　应用场景

我国工业互联网安全基础资源库现阶段主要针对各类工控系统、工业云服务等类型对象，覆盖信息、能源、交通等行业领域，与传统互联网基础资源库类似。未来主要集中于收集与工业设备、工控系统、工业网络通信设备、工业通信协议、生产管理系统、企业管理系统、工业云服务、智能设备、物联网设备等相关的安全漏洞和补丁，覆盖汽车、航空航天、石油化工、机械制造、轻工家电、信息电子、能源、交通等行业领域。

5.3 工业互联网安全信息共享平台

工业互联网安全信息共享是建立在工业互联网威胁情报基础之上的技术，是建立威胁情报库后自然形成的需求。信息共享的目标是实现威胁感知能力的提升和风险共担，并在合法有序的条件下降低威胁情报库的运行成本。

5.3.1 关键技术

信息共享主要作用于核心情报管理平台和下游情报管理平台，主要包含核心情报管理平台向下游的信息分发技术和下游的信息汇集技术。情报平台之间还涉及信息交换技术，具体涉及以下关键技术。

1. 多源异构安全信息提取技术

安全信息具有多源、异构、冗余、繁杂等特性，包含各种类型的半结构化及非结构化数据，信息来源可能是网络流量、内外部威胁情报中心、专业机构、行业联盟，甚至是地下黑市等。目前，安全信息的提取已有一些半自动化收集框架，多通过人工分析、提交、收录的方式进行，效率偏低，受安全分析人员的能力水平影响，从海量安全数据中准确、高效且无遗漏地提取高价值的安全情报存在一定难度，缺少从开放网络信息中主动化、自动化提取和生成安全信息的能力。

2. 统一资源描述规范

现有威胁信息库在标识、描述、分类和危害等级等方面未统一标准，各个威胁信息库对相同字段的描述方式未统一，不利于不同威胁信息库之间的数据同步与共享。例如，CNVD 将漏洞分为输入验证错误、访问验证错误等 10 个类型，CICSVD 则将漏洞分为代码注入、命令注入、跨站脚本等 10 个类型。

3. 各类资源库之间的关联分析技术

各类资源库虽然存在结构化威胁信息表达式（STIX）、信息的可信自动化交换（TAXII）、网络可观察表达式（CybOX）等安全信息描述与共享标准，但现阶段漏洞库、威胁情报库、恶意代码病毒库等的发展仍较为独立，导致漏洞、威胁情报、恶意代码等安全信息的离散性分布严重，缺少与其他类型资源库之间的关联融合分析，未能形成有效的关联知识图谱。另外，即使是同类资源库，不同运营机构之间的关联和共享程度也不高。例如，由安全企业建设的各种安全漏洞库就多达 10 余种，但是各企业漏洞库之间并没有设计接口和关联属性信息，也没有统一的第三方共享平台整合、汇聚漏洞信息，使安全信息的综合使用率较低，"信息孤岛"现象严重。

4. 信息的可信验证和隐私保护技术

对信息的可信验证和有效的隐私保护是各信息共享方之间建立信任关系的前提，是推进信息共享健康发展的基础。一方面，由于信息来源渠道不同及来源可靠程度不一，不同资源库中的信息存在相互冲突或虚假信息、误导性信息、信息内容有误等问题，使信息的可信性降低，难以充分发挥信息资源共享的整体价值。另一方面，在信息共享过程中，应注重隐私保护，对共享的威胁情报等信息进行匿名或脱敏处理。虽然已有数字水印、差分隐私保护等隐私保护技术，但由于部分企业安全意识不足或对共享方不信任等因素，企业对相关信息开放共享产生抵触心理。

5.3.2　能力现状

我国工业互联网安全信息共享应用规模较小，平台收集的安全风险信息主要在传统互联网方向，工业领域网络安全风险较少。从行业角度来看，信息共享的主体主要源于电信行业，而汽车、物流等行业基本处于空白状态。信息共享相关技术在分发、汇聚方面已经成熟，能够通过策略、鉴别等方法解决在各类威胁情报管理平台之间做信息交换时带来的情报共享和冲突问题。平台之间的信息交换技术是发展的核心，主要涉及交换时的传输规范、表达规范及收益分配等问题。交换时的表达规范主要有 STIX、TAXII、CybOX 等标准，收益分配则受制于具体的共享策略等因素，当前主要有博弈论模型收益分配的策略等。在平台建设方面，2017 年，中国科学院信息工程研究所牵头建设了国家网络空间威胁情报共享开放平台（CNTIC），通过政府和企业合作共建的方式，加强威胁情报的整合利用。同时，奇安信科技集团股份有限公司、北京微步在线科技有限公司等企业也建设了威胁情报库，为网络攻击追踪溯源、安全事件应急处置等业务提供威胁情报服务支撑。2021年，工信部网络安全管理局组织建设的"工信部网络安全威胁和漏洞信息共享平台"正式上线运行，平台包括通用网络产品安全漏洞专业库、工业控制产品安全漏洞专业库、移动互联网 App 产品安全漏洞专业库、车联网产品安全漏洞专业库等，支持开展网络产品安全漏洞技术评估，督促网络产品提供者及时修补、发布自身产品安全漏洞。

5.3.3　应用场景

依托工业互联网安全信息共享平台，可了解攻击者的各种战术、方法和行为模式，掌握针对不同场景的最新攻击趋势，支撑应对各种网络风险安全事件。高质量的情报数据可以为风险的预防和控制提供有力的支持，可以准确识别外部网络的异常访问行为，及时掌握安全状况并做出正确的反应，对防守方的安全风险控制团队具有重要的意义。

5.4　工业互联网安全态势感知平台

工业互联网安全态势感知平台通过对安全大数据的分布式采集、基于深度学习的建模分析、海量数据存储和内存索引加速的数据检索，对工业互联网安全数据进行实时关联分析、快速检索和高效统计。完善安全态势分析指标体系，建立基于复杂网络行为模型与模拟的工业互联网安全态势分析与预测体系，进而得出量化的或定性的安全态势评估结果，并通过对历史态势的分析、建模，对未来的网络安全态势演化进行预测，支撑工业互联网安全管理人员对网络内的安全要素、安全设备、信息系统进行调整、升级，为工业互联网企业开展预警通报、应急处置和网络安全综合管理工作等提供支持，为安全分析人员提供决策依据，提高对工业互联网的风险监测预警能力和安全事件分析决策能力。

5.4.1　关键技术

工业互联网安全态势感知的基础是安全大数据，其态势获取、态势理解、态势预测与大数据技术的 3 个阶段（信息采集、分析、处理）相对应。态势获取通过多渠道感知、获取环境中的重要线索和元素，为下一步的态势理解提供数据支撑。态势理解会对基础材料进行进一步融合、挖掘，分析其关联性。态势预测则基于所分析的环境信息，预测未来安全形势。

工业互联网安全态势感知关键技术主要包括大流量工业数据采集技术、智能化安全感知技术、海量资产发现与管理技术、安全事件关联分析与态势评估技术、安全态势预测技术等。

1. 大流量工业数据采集技术

大流量工业数据采集技术通过各类通信手段接入不同设备、系统和产品，利用工业数据采集探针采集大范围、深层次的工业数据，对终端行为、原始流量、审计数据、监测数据、威胁告警数据、日志数据、资产和元数据等各种信息进行深度解析，识别 OPC、Modbus、S7、Ethernet/IP(CIP)、IEC104、MMS、DNP3 等多种工业协议，实现异构数据的协议转换与边缘处理，构建工业互联网安全态势感知平台的数据基础。

2. 智能化安全感知技术

在发展初期，工业互联网安全态势感知技术主要通过采集和分析海量安全数据，发现其中有价值的信息，汇总成易于理解的报告和图表，从而明确可能对系统安全造成的威胁。当前，安全技术与大数据、AI 技术不断融合，增强了系统的安全检测和分析能力，推动了安全态势感知技术的发展，主要表现在 APT 截获、威胁感知、威胁情报共享等方面。工业互联网安全态势感知技术智能化水平不断提升，开展基于逻辑和知识的推理，从已知威胁推演未知威胁，发展到对安全威胁事件的预测和判断。未来借助 AI、大数据分析等新兴技术，将不断提升安全风险精确感知与预警水平，实现网络攻击和重大网络威胁的可知、可视、可控。

3. 海量资产发现与管理技术

工业互联网安全态势感知需要以丰富的资产指纹库为支撑，通过指纹比对等方式自动识别网络中的 IT 与 OT 资产信息，动态呈现被监测工业企业的网络拓扑。通过 IP 自动发现、指纹自动识别和数据同步等方式在系统数据库中录入资产信息，实现对资产流量监视、端口状态统计、协议状态统计、资产活跃状态监视、资产访问行为监视等，支持对资产可能出现的变更或退网方式及时做出响应。资产的种类包括但不限于工业互联网平台、联网设备及系统、工业 App、工业数据等。

4. 安全事件关联分析与态势评估技术

事件关联技术一般采用决策树、贝叶斯网络等方法，利用网络安全属性的历史纪录综合评估网络安全状态，提供网络安全状态评判和网络安全发展趋势预测，使工业互联网安全管理者能够有目标地进行决策和防护准备。同时，将神经网络、模糊推理等方法引入态势评估中，通过规则推理，得到更加精确的判断结果。

5. 安全态势预测技术

安全态势预测技术利用海量的报警数据，发现攻击者入侵状态，根据入侵状态实现入侵行为的早期预测，预测系统未来可能遭受的入侵状态、攻击者入侵目的及可能失陷的设备，准确地预测入侵行为，从而采取有效的针对性防御措施，实现"分析过去，预测未来"的目的。安全态势预测是实现工业互联网安全主动防御的关键环节。

5.4.2 能力现状

近年来，我国工业互联网安全态势感知建设已取得初步进展，在传统互联网的解决方案之上，建立了国家工业互联网安全态势感知与风险预警平台，依托我国特有的国家-省-企业三级架构，打造了"全国一盘棋"的全局态势感知平台，基本构建了覆盖安全威胁监测、通报、处置等环节的闭环处理机制。但是，在基于国家平台态势感知能力形成的工业互联网安全公共服务方面，我国仍然存在一些技术瓶颈。

1. 工业互联网安全态势感知数据的获取难度大

工业互联网运行环境中的设备、交互协议种类繁多，常见的工业协议达100余种，且存在大量无法识别的工业设备和私有协议，导致流量、日志、系统状态等感知数据较难获取。另外，采集获取的网络安全态势感知平台数据质量参差不齐，存在大量空值信息，数据有效性偏弱；不同工业设备、工业协议的数据类型和格式差异较大，处理难度大，需要针对不同的数据类型和格式进行针对性的开发，成本较高。

2. 工业互联网安全态势感知数据的处理分析难度大

与传统网络安全态势感知相比，工业互联网安全态势感知在数据分析和决策处理方面难度更大，需要额外考虑多类型工业协议分析及多语义数据规格化等特性，从已有安全数据中有效分析出安全攻击事件或潜在的安全风险，需要以恶意行为代码库、威胁情报库等多类型、高精度的专业知识库为依托。现阶段，受限于安全知识库短缺和对工业互联网攻击特征理解不足，安全分析能力有待提升。

5.4.3 应用场景

工业互联网安全态势感知平台用于跟踪异常工业互联网安全事件，并对安全事件的未来发展趋势进行预测，是开展工业互联网安全防护、通报预警、应急处置的基础，通过构建基于网络关键节点、工业互联网平台、工业互联网设备和系统的国家级、省级、企业级网络安全态势感知技术手段，涵盖了设备安全、控制安全、网络安全、平台安全和数据安全的工业互联网多层次安全保障，有利于推动攻击防护、漏洞识别、入侵发现、攻击溯源、应急响应等安全技术手段的集合，进一步支持通报预警和应急处置等技术能力建设，形成上下联动、多级协同的工业互联网安全态势感知体系。

5.5　工业互联网资源测绘与安全分析平台

工业互联网资源测绘与安全分析平台体系架构主要由互联网工业资源测绘技术平台、企业内网工业资源测绘技术平台、工业互联网安全融合分析技术平台和工业互联网资源测绘与安全分析集成技术平台组成。

5.5.1　关键技术

工业互联网资源测绘与安全分析平台是在网络空间资源测绘技术的基础上，利用工控协议识别工业互联网中的工控系统和设备，并通过对设备 IP 地址进行地理空间映射，实现工业互联网资源地图绘制。第一步是资源探测，它利用扫描技术对指定 IP 段按一定规则进行探测扫描，对各网络节点反馈的信息进行指纹对比分析，实现对互联网工业资源的身份识别与安全状态识别。第二步是资源地图绘制，通过对探测到的工业互联网资源的 IP 进行精确定位，实现工业互联网资源的地理空间映射和工业互联网资源地图的绘制。工业互联网资源测绘与安全分析关键技术主要包括网络空间资产探测技术、网络空间资产地理位置定位技术、实体地标获取与评估技术、网络实体定位技术、资源图谱的脆弱性分析技术等。

1. 网络空间资产探测技术

目前，网络空间资源探测根据探测方式主要分为主动探测、被动探测和基于搜索引擎的非侵入式探测。主动探测是指主动向目标主机发送数据包，目标主机收到数据后返回响应数据包，通过分析响应数据包获取目标主机信息的探测方式；被动探测是指利用网络嗅探工具获取目标网络的数据报文，通过分析报文数据得到网络资产信息；基于搜索引擎的非侵入式探测是指利用 Shodan、Censys、ZoomEye 等专用的网络安全搜索引擎获取网络资源信息。

2. 网络空间资源地理位置定位技术

在资源地图的绘制方面，核心在于准确掌握网络空间资源的地理位置，即资源定位。网络空间资产定位通常采用的技术手段如下。首先，定位服务器在收到待定位目标的 IP 地址后，根据定位精度需求和定位算法的需要部署探测源，并向各探测源（用于给目标发送探测分组的主机，一般自身地理位置已知）发送相应的测量或查询指令。其次，探测源根据收到的定位服务器的指令，执行相应的操作，如测量与目标或地标的时延或拓扑连接关系等，并将测量的结果提交给定位服务器。最后，定位服务器将探测源提交的信息进行处理后，执行定位算法，将定位结果输出并存入地标库。

3. 实体地标获取与评估技术

地标是实现将网络实体映射到地理位置的基准点。在一个区域内数量较大且分布均匀的地标点，既可为该区域内的目标实体定位提供支撑，也可用于验证定位算法的有效性。

4. 网络实体定位技术

网络实体定位技术是实现将实体资源映射到地理空间的核心技术。网络实体定位技术主要包括基于数据库查询的定位技术、基于数据挖掘的定位技术和基于网络测量的定位技术。

5. 基于资源图谱的脆弱性分析技术

脆弱性分析技术是资源图谱的一个重要研究应用方向，主要基于资源图谱拓扑结构，挖掘资源图谱中的重要性节点，并采用相应的技术手段对其进行脆弱性评估，实现对资源图谱中重要节点的防护或攻击，评估其网络结构，发现资源图谱的结构脆弱性。

5.5.2　能力现状

当前，工业互联网资源测绘与安全分析可以实现对网络资源进行主动探测，且能够针对需要探测的信息构建指令，收集所有生成设备指纹所需的信息，在探测范围、使用灵活性、结果时效性方面均实现了一定程度的突破。目前工业互联网资源测绘与安全分析主要存在以下瓶颈问题：一是工业互联网资源测绘与安全分析向网络主动发起询问，导致流量显著增加，易造成网络拥堵，易被检测且易被探测目标的网络安全设备发现并隔离；二是在数据采集与监视控制过程中，工业互联网资源测绘与安全分析可能造成系统过载，主动调试会使设备处理的帧数据的数量增加，可编程逻辑控制器和远程终端设备均无法支持超出的流量，从而导致正常请求无法响应；三是由于工业互联网资源测绘与安全分析收集的信息复杂，指纹准确性方面有待提升。

5.5.3　应用场景

工业互联网资源测绘与安全分析平台主要应用于重要工业资源测绘、风险监测预警响应和威胁信息关联通报等领域，针对工业互联网基础设施资源、互联网资源、企业内网资源和数据资源开展动态管理、探测识别、安全分析、态势生成等服务，根据探测数据、分析数据、态势数据提供统一的存储、检索和服务，用于支撑数据驱动的态势生成和所见即所得的可视化交互。

5.6　工业互联网标识解析安全保障平台

工业互联网是新一代信息技术与制造业深度融合的新兴产物，是实现生产制造领域全要素、全产业链、全价值链连接的关键支撑，对未来工业经济发展将产生全方位、深层次、革命性的影响。工业互联网标识解析作为工业互联网的重要网络基础设施，为工业设备、机器、物料、零部件和产品提供编码、注册与解析服务，是工业互联网的"中枢神经"。通过对工业互联网标识解析流量进行安全分析，可以统计工业互联网中的大规模网络行为模式、访问习惯，检测隐藏在标识解析流量中的各类攻击行为，进而指导工业互联网安全管理的策略制定，同时增强工业互联网网络安全监管能力。

工业互联网标识解析安全保障平台针对使用了 Handle、DNS、OID 等协议的工业互联网标识解析系统，进行接入认证及流量安全分析，实现标识解析服务节点的规模化跨域认证及标识数据与服务的隐私保护，支持恶意标识解析、缓存异常、DDoS 攻击等行为检测功能，有效支撑工业互联网标识解析的安全管控及运营优化（见表 5.1）。

表 5.1　工业互联网标识解析风险概述

类　别	安全风险	描　述
架构安全	连接阻断攻击	针对标识解析客户端，攻击者识别并阻断 Handle 客户端的解析请求
	欺骗攻击	针对标识解析客户端，攻击者修改伪造服务器的应答，给客户端发送错误的解析内容
	拒绝服务攻击	针对标识解析服务器，攻击者构造大量的客户端解析请求（或认证请求），使服务器无法响应正常的客户端的解析请求

续表

类　别	安全风险	描　述
架构安全	缓存穿透攻击	针对标识解析服务器，攻击者构造大量不存在的标识请求，导致服务器进行复杂的递归查询，从而导致服务性能下降
协议安全	消息窃听	攻击者监听标识解析通信消息，获取服务器地址、标识解析内容等关键信息
	缓存投毒攻击	攻击者通过对递归解析服务器的应答进行修改，夹杂恶意数据污染下级缓存服务器
	超长标识请求攻击	攻击者构建大量的超长度标识请求且控制其 UDP 分包的发送，可能会造成标识解析节点的无效等待和资源消耗
	超大数量 Value List 攻击	针对标识解析服务器，攻击者通过设置 Add Value 的 Value 数量较大值（如 2^{24}）实现申请任意大小的内存，大大降低服务器的性能
身份安全	中间人攻击	攻击者位于客户端和服务器之间。针对客户端，其伪装为服务器；针对服务器，其伪装为客户端。攻击者可以转发、窃取、篡改服务器与客户端之间的标识解析数据
	暴力破解攻击	攻击者采用字典穷举的方式对标识解析系统进行大量的试探攻击，直到成功破解其管理权限
运营安全	恶意注册	攻击者伪造标识服务机构，滥用标识注册，引发标识资源浪费、标识资源分配混乱、标识资源失信、标识解析结果失真等安全风险

5.6.1　关键技术

工业互联网标识解析是实现平台、网络、设备、控制、数据等工业互联网关键要素协同互联的重要"纽带"。工业互联网标识解析安全保障平台涉及的关键技术主要有流量分析和接入认证两方面。

1．工业互联网标识解析流量分析技术

工业互联网标识解析流量分析技术利用标识注册数据、解析业务数据和日志数据，使用数据挖掘、特征选择与提取、机器学习、数值分析等分析方法，提取解析业务异常行为、注册访问异常行为，并进行特征比对，得到解析异常结果。基于流量分析技术对标识解析流量的全协议栈进行组装解析和信息提取，利用网络威胁识别模型，及时发现网络安全事件，确保标识解析系统不受安全威胁。同时，通过大数据平台对标识解析数据进行统计分析，对标识解析系统的服务质量、系统负载波动情况、标识解析请求在不同类别、不同时间区间、不同区域等维度进行评估，为系统的运营优化提供基础数据。

在基于流量分析的检测背景下，对攻击模型的设计，主要从协议、会话可靠性

及数据的完整性等方面检出恶意攻击的行为特征。不同情景的攻击，其行为特征也不相同，在特征参数上就需要进行分类标记，对于标记的攻击特征，根据攻击类别，建立面向数据流量检出攻击行为的特征池。攻击行为的检出方式分为单类检出和组合检出，单类检出针对的是攻击意图明显、攻击目标固定的攻击行为，组合检出针对的则是攻击方式多样、特征参数分类较多的攻击行为，保障其检出的准确性。对于最终检出的攻击行为，计为攻击样本，将足够多的攻击样本通过机器学习进行训练，计算有效样本中的多种攻击特征，分别计算出有效攻击中每项独立攻击特征的各条件概率，并通过攻击特征的各条件概率来动态调整特征池中的匹配规则，在流量环境中进行持续的训练学习后，更趋于准确、高效地检出流量中的攻击行为（见图 5.1）。

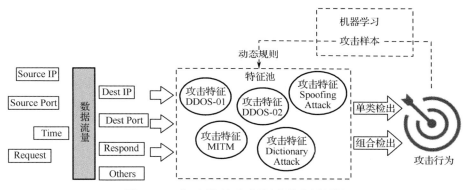

图 5.1　工业互联网标识解析流量分析逻辑

在识别模型中，攻击行为的特征池是整个识别流程的中枢单元，中枢单元（特征池）的维护与训练采取有监督学习的方式，通过对有效样本中的会话特征和载荷特征进行采集，不断地训练学习，从而计算出攻击特征量的条件概率，并动态调整中枢单元中的特征选取规则，使其具有判断正常流量与攻击流量的能力。模型在长效的流量采集识别中具有高效、低误判和兼顾未知攻击类型等优势。攻击检测模型的设计流程如图 5.2 所示。

在有监督学习中，我们输入的样本集即初始化的特征池，在工业互联网标识解析系统中。对于已识别的攻击类型，其在特征池中的初始化特征如表 5.2 所示。

2. 工业互联网标识解析接入认证技术

工业互联网标识解析接入认证技术分为实体认证、消息认证和认证密钥建立三个类型，从责任方和服务流程视角构建工业互联网标识解析统一身份授权与认证管理框架，提供全要素、全流程、全方位的安全认证能力，满足标识注册、接入、数据管理和解析业务全流程安全认证需求。

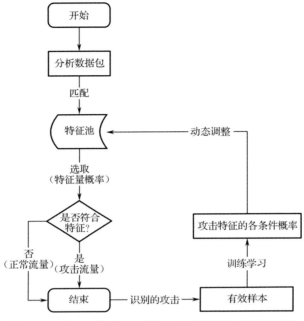

图 5.2 工业互联网标识解析攻击检测模型的设计流程

表 5.2 工业互联网标识解析攻击特征

序 号	攻击类型	特 征 量	Time 区间	异 常 量
1	DDoS	请求次数	××min	超过××次
2		出入流量比	××min	低于××或高于××
3		不合规报文数	××min	超过××个
4		不同源 IP 数	××min	超过××个
5		TCP 半连接数	—	超过××个
6		服务器错误响应码（301，500，501，502，503，504，505）	××min	超过××个
7		服务器解析延迟	××min	超过××ms××次
8	反射放大	同一 IP 请求数	××min	超过××次
9		同一 IP 响应数	××min	超过××次
10		同一 IP 出入流量比	××min	高于××
11		同一 IP 响应流量	××min	超过××MB
12	越权访问	同一 IP 权限异常响应码数（401，402）	××min	超过××次

续表

序　号	攻击类型	特征量	Time 区间	异常量
13	缓存击穿	同一 IP 同一标识解析次数	××min	超过××次
14	缓存穿透	不存在标识解析数（200）	××min	超过××次
15	暴力试探	同一 IP 权限异常响应码数（400，403，404）	××min	超过××次
16		同一 IP 请求不同节点个数	××min	超过××个
17	可疑标识	不符合标识规范的请求数（102，202）	××min	超过××次
18	中间人	一次请求两次响应	—	单类检出
19	应用层攻击	报文中检出 SQL 语句	—	单类检出
20	重放攻击	解析响应版本≤2.6 && message 的 expiration time 小于当前时间 操作请求，操作类型为增、删、改 && 同一 session 周期内（session ID 相同，5 元组相同，默认生命周期 24h），session counter 出现重复值		

3．工业互联网标识解析典型攻击原理

1）DDoS 攻击

攻击者通过僵尸网络，利用攻击工具对标识解析节点并发海量的解析请求，致使解析节点资源耗尽，且解析服务瘫痪，必须通过人工干预的方式重启解析服务。受限于服务器的配置和软件的处理性能，节点每秒能够处理的标识解析请求数量有限，如果每秒请求量超过其处理能力上限，节点的响应速度将变慢，甚至出现无法响应的情况。工业互联网提供标识解析、资源访问请求等基础服务，也面临 DDoS 攻击的风险。因为其服务的特殊性，DDoS 攻击者利用僵尸网络或模拟工具，可对标识解析系统中的解析服务器发起海量的标识查询请求，使得解析服务器在短时间内需要响应大量的看似合法的攻击请求，耗尽解析服务器的网络带宽和服务器资源，导致无法响应正常用户的标识查询请求。

面向标识解析系统的完整的 DDoS 攻击体系由攻击者、主控端、代理端和攻击目标 4 部分组成。主控端和代理端分别用于控制和实际发起攻击，其中主控端只发布命令而不参与实际的攻击，代理端发出 DDoS 的实际攻击包。对于主控端和代理端的计算机，攻击者有控制权或部分控制权，在攻击过程中会利用各种手段隐藏自己不被别人发现。真正的攻击者一旦将攻击的命令传送到主控端，就可以关闭或离开网络，而由主控端将命令发布到各个代理主机上。这样攻击者就可以逃避追踪。每个攻击代理主机都会向目标主机发送大量的标识解析请求数据包，这些数据包经过伪装，无法识别来源，而且其所请求的服务往往要消耗大量的系统资源，造成目标主机无法为合法用户提供正常服务，甚至导致系统崩溃。

工业互联网标识解析遭受攻击后，造成的直接影响是被攻击的对象（节点）服务异常，严重情况下会致使该节点完全瘫痪；造成的间接影响因不同的节点类型而不同。假如遭受攻击的节点为企业节点，则该企业的所有标识资源均无法被请求解析，甚至导致企业在工业制造流程、销售、溯源、资产管理等方面失控。假如遭受攻击的节点为二级行业节点，则该二级行业节点所管理分配的企业前缀均无法被请求解析，对行业的资源共享、外部协同等方面都有极大的影响，同样可能会对辖管的企业节点造成工业制造流程、销售、溯源、资产管理等方面的损失，且受害面更广。假如遭受攻击的节点为根节点或顶级节点，受影响的面则是全局全域的，对区域、行业、企业由顶至下的损害都是极大的。

2）反射放大攻击

工业互联网标识一般由较短的字符串构成，而其对应的数字对象往往包含较多的信息。一般的解析请求可被封装在一个 UDP 报文（512B）中，解析到的响应根据其信息量被封装在 n 个 512B 的 UDP 报文中。利用该特性，可使用较小流量的解析请求，将大量的解析响应流量反射至攻击目标。攻击者向解析服务器发送大量大范围标识查询请求，并将该标识查询请求的源 IP 地址伪造成想攻击的目标 IP 地址。标识解析服务器在接收到请求后，会对该请求进行解析查询，并将大范围域名查询的响应数据发送给攻击目标。由于请求数据比响应数据小得多，攻击者就可以利用该技术有效地放大其掌握的带宽资源和攻击流量。

面向标识解析系统的反射放大攻击体系主要由 3 个部分组成：攻击者、用于反射的解析节点及攻击目标。攻击者构建大量源 IP，将攻击目标的标识解析请求发送给用于反射的解析节点。解析节点在接收到请求后进行解析响应，并将大范围的响应数据发送给攻击目标 IP，使攻击者利用少量的带宽资源即可实现对攻击目标成倍的放大攻击。

在实验室环境下的模拟攻击过程中，攻击者发起攻击后，被反射攻击的受害者的带宽资源明显被放大消耗。在受害者的带宽资源有限的情况下，反射放大攻击能在短时间内致使其带宽资源耗尽。通过对标识解析协议的分析，反射放大攻击理论倍数可达到 7800 万倍。在实验室环境下，目前模拟测试的理论倍数达到 30 万倍。

3）暴力试探攻击

攻击者利用标识解析系统对认证请求没有次数限制的缺陷，采用字典穷举的方式进行大量的试探攻击，直到成功破解其管理权限。标识解析系统管理员身份认证有两种方式：证书私钥认证和密码认证。

经分析，伪造私钥通过认证的可能性较小，使用密码认证方式暴力破解的可能性较大。管理员的标识可通过解析节点信息中的 HS_ADMIN 字段获取，故本次攻击针对密码认证方式进行暴力破解。标识解析系统对管理认证请求没有风险识别手段，在接收到大量的非法认证请求时，对非法认证的请求次数无限制。利用该缺陷，攻击者可构建大量的标识解析管理认证请求，请求中的密码部分采用穷举的方式进行暴力破解，直到服务端返回认证通过的响应。

在实验室模拟攻击中，目标节点被无穷地试探攻击后，攻击者获取 ADMIN 的管理权限，致使节点完全被攻击者掌握，攻击者可对该节点下的所有标识进行增、删、改、查等操作。

4）欺骗攻击

攻击者通过监听用户与标识解析节点之间的流量（TCP/UDP/HTTP），利用TCP/UDP 协议特点，伪造或篡改标识解析报文，使用户或标识解析节点接收到错误的标识解析报文，从而达到欺骗的目的。攻击者需要能够监听用户与标识解析节点之间的流量，并注入欺骗报文；如果攻击者能够拦截用户与标识解析节点之间的流量，还可以篡改报文。

面向标识解析系统的中间人攻击主要由中间人代理（攻击者）、目标流量及受影响用户组成。中间人代理通过监听标识解析的流量，当匹配到需要篡改的目标流量时，将目标流量重新构建后（欺骗的数据）回注到线路流量中，并响应至受影响的用户群体，致使该部分用户无法正确请求到想要的标识资源。

针对不同标识解析节点的中间人攻击，其影响范围不一，但攻击的效果是一致的，都是使遭受欺骗的用户无法正常请求到所需的标识资源，或者请求到错误的标识资源，导致存在不可预知的风险。

5）缓存穿透攻击

攻击者利用标识解析 Cache 服务对不存在的标识请求缓存失效的缺陷，大量并发不存在的标识请求数据，致使标识解析 Cache 后端的解析节点解析压力骤增，甚至服务瘫痪。

在标识解析系统中，各递归层级都存在标识解析 Cache 角色，用于分担各后端解析节点的服务压力，主要作用是：当某条标识被请求后，节点成功响应的内容会被标识解析 Cache 角色缓存下来，在缓存周期内，下次对该标识的请求就会命中标识解析 Cache 角色中的缓存记录并得到标识解析 Cache 的响应。

在对标识解析 Cache 角色的研究中发现，当某条不存在的标识被请求后，标识解析 Cache 角色发现它无法命中缓存记录，就会立即将该不存在的标识请求递归到后端的解析节点进行解析。得到该标识不存在的响应数据后，标识解析 Cache 角色对该类不存在的标识请求的缓存能力失效。假如有人利用该缓存逻辑，在短时间内大量并发请求不存在的标识，标识解析 Cache 角色会将这大范围的异常请求全部递归到后端的解析节点，从而造成后端解析节点服务压力及资源消耗。这样就造成了事实意义上标识解析 Cache 的缓存穿透。

在标识解析系统中，缓存穿透主要影响各个层级中解析节点的服务质量，在严重情况下，攻击者的恶意利用也可以对解析节点形成有效的 DDoS 攻击，造成解析节点资源耗尽、服务瘫痪等恶劣影响。

5.6.2　能力现状

当前，工信部通过产业基础再造和制造业高质量发展专项支持建设了一批工业互联网标识解析安全保障平台系统，在满足工业互联网业务场景多样、服务对象跨领域的情况下加强自身安全能力建设，能够应对架构、协议、身份、数据、运营、应用等多方安全风险。在流量分析方面，平台系统已具备部分攻击的识别分析能力；在接入认证方面已结合国密算法提供多类型、多主体、多场景下的接入认证。未来，在流量分析方面，扩大对私有协议的支持范围，提升基于流量分析的威胁发现与风险预警水平；在接入认证方面，可进一步深入细化标识解析细粒度的权限管理与访问控制，结合"零信任"框架，将动态安全状态信息纳入安全认证范畴，弥补仅基于静态身份信息的实体认证局限。

5.6.3　应用场景

工业互联网标识解析安全保障平台采用流量分析和接入认证等技术手段，运用数据挖掘、特征提取、模型拟合等方法分析标识解析流量行为，兼容多种安全认证方式，可根据实体类型、业务需要、安全要求选择不同的安全认证方案，实现跨域安全互认，对工业互联网标识解析体系中各实体身份进行统一的身份授权及认证管理，保障标识解析身份安全、数据安全和服务安全，解决在典型业务场景下工业互联网标识解析所面临的安全威胁。

5.7　工业互联网企业网络安全防护平台

工业互联网企业网络安全防护平台以运行环境加固为基础，围绕工业主机安全、网络通信安全、网络边界隔离等方面，进行集中监控、安全管理和安全运维，构建基于边界防护、监测预警、入侵检测、数据保护、配置核查等的多层次纵深防御体系，提升工业企业自身安全防护能力。

5.7.1　关键技术

传统的工控系统处于封闭可信环境，采用"两层三级"的防御体系、分层分域的隔离思路，对网络攻击防护能力普遍不足。随着工业互联网的发展，工业设备逐渐智能化，相关业务上云、企业协作等不断推进，互联网与工业企业中的生产组件和服务深度融合，使传统的互联网安全威胁如病毒、木马、高级持续性攻击等蔓延至工业企业内部。不同于传统互联网中的信息安全防护，工业互联网安全需要有机融合信息安全和功能安全，还要叠加交织传统工控安全和互联网安全，因而更显复杂。

工业互联网企业网络安全防护平台从接入、系统、应用、数据 4 个方面提供保障。其中，接入安全包括身份鉴别、接入认证、边界防护等；系统安全包括固件和操作系统安全增强、虚拟化软件安全、安全隔离、可信计算、漏洞检测等；应用安全包括开发环境安全、工业应用行为监控、代码审计、安全性测试、微服务接口安全等；数据安全包括密码技术、访问控制、备份恢复等。

1. 安全接入技术

工业互联网涉及工业生产的重要环节，对系统可用性和实时性要求高。原有的工控网络相对封闭，工控设备缺乏灵活的安全策略，无法保证接入工业互联网中的设备和运行软件安全可信。在传统 IT 网络中，安全接入一般采取"黑名单"技术，可以有效阻止已知威胁，但不能阻止未知攻击行为。在传统工控系统中，工业业务流程相对固定，不需要频繁升级，通常采取"白名单"技术允许信任且正确的内容通过，如果信任内容发生变化，则重新调整安全策略。由于工业控制工艺流程、业务等相对固定，且对可用性和实时性的安全需求高，因此在工业互联网中，可采取以"白名单"技术为主、"黑名单"技术为辅的安全接入方式。

2. 边界防护技术

传统工控系统发展到网络互通互联的工业互联网阶段，OT 与 IT 不断融合，OT 网络不再封闭可信，涉及多种网络边界。在传统 IT 网络中，通常采用 IT 防火墙技术进行边界防护，但传统 IT 防火墙技术不支持 OPC 协议（用于过程控制的 OLE）的任何解析；为确保 OPC 客户端可以正常连接 OPC 服务器，防火墙需要配置全部端口可访问，使生产控制网暴露在攻击者面前。在工控网络边界部署的工业防火墙可以对 OPC 协议进行深度解析，跟踪 OPC 连接建立的动态端口并对传输指令进行实时监测。因此，工业互联网边界防护需要针对不同网络边界的防护情况部署不同的防火墙。为适应工业环境下的部署要求，支持常规工业协议的深度解析，边界防护产品应具有高可靠性和低时延特点。

3. 工业主机安全防护技术

工业主机是工业互联网安全事件的突破口、众多工业病毒的传播载体。由于工业组态软件等的稳定性要求高，工业主机若未及时更新系统补丁，将无法获得全面的安全防护。在互联网中，传统 IT 主机通常采用防病毒技术，通过接入互联网进行病毒库升级；"云"查杀技术逐步推广，新病毒发现和查杀的效率不断提高，但需要实时更新升级病毒库。在工业互联网中，工业主机可以采取基于关闭无关端口、进行最小权限的账号认证、设置强制访问控制等措施的主机加固技术，提高主机操作系统的安全性。因此，应以主机加固技术为基础，以防病毒技术为重要补充手段，综合利用防护技术来提高工业主机的安全防护水平。

5.7.2 能力现状

工业互联网企业网络安全防护平台着眼于从综合安全防护的视角对其进行统筹规划，从边缘层、基础设施层、平台层、应用层等诸多层面对工业互联网企业进行综合性的安全防护，并通过入侵检测、边界防护、协议分析、行为分析、安全审计、容灾备份、态势感知等各种安全技术与安全管理相结合的方式实现工业互联网的安全防护，实现对工业互联网安全的"监测—报警—处置—溯源—恢复—检查"闭环管理。

5.7.3 应用场景

工业互联网企业网络安全防护平台通过建立企业级的网络安全综合防护体系，构建包括攻击诱捕、资产管理、漏洞检测、配置核查、边界防护、入侵检测、态势感知、病毒防范、安全审计、数据保护等的一体化动态综合防御体系，全天候、全方位监控关键生产设备及重要业务系统的安全状况，及时发现、处置、阻断各类网络安全隐患风险，并支撑溯源取证，提高工业企业安全综合防护能力。该平台可以向装备制造、石油石化、原材料生产、军工、能源、交通等行业规模企业推广应用，提升我国工业企业网络安全综合防护能力。

5.8 工业互联网安全保障体系建设展望

为促进我国工业互联网安全公共服务的创新发展，本节以信息技术创新应用兼容性适配、安全服务组合编排、公共服务标准与评价为主要抓手，提出相关能力提升的展望。

1. 基于信息技术创新应用进行交叉性兼容适配，同步提升供应链创新水平

一方面，基于飞腾、鲲泰、鲲鹏等信息技术创新应用产品，开展工业互联网安全公共服务系统、平台的交叉性兼容适配，覆盖关键芯片、操作系统、数据库、核心软件等，形成组合运行、适配调优能力。另一方面，改善工业互联网安全技术创新发展环境，重点解决工业互联网安全关键产品、核心技术攻关等工业互联网供应链的"命门"问题，集中国家优势力量和资源，加大对核心电子器件、高端通用芯片和基础软件产品等的研发投入，为工业互联网安全公共服务基础软硬件和供应链带来基础底层技术的变革，切实提升我国工业互联网安全公共服务创新发展能力。

2. 组合编排安全服务能力，形成创新发展的安全服务按需提供能力

工业互联网安全创新发展需要逐步具备自主研制关键芯片、操作系统、数据库、软件和网络设备的能力，降低基础技术产品对外依赖程度。工业互联网安全公共服务需要摒弃堆砌加密机、防火墙、入侵检测、身份认证等"护城河"式安全产品的现状，创新探索主动化、智能化的安全服务技术，对已有的安全服务能力进行重新组合编排，重点突破行为分析、服务编排、自动化响应等关键安全技术，不断改善工业互联网安全服务机制，形成创新发展的安全服务按需提供能力。

3. 探索公共服务标准与评价机制，形成可持续发展产业链条

从工业互联网安全需求侧出发，研究提出工业互联网公共服务能力标准体系与评价体系。标准体系是评价体系建立的前提和依据，没有标准体系及相关标准的建立，评价体系的推进就会遭遇瓶颈。因此，一方面，应在国家主管部门的引导下建立一套能力范围广、服务能力强、流程规范的工业互联网安全公共服务标准体系，建立标准与评价的良性互动闭环，自上向下有序地推进体系建设；另一方面，探索建立工业互联网安全公共服务效果评价机制，从体系建设入手，落实关键实用标准和评价工作，避免无序发展。

5.9 本章小结

本章对工业互联网安全保障体系进行了概述，以工业互联网安全基础资源库、工业互联网安全信息共享平台、工业互联网安全态势感知平台、工业互联网安全测

绘与安全分析平台、工业互联网标识解析安全保障平台、工业互联网企业网络安全防护平台为例，从关键技术、能力现状、应用场景 3 个方面展开叙述，对典型的工业互联网安全技术保障平台进行了概述。最后，为促进我国工业互联网安全公共服务的创新发展，以信息技术创新应用兼容性适配、安全服务组合编排、公共服务标准与评价为主要抓手，提出了相关能力提升展望。

第 6 章

典型垂直行业的工业互联网安全应用

● ● ● ● ● ● ● ●

当前，工业互联网应用已从龙头企业内部拓展到产业链上下游，大中小企业融通创新格局正在形成，应用范围也已从个别行业向钢铁、机械、电力、交通、能源等 45 个国民经济大类加速渗透，有力支撑一、二、三产业融合发展。

6.1 钢铁行业的工业互联网安全应用

6.1.1 工业互联网应用场景

我国钢铁行业规模位居全球第一，2020 年我国钢铁产量已达 10.6 亿吨（粗钢），领先第二名 10 倍以上，一批钢铁材料、产品和工艺技术取得突破，达到世界先进水平。钢铁行业作为我国国民经济支柱性产业，历来重视与先进制造技术和信息技术的结合发展，已形成了较为完备的自动化、信息化体系架构，如主工序装备实现了较高水平的自动化控制，ERPII、MESIP 解决方案已经普遍应用于大型钢企等，生产、管理、供应链等流程初步实现了工序衔接和数据贯通，有效支撑了钢铁行业实现大批量、标准化和成本可控的生产运营。《数字钢铁白皮书》统计数据显示，2021 年，中国钢铁工业两化融合指数上升至 59.9%，关键工序数控化率达到 70.1%，生产设备数字化率达到 51.3%，数字化水平在所有行业中位于前列。

随着大数据、云计算、物联网等新一代信息技术的应用，工业体系信息化、智能化、网络化水平不断提升。同样，钢铁行业的信息化程度也日益提高，与互联网的结合日益紧密。工业互联网在钢铁行业的典型应用场景如下。

（1）设备全生命周期管理。钢铁行业工业互联网平台可实时采集高炉等高价值设备的运行数据，结合设备故障诊断模型，自动预警设备故障并确定最优设备维护方案，实现设备预测性维护。

（2）智能化生产。钢铁行业工业互联网平台可将生产工艺、生产过程管控、产品质量管理等领域涉及的工业知识显性化为工业机理模型，结合实际采集数据，实现智能化生产，从而提高冶炼效率，降低生产成本。

（3）供应链协同。钢铁行业工业互联网平台可汇聚整理产业链物料信息和产能信息，结合下游实际需求和企业生产能力，制订科学的生产计划，满足零库存运营要求，实现供应链协同。

（4）绿色化生产。钢铁行业的环保问题一直以来都是需要解决的重点问题，钢铁企业可通过工业互联网平台采集各生产环节的能源消耗和污染物排放数据，找出问题严重的环节，并进行工艺优化和设备升级，降低能耗成本和环保成本，实现清洁低碳的绿色化生产。

6.1.2 工业互联网安全需求

新一轮产业变革为经济转型带来机遇的同时，也导致了互联网安全风险向工业领域的渗透。大量信息系统和网络技术的应用，给钢铁行业带来了许多安全问题和安全挑战。

（1）设备系统老旧导致计算资源紧缺。部分工控主机设备设计运行年限长、软硬件老旧，导致计算资源紧缺。在主机安装卫士后，某些进程可能占用过多的资源，从而影响整个工业软件的正常运行。

（2）未授权软件带来漏洞后门风险。部分工控主机安装了未授权国外工控软件，存在漏洞后门隐患，一旦发生安全事故，很难厘清相互之间的责任。

（3）存在未授权软件。许多国外的工控系统企业对于在主机上安装未经授权的软件比较敏感，容易引起矛盾和纠纷。

（4）对外接设备的检测能力不足。对于未经授权的个人计算机或主机设备，只需要更改其 IP 地址和 MAC 地址就可以绕过检测，顺利进入工控网络的内部，从而带来巨大的安全威胁。

（5）缺少对行为的实时检测手段。对非法接入的外部设备缺乏认证监测手段，针对工业网络内部设施和控制系统的非法操作行为无法做到有效的实时检测。

（6）终端安全管控能力不足。对工业终端安全管控能力不足，存在用户违规操作、非法网络外联等安全风险，打破了安全隔离，引入病毒和木马等从而造成终端感染。

（7）OT 网络缺乏可视化能力。对工业网络内部的资产情况、设备数据、网络威胁情况等缺乏统一的管理平台，无法进行可视化操作。

因此，针对钢铁行业工业网络的特点，总结出以下安全需求：提升对非法设备接入和违规操作的安全检测能力；针对钢铁行业设备系统与工艺流程设计，推出有针对性的安全产品；建设 OT 网络可视化管理体系和安全设备管理平台。

6.1.3　典型安全解决方案

针对以上提出的钢铁行业工业互联网存在的安全问题，面向钢铁行业的典型工业互联网安全解决方案，通常采用机器学习、大数据技术强化安全态势分析技术，针对工控数据采集、行为关联分析、控制异常检测等安全防护需求，打造基于主机防护、监测预警、数据保护、统一管理、全面可视化等多层次一体化防御体系，提升网络和数据安全技术能力。通过网络安全可视化，建设运行高效的安全保障体系，同时与监管侧平台对接，实现信息共享、数据联动、协同防御。

典型的工业互联网安全防护系统通常包含有 3 个部分的功能组件，分别是工业智能采集探针、工业安全管理中心和工业主机卫士。

工业智能采集探针部署在工控网络各层流量汇聚节点的交换机旁，通过端口镜像的方式实现工控网络数据的全量采集，并在边缘侧对采集的数据进行深度报文解析，剔除无效数据后生成安全日志，通过有线或 5G 无线的方式加密传输给工业安全管理中心。

工业安全管理中心对采集的日志信息进行关联分析，识别网络中的所有资产，绘制资产拓扑图；监测生产现场异常操作、非法外联、非法接入等安全事件；对资产进行无损漏洞扫描，发现资产存在的漏洞；通过内置的工控漏洞利用攻击模型库及工控木马病毒库，进行工控漏洞利用、工控木马病毒的监测。安全管理中心可与第三方安全设备对接，对安全日志进行统一分析与审计，并通过高度可视化的界面给企业管理者带来直观的、全网络一体化的安全态势详情。

工业主机卫士部署在工控网络中的操作员站、工程师站、数控库服务器等终端设备上，通过监控主机的进程状态、网络端口状态、USB 端口状态，以"白名单"技术方式，全方位保护主机的资源使用，禁止非法进程的运行，禁止非法网络端口的打开与服务，禁止非法 USB 设备的接入，从而切断病毒和木马的传播与破坏路径。面向钢铁行业的工业网络安全监测防范系统如图 6.1 所示。

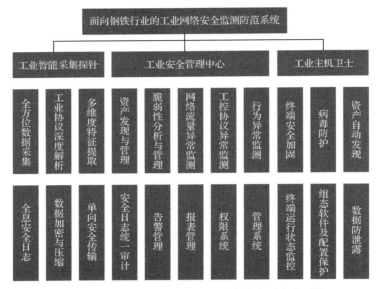

图 6.1　面向钢铁行业的工业网络安全监测防范系统

工业智能采集探针采用无害化方式进行旁路部署，在不影响正常生产的前提下实现工业现场数据全量采集，并凭借强大的 DPI 能力实现工业协议的深度解析，同时完成元数据的提取及全息安全日志的加密传输；工业安全管理中心依靠丰富的数据分析模型对数据进行关联分析，完成精细化管理与安全监测；工业主机卫士能够帮助企业客户实现终端安全加固、终端运行状态监控、病毒防护、组态软件及配置保护、资产自动发现、数据防泄露等安全防护功能，保障系统、网络安全。

6.2　电子行业的工业互联网安全应用

6.2.1　工业互联网应用场景

电子行业是国民经济的战略性和基础性行业，具有产品种类多、技术含量高、产品质量要求高、生产周期要求短、技术更新速度快的行业特征，面临设备管理精度不够、不同产品间的生产排产切换慢、生产管理效率低、产品质量管控不够等行业痛点，亟需加快基于工业互联网平台的数字化转型步伐，全面提升设备管理、生产研发生产管理、产品质量管理、供应链管理等环节的数字化水平。例如，富士康、华为、新华三、华星光电、腾晖光伏等企业以产品质量检测、生产管理优化为切入点，推动电子行业朝着"研发—生产—管理—运维"的全环节智能化方向加速转型。工业互联网在电子行业的典型应用场景如下。

1. 设备智能管控

1）设备状态监测

电子行业可以通过利用工业互联网平台采集环境的温度、设备电压和电流等参数来直观展示设备实时状态，实现设备全面、实时、精确的状态感知。

2）设备故障诊断

设备故障是生产中常见的问题，工业互联网平台可以利用大数据分析技术，对设备工作日志、历史故障、运行轨迹、实时位置等海量数据进行挖掘分析，基于专家库和自学习机制建立故障智能诊断模型，实现设备故障精准定位，从而快速排除设备故障。

3）预测性维护

可以通过工业互联网平台分析预测设备关键部件的变化趋势、产品寿命和潜在风险，提前预判设备零部件的损坏时间，主动提前进行维护服务。

2. 研发生产管理优化

1）研发设计

基于产品的几何、工艺、功能、质量、运行环境等参数，构建产品的数字模型，开发者不需要实际试验测试，即可验证产品在真实环境中的性能。

2）智能排产

在新产品实际投入生产之前，可利用数字孪生技术预先对生产计划排程、订单管理、质量管理、物料管理和设备管理进行建模测试，找出最优方案，帮助企业缩短新产品导入周期，提高产品交付速度。

3）精益管理

通过对企业的人、机、料、法、环的数字化、模型化、代码化，实时监控企业运行情况，发现不合理和低效的管理流程，提出改进方案，提高组织管理效率。

6.2.2　工业互联网安全需求

电子行业的工业互联网平台针对企业访问公有云服务的情况，满足不同接入用户的需求。众多企业的接入、繁杂业务的交互，不可避免地带来了安全接入、病毒攻击等风险。可以通过在工业互联网平台内部展开多维度安全能力建设，对存在的网络安全、终端安全、边界安全、应用安全、数据安全、云安全、脆弱性风险监测等情况进行安全设计，利用态势监测技术对平台运行状态实现动态监测，提高安全事件的预测及发现能力，实现工业互联网平台的纵深安全保障。

针对在企业内部车间工控现场生产控制层面，生产网络面临的不同生产区域及不同业务通信传输时带来的人员违规操作、主机裸露等风险，可以从车间工业现场网络的安全区域边界访问控制、恶意代码防范和访问流量回溯等方面进行安全防护设计，另外增设安全管理区域，完善风险响应控制机制，进行统一协同管理。

综上，电子行业存在应用场景广泛、安全需求大的特点，需要从建设企业工控网络内部车间的安全区域边界、安全计算环境、安全通信网络等方面，开展边界安全防护、主机安全防护、网络流量监测、异常行为检测等多维度安全防护能力建设，满足企业多方面安全防护的需求，全面提升企业的安全防护能力，助力企业实现安全运营。

6.2.3　典型安全解决方案

针对以上提出的电子行业场景和安全需求，提出了以下技术方案。

面向电子行业工业互联网平台企业私有云平台环境，采用微隔离技术手段对各虚拟机之间的东西向流量进行隔离防护，利用终端威胁防御技术手段实现虚拟机自身对木马、病毒及恶意软件的威胁识别；通过资源池内流量类及网络可达类网元实现南北向的安全防护，通过采用具备身份认证、传输加密、完整性校验功能的接入类安全网关进行平台接入租户的安全接入管控，同时应用工业互联网态势感知技术手段实现对攻击事件溯源、多维度资产视角查看和关联分析等安全防护。

面向企业内部刀具云车间、SMT 车间等生产环境，通过采取边界隔离、访问控制、安全监测、终端防护等技术手段进行企业内部车间的安全防护，实现车间对边界安全的访问控制、入侵防范、关键生产节点的运行审计；加强车间"白环境"安全建设，确保数据传输的实时性，对非限定协议及时告警；加强工业主机终端对接口、进程和服务的管控，降低对工业计算资源的占用；建立安全管理中心，对全网态势实现统一集中的监控、调度、预警和管理，减少响应时间，提高响应效率。"平台+车间"纵深防御示意如图 6.2 所示。

该方案可以实现面向电子行业工业互联网平台侧和企业侧的不同维度安全防护，使平台和企业全面掌握网络中的安全运行数据和安全情报，全局洞悉网络安全态势。该方案应用于工业互联网平台安全防护场景时，可基于工业互联网架构实现边缘层、IaaS 层、PaaS 层、SaaS 层等各层级之间及各层内部的安全防护，实现云平台的计算环境安全、接入安全、大数据安全等防护能力；应用于企业侧安全防护场景时，可实现基于业务流程的边界安全、接入安全和数据安全等防护能力。

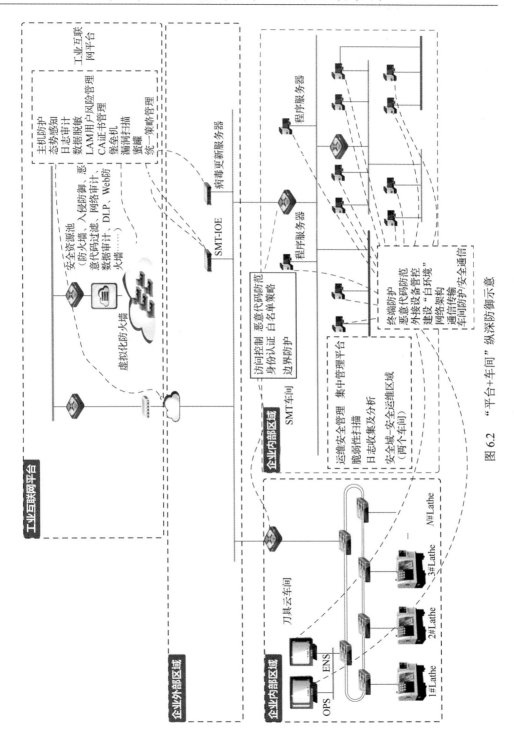

图 6.2　"平台+车间"纵深防御示意

6.3　轻工行业的工业互联网安全应用

6.3.1　工业互联网应用场景

轻工行业（也称轻工业）是助力我国国民经济稳定发展的重要产业，能够为社会群众提供基本的生产生活资料。轻工业是我国的传统优势产业，是国民经济的重要组成部分。轻工业在经济发展中也占有重要地位，发挥着重要作用，它包括食品、造纸、家电等19大类45个行业，是涵盖衣、食、住、行、用、娱乐等消费领域的产业组合群，是满足人民物质文化生活水平日益提高的需求的民生产业，是承启一、三产业的重要消费品工业，具有"满足内需型、出口外销型、就业支柱型"的显著特征。轻工业是城乡居民生活消费资料的主要来源，直接关系到城乡人民物质和文化生活的改善。轻工业为农业、重工业和国民经济其他部门提供一部分生产资料和配套产品，为部门的发展服务。轻工业也是扩大产品出口、换取外汇的重要方，它具有投资少、建设周期短、资金周转快、积累多的特点，是国家财政收入的重要来源。

工业互联网在轻工行业的典型应用场景如下。

1. 柔性化生产

1）产品设计优化

通过工业互联网平台建立定制化产品设计体系，使用户全流程参与需求交互、产品设计、生产制造、物流交付等产品全过程，形成基于用户数据驱动的闭环设计系统，提升产品设计效率。

2）采购供应优化

通过工业互联网平台采集汇聚传感器、设备控制器、立体仓库、AGV、物流机器人等设备数据，开展生产进度、物料管理、企业管理等深度分析，实现排产、仓储、运输和追踪的按需调度和优化。

3）生产过程管控

通过工业互联网平台可与生产制造各环节建立互联互通的数据通道，通过构建生产设备、产线、材料、工艺等数字模型，利用现场数据驱动模型运行，按需优化控制生产环节、加工环节、装配环节的工艺流程、路径规划、控制参数及生产系统结构和控制程序，实现智能化生产。

2．供应链协同

轻工行业工业互联网平台可打通产业链上下游各环节，实现跨部门、跨企业、企业与社会间的数据互联互通，促进资源优化配置和开放共享。

1）企业内部供应链协同

通过工业互联网平台可实时获取设备、工具、物料、人力等生产资源信息，跟踪现场物料消耗，结合库存情况进行精准配货，实现生产、库存的动态调整优化，有效降低库存成本。

2）企业间供应链协同

通过工业互联网平台可实时采集物联网数据、生产操作数据、供应商数据、用户感知数据和企业经营数据，通过边云协同实现供应链数据的横向集成和纵向集成，推动设计、制造、供应、服务等环节的并行组织和协同优化，形成集中采购、协同设计、电商销售、智慧物流、金融科技等创新服务。

6.3.2　工业互联网安全需求

近年来，工业控制系统信息安全事件不断发生，"震网"、"火焰"、"毒区"、Havex等恶意软件严重影响了关键工业基础设施的稳定运行，充分反映了工业控制系统信息安全面临的严峻形势。轻工行业作为为人民提供生产生活资料的重要行业，近年来也成了不法分子攻击的重点对象。针对轻工行业工业互联网平台和工控网络的攻击事件频发，给行业造成了很大的损失，同时也说明了轻工行业互联网平台存在很大的安全需求。

1．工控设备系统网络脆弱性安全防护需求

轻工行业工控网络设备系统所用的生产控制设备、控制软件等软硬件很多是进口的，所以有潜在的漏洞，容易有后门利用的风险，安全防护能力相对薄弱。工控协议大量采用明文数据传输，通信方面广泛应用无线电，容易存在数据窃取、篡改、中间人攻击利用等安全风险，易被监听、窃密和干扰。

2．工业控终端安全防护需求

轻工行业工控终端设备相对老旧，大量使用轻量级系统，自身安全防护能力有限，同时，现场运维人员安全意识不足，首先，存在 U 盘滥用、软件乱装、工作人员违规操作、病毒感染等现实威胁。其次，目前攻击轻工业工控系统和互联网平台的技术门槛越来越低，导致轻工工控系统极易遭受攻击，为工控终端安全防护带来挑战。

3．工业互联网安全防护体系建设需求

轻工行业由于缺乏统一的工业互联网安全安防和管理防护体系，导致对存在工业互联工控网络内部关键资产的情况梳理不清。设备系统安全中存在严重的漏洞修复不及时、网络流量与异常行为检测手段缺失、终端安全防护能力不足等问题，难以抵御针对工业设备系统的 APT 新型网络威胁攻击。同时，随着工业化和信息化程度的加深，也带来了更多的网络安全风险，需建设一体化工控安全防护系统，保障轻工行业的工业互联网安全。

6.3.3 典型安全解决方案

针对工业互联网平台在轻工行业的应用场景和安全需求，提出以下技术方案。

企业工业互联网安全一站式服务平台创新性地提出了 SaaS 的理念，以服务中小企业、工业互联网平台企业为目标。该平台构建了完整的工业互联网"应用+"安全生态，为企业的平台安全、应用安全、数据安全提供监测及防护能力，打造工业互联网平台产品与解决方案的生态新格局，保障平台价值效益的发挥，助力中小企业实现降本增效和数字化转型升级。一方面对工业互联网平台企业提供保护设备指令安全、保护云服务器安全及安全管理的需要，对 App 及 Web 的访问安全、用云安全防护、云端安全防护服务、主机及应用资产提供云端漏洞扫描服务；另一方面对纺织企业提供企业上云数据安全、终端安全、企业安全自查、自检服务（见图 6.3）。

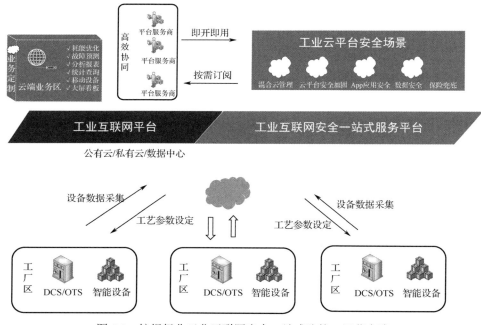

图 6.3　纺织行业工业互联网安全一站式防护、运营实践

　　该平台朝着纵向行业化、横向区域化的方向发展与部署，服务越来越多的工业企业转型升级，解决制造业高质量发展背景下中小企业"上平台，用平台"的困难和挑战，也能够改善工业生产各个领域的安全现状，逐步排除现有安全隐患，防止潜在风险发生，保障区域工业互联平台安全运营。

　　通过集中部署的工业互联网云安全中心，统一为工业互联网平台企业、企业的公有云、私有云用户提供安全防护能力，实现安全集中建设、统一管理，贯穿平台企业到联网企业。云安全中心部署到云端进行安全防护，通过 SaaS 服务模式直接提供 SaaS 化的多云管理及多云安全能力；通过将云安全中心的云扫描、云抗 D、云审计、云监测等防护能力部署到平台服务商处，对其业务系统和应用数据进行安全防护；同时，与本地的工业互联网一站式安全管理平台进行联动，实现数据在本地与云端的同步和共享等。纺织行业工业互联网安全防护技术架构如图 6.4 所示。

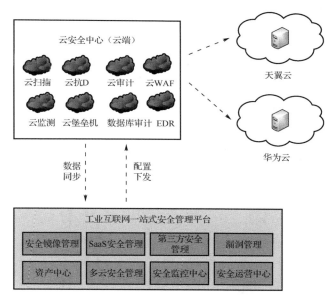

图 6.4　纺织行业工业互联网安全防护技术架构

6.4　石化行业的工业互联网安全应用

6.4.1　工业互联网应用场景

　　石化行业是资产密集型行业，具有设备价值高、工艺复杂、产业链长、危险性高、环保压力大的行业特征，面临设备管理不透明、工艺知识传承难、产业链上下游协同水平不高、安全生产压力大等行业痛点，亟需加快基于工业互联网平台的数字化转型步伐，全面提升设备管理、生产管理、供应链管理、安全管理、节能降耗等环节的数字化水平。工业互联网在石化行业的典型应用场景如下。

1. 设备管理

1）设备状态监测

通过对物理设备的几何形状、功能、历史运行数据、实时监测数据进行数字孪生建模，实时监测设备各部件的运行情况。

2）远程故障诊断

将设备的历史故障与维修数据、实时工况数据与故障诊断知识库相连，利用机器学习和知识图谱技术，实现设备的故障检测、判断与定位。

3）预测性维护

构建设备数字孪生体，实时采集设备各项内在性能参数，提前预判设备零部件的损坏时间，主动、及时和提前进行维护服务。

2. 炼化生产

1）工艺优化

在实际炼化生产前，对原油原料、工艺流程、炼化设备进行数字孪生建模，对工艺配方、工艺流程等进行全方位模拟仿真，优化原料配比参数和装置优化路径，得出最优的炼化生产方案。

2）质量管控

实时采集和分析油品炼化全流程的质量数据，对各项质量指标进行在线动态分析和预测预警，实现炼化全流程质量跟踪及自动控制。

3）节能降耗

通过对关键耗能设备和高耗能加工流程的数据采集，结合大数据、人工智能算法和专家知识库，分析耗能的关键因素，找出能耗最低的工艺参数来指导实际生产，提高关键耗能设备的维护精度。

3. 供应链协同

1）企业内供应链协同

实时采集和分析供应链运行情况，识别资源配置低效的环节，提出改进方案，提高企业内部资源配置效率。

2）企业间供应链协同

以工业互联网平台为连接枢纽，打通石化上游原油供应、中游炼化生产、下游产品销售各环节，优化全产业链资源配置。

4. 安全巡检

1）生产安全监控

实时采集炼化生产过程中的各类安全数据，结合安全生产监控模型，对生产异常状态和安全风险进行实时报警。例如，中石化茂名石化基于工业互联网平台汇聚厂区内外的安全信息，结合安全风险诊断模型，实现了异常状态和安全风险的实时报警，发现并消除了 1800 多项生产异常问题，避免了多起突发事件。

2）管道智能巡检

在油气管道内外利用传感器、智能阴保桩、管道巡检机器人、无人机等数据采集工具，连接地理、气象等环境数据，实现管道内外运行状态的全面感知和实时监测，对管道异常状况（如泄漏）进行快速定位。

6.4.2　工业互联网安全需求

在石化行业的工业互联网平台应用场景中，存在的安全问题和需求如下。

1. 网络边界安全防护不足

目前石化行业工控网络公司安全域划分不清，各业务子系统、网络层级之间没有进行有效隔离，并且各层间的通信没有做适当的隔离，处于安全防护边界不清、边界访问控制缺失等的状态。需要在不间断业务的情况下，厘清各业务系统间的关系，并增强网络加入有效边界安全防护隔离机制能力。

2. 工控系统设备安全配置不全加固

石化行业工控系统设备安全配置防护能力不足的问题较突出，在网设备系统没有进行安全加固，存在如补丁更新不及时、访问控制策略简单、安全防护软件密码强度不够等问题。需要针对在网设备进行全面排查并进行安全加固。

3. 监控安全监控手段缺失

目前石化行业工控网络中缺少安全风险监控手段，不能及时了解网络运行情况，一旦出现问题，不能快速响应。需要配置相应的审计手段，对网络中的流量进行全面监控，及时发现并处理风险。

4. 终端安全防护软件缺失

石化行业的终端设备（如工程师（操作员）站无防护软件），多使用较旧版本的 Windows 平台且无补丁更新，同时缺少身份认证和接入控制手段。需要对工程师站进行终端安全软件部署，在操作系统不能更新的情况下保证终端安全。

5. 运维审计缺失

运维审计缺失将导致设备配置变更记录缺失，一旦出现问题，无法快速定位到相关设备及相关人员。

6. 安全管理流程不完善

安全管理流程不完善，容易因人为因素或流程科学性问题导致数据泄露、引入恶意代码等。

6.4.3 典型安全解决方案

下面以石油炼化生产企业的工业互联网网络安全防护为例，针对石化行业的工业互联网平台应用场景和安全需求，提出如下炼化生产企业生产环境安全技术方案。

根据现有典型网络架构、网络中的突出安全问题和等级保护以及相关安全政策标准规定，制定了本方案。本方案可增强用户网络的互通能力，建立多层级网络安全体系，实现跨系统的互操作。基于原来的石油炼化业务网络结构，推动 IT 网络与 OT 网络融合，建立多层级网络安全体系。具体的安全防护方案主要分为以下 8 个方面。

1. 主机安全

根据石化行业公司系统现状，工程师站主机使用的操作系统版本较旧，存在安全漏洞风险，主机存在未管控的端口或光驱，容易遭到病毒和木马的入侵。通过部署工控主机安全防护软件，可保障这些相关设备的安全。工控主机安全防护软件采用"白名单"管理技术，通过对数据的采集和分析，生成工业控制软件正常行为的"白名单"，并对异常行为进行阻断或告警。

2. 网络隔离

在工业网络生产执行层、操作控制层和管理决策层之间部署网络安全隔离防护设备，在各生产工艺间，根据需要部署防火墙，并开启访问控制功能，实现逻辑隔离和报文过滤。

3. 威胁检测

在生产执行层和管理层的汇聚交换机处采集接口镜像流量，旁路部署入侵检测系统，监听、采集网络流量数据，实时检测网络中出现的异常数据、非法入侵，根据预定义策略实时报警，并完整记录检测情况，便于之后的事件追溯。

4. 运维审计

在过程控制网络中部署运维审计系统，通过旁挂部署在该区域核心交换机上。制定运维访问控制和操作策略，明确不同运维人员可以访问的工控设备范围与执行操作权限，限制运维人员访问工控核心设备系统，并做好运维操作记录，避免因运维导致的工控核心数据配置被恶意篡改。

5. Web 防护

在互联网出口处部署 Web 防火墙，用于有效弥补出口防火墙对 Web 应用攻击防护能力不足的问题。该产品针对安全漏洞、攻击手段及最终攻击结果进行扫描、防护及诊断，提供综合 Web 应用安全解决方案。

6. 上网行为管理

在互联网出口部署上网行为管理设备，实现上网行为管理、审计功能及流控功能，通过网页访问过滤、网络应用控制、带宽流量管理、信息收发审计、用户行为分析方法，以及优化上网管理，有效提高企业内部 IT 资源的使用安全，帮助企业提高生产力，提升网络资源利用率，降低法律风险。

7. 网络安全管理制度

制定完善的网络安全管理制度，确定网络安全主管部门，指派网络安全运维专员，例如，对关键岗位的人员，在录用或上岗前对其进行全面、严格的安全审查和技能考核，与关键岗位人员签署保密协议，对离岗人员进行撤销系统账户和相关权限等措施。

8. 系统运维管理制度

明确环境和资产安全管理制度，对重要区域设置门禁和部署监控设备。对资产进行分类和标识。明确网络、系统日常维护和运行的责任人，对运行管理中的日常操作进行控制和管理。对与安全有关的信息进行汇编和分析，对安全机制进行集中管理。制定安全检查制度，明确检查的内容、方式、要求等，检查各项制度、措施的落实情况，并不断完善。

6.5　矿山行业的工业互联网安全应用

6.5.1　工业互联网应用场景

矿山行业是我国重要的资源安全保障和支撑性产业，尤其是煤炭行业为我国经济社会发展提供了60%以上的基础能源保障，是国家工业的支柱性产业，具有工艺流程复杂、故障风险较高、资本设备密集、生产条件多变等特征，面临生产风险高、环境污染大、设备管理难等行业痛点，亟需加快基于工业互联网平台的数字化转型步伐，全面提升生产挖掘、综合管理、销售运输、生态保护等环节的数字化水平。工业互联网在矿山行业的典型应用场景如下。

1. 智能安全生产

1）智能自主生产

矿山行业可利用工业互联网平台，通过"边缘数据+云端分析"实现矿业开采、处理、运输等设备的自动识别、自主判断和自动运行。

2）故障辅助诊断

结合机器视觉技术对皮带、煤仓、电机等易故障设备进行自动巡检，帮助维修人员及时调整设备状态。

3）风险预警管理

实时采集空气成分、设备震动等数据，结合瓦斯浓度、设备寿命等模型分析，实现煤矿事故风险提前预警，提高事故灾害防控能力。

2. 矿山综合管理

1）在线监管

通过工业互联网平台，结合堆煤管理、人员巡检进行在线监管，及时发现并纠正问题，进而提高矿山的管理水平。

2）集成控制

依托工业互联网平台集成工作面视频监控、远程集中控制等，降低数据孤立性，提升信息共享层次，提高管理层决策效率。

3）辅助决策

结合VR/AR等进行应急模拟体验与特殊工种培训，基于3D矿山仿真模拟建立应急救援方案库，根据具体情况自动生成救援方案。

3. 矿物智慧运销

1）运输动态管理

基于工业互联网平台加快车辆上云，根据园区装载、排队、交通等实际情况动态调整运输部署，打造煤炭精准运力池。

2）销售运输协同

建立运输价格数据库，结合产品的个性化需求对运输方式进行运价比对，最大限度地保证运输效益，减少运输成本。

3）智能辅助驾驶

依托机器视觉、深度学习等技术自动甄别疲劳驾驶、超速等危险场景，并及时对驾驶员进行告警，避免驾驶事故的发生。

4．生态资源保护

1）解决方案储备

依托工业互联网平台对水、土壤、气候等生态基础信息的储存，自动生成生态恢复组合库，从而丰富生态恢复的方案。

2）辅助个性定制

通过平台收集地区历史生态数据资料，追溯原生植物，分析搭配群落，探寻演变规律，因地制宜地实施决策辅助。

3）生态实时监控

基于工业互联网汇聚监测点信息，汇总分析环境土壤的 pH 值、光、湿度、气压等生态数据，支撑精准、实时的监测指挥。

6.5.2　工业互联网安全需求

矿山行业作为我国重要的资源安全保障和支撑性产业，占据重要地位，其工业互联网平台的安全性尤为重要。随着矿业企业建设的逐步开展，工业生产网络从封闭逐步走向开放，生产网、管理网、互联网越来越多地相互联通。网络的互联互通造成了生产网络规模越来越复杂，网络威胁和安全风险也不断增加，由网络安全事故造成的损失也越来越大。

近年来，随着"数字矿山""智慧矿山"等先进生产技术和生产模式的发展，煤炭行业与工业互联网的融合及促进已势不可挡。国家高度重视智慧矿山发展工作。2020 年 3 月，国家发展和改革委员会、国家能源局等八部门联合印发《关于加快煤矿智能化发展的指导意见》，促进煤炭产业转型升级，协助构建外部威胁可控、内部风险可知的纵深安全防御体系，切实提高煤矿关键信息基础设施的网络安全防御能力。

由于矿业集团网络互联互通后网络规模大、复杂程度高，因此其所面临的安全威胁是多层面、复杂多样的，主要安全威胁有：控制系统边界不清晰，生产控制系统类型较多，生产控制网络边界不清晰，缺乏边界隔离；工业主机缺乏安全防护，重要的工业主机系统陈旧，无法抵御病毒、木马攻击；移动介质缺乏有效管理，工业主机运维过程中易出现移动介质病毒感染，缺乏有效的管控工具和措施；工控系统关键设备缺乏审计，缺乏针对工控系统违规操作、越权行为等的审计能力。

6.5.3 典型安全解决方案

通过软硬件组合方式，可以及时发现内外部的恶意代码、ATP 等攻击，将安全风险降低到可控范围内，减少网络安全事件的发生，保障煤矿企业工控系统高效、稳定运行。

划分工控网络安全域，隔绝企业资源层、生产管理层、生产监控层的网络攻击。充分考虑网络审计和入侵检测技术对工控网络的重要性，实时监测工控网络内的异常流量及异常行为；对工业主机进行必要的安全防护工作，防止因病毒和恶意攻击引起的工业主机蓝屏宕机。具体方案如图 6.5 所示。

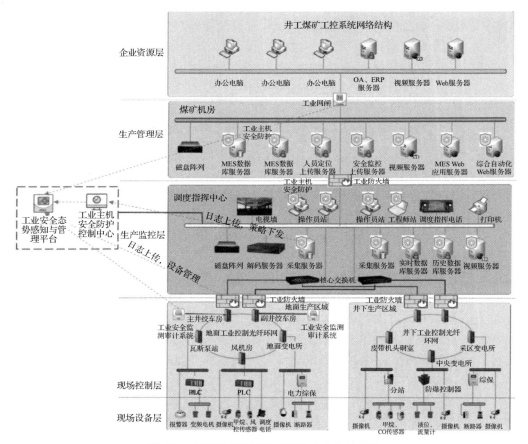

图 6.5　井工煤矿工控系统网络安全防护拓扑

1. 物理隔离

在矿区的生产网与办公网之间通过工业网闸实现物理隔离,采用"2+1"(双主机+专用隔离)模块的标准网闸结构及工业应用协议隔离技术,实现企业网络和工业网络两个安全域之间的访问控制、协议转换、内容过滤和信息交换。

2. 主机防护+"白名单"

针对煤炭控制系统主机,采用兼容工业应用软件的工业主机安全防护系统,利用"白名单"技术阻止控制系统遭到病毒、木马和恶意攻击的威胁,确认无误后再接入控制网络。通过工业主机防护控制中心对工业主机终端进行集中策略配置、安全风险管控、终端版本推送、授权管理及终端单点维护和功能定制化。

3. 安全隔离

对井工煤矿工控系统的不同区域的边界采用工业防火墙进行安全隔离。通过深度解析多种工控协议,运用"白名单+智能学习"技术建立煤矿工控网络安全通信模型,阻断一切非法访问,仅允许可信的流量在网络上传输,达到对重要控制系统的安全保护目的。

4. 安全监控与审计

对工业环境的资产、异常行为、非法访问等通过工业安全监测系统进行集中监控和安全审计,实现区域内控制网络安全状况实时反馈,对外部入侵的行为进行告警,同时生成当前生产网络的行为日志和运行日志,便于安全事件的追溯和分析。

5. 可视化呈现

将工业环境的网络安全状态通过工业安全态势感知与管理平台进行可视化呈现,全面提高该煤炭企业工业安全防护的整体水平。

该防御体系的建立采用了工业网络安全领域的先进大数据分析技术、可视化技术、人工智能分析技术、态势感知技术等国内领先的技术和手段,深入煤炭生产的实际业务场景,结合"智慧矿山"的技术发展路线进行业务安全场景的研究与应用,依靠现有的装备和技术升级促进煤炭生产方式发生根本性变革,为快速推进煤炭开采智能化、现场作业自动化、固定设施无人化、运营管理信息化提供了重要的工业信息安全保障。

6.6　本章小结

新一轮产业变革为经济转型带来机遇的同时，也导致了网络安全风险向工业领域渗透，大量信息系统和网络技术的应用，给垂直行业工业互联网带来了许多安全问题和安全挑战。6.1 节介绍了钢铁行业的工业互联网安全应用实践。6.2 节介绍了电子行业的工业互联网安全应用实践。6.3 节介绍了轻工行业的工业互联网安全应用实践。6.4 节描述了石化行业的工业互联网安全应用实践。6.5 节介绍了矿山行业的工业互联网安全应用实践。

第 7 章

工业互联网平台安全

工业互联网平台是面向制造业数字化、网络化、智能化需求，构建基于海量数据采集、汇聚、分析的服务体系，支撑制造资源泛在连接、弹性供给、高效配置的工业云平台。

7.1　工业互联网平台发展情况

国际主流工业大国都在大力推进工业互联网建设，并以工业互联网平台为引擎，探索工业制造业数字化、智能化转型发展新模式。

7.1.1　工业互联网平台概述

目前，业界已基本形成"智能终端（边缘）+云架构+工业 App"的工业互联网平台技术架构。一方面，工业互联网平台承载工业知识与微服务，向上支撑工业 App 和云化工业软件的开发与部署，为企业客户提供各类应用服务；另一方面，工业互联网平台向下实现海量的多源设备、异构系统的数据采集、交互和传输，支持软硬件资源和开发工具的接入、控制及应用。

随着国内外对工业互联网平台变革性质和重要作用的认识不断深入，制造企业、自动化企业、通信企业、互联网企业等各类主体聚焦自身核心能力，基于公有云、私有云或混合云构建面向不同行业领域、不同技术架构、不同运行模式的工业互联网平台，旨在提升设备连接、设备管理、数据存储及处理、数据高级分析、软件应用管理、平台应用开发、整合集成等服务能力，用于满足工业领域设备产品管理、业务运营优化、社会化资源协作 3 个方面的需求，以实现降低成本、提高效率、提升产品和服务品质、创造新价值四大成效。

针对工业应用场景，工业互联网平台通过各类机器设备、人、业务系统的互联，促进数据跨系统、端到云的流动，基于数据分析、建模和应用，实现数据驱动的生产、运营闭环优化，形成新的业务模式和新的业态。与传统工业 IT 架构相比，工业互联网平台促使流程驱动的业务系统转变为数据驱动的应用范式，为工业企业提供了基于数据的新技术、新方法、新服务和新价值。

7.1.2　全球工业互联网平台发展情况

在国际经济开放融合的背景下，随着 5G 网络、人工智能、大数据等新兴技术的发展，全球工业互联网平台保持高速增长态势。据咨询机构 IoT Analytics 的统计，2019 年全球工业互联网平台（包括物联网平台）公司数量达到 620 个，各类企业对工业互联网平台的参与热情和布局力度持续高涨。截至 2022 年年底，我国具备一定行业、区域影响力的工业互联网平台数量超过 100 个，连接设备数量超过 7600 万台（套）。

1. 制造巨头凭借已有工业积淀拓展平台市场

制造巨头凭借主机厂优势，打开工业互联网平台市场。西门子的 MindSphere 平台和通用电气的 Predix 平台从关键通用设备入手，借助各自在底层工业装置的数据采集、工业知识的封装和复用、信息资产建模等方面的优势，基于自有系统，实现工业现场设备、工业数据、企业运营数据、人员及其他资产的相互连接；库卡的 KUKAConnect 平台、安川电机的 MMcloud 平台、霍尼韦尔的 Sentience 平台等借助机器人、机床等设备优势，开展工业设备数据的深层次采集，为各家企业提供状态监控、设备维护提醒、实时故障发现等产品增值服务。

2. 工业互联网平台对不同工业场景形成适配

IT 优势企业以数据算法、通信连接等为切入点，探索工业应用场景。在数据算法方面，以微软、亚马逊为代表的互联网巨头为平台提供各类大数据、人工智能通用算法框架和工具，与工业企业客户联合研发，形成可视化管理、质量分析优化、预测性维护等工业解决方案。在底层连接方面，思科等通信巨头也开始将平台连接和服务能力向工厂内渗透，从各种工业以太网和现场总线中获取实时生产数据，支撑形成工业智能应用。制造企业以行业领域深耕为基础，打造行业领域竞争力。在电气领域，ABB、菲尼克斯电气、施耐德电气以电力电气、自动化行业为主，提供端到端的工业数字化解决方案。在工程机械领域，卡特彼勒、小松、日立等平台面向工程机械领域资源调配、设备运维、供应链协同方面的需求，提供设备预测性维护、备品备件管理、互联网金融等能力。

3．数据驱动的工业互联网平台应用更加活跃

数据成为工业互联网平台的生产资料，科技企业成为应用引领者。在数据连接方面，SieraaWiless、Telit、DeviceInsight 等 M2M 通信领域公司充分发挥在数据连接方面的技术优势，结合工业互联网平台，帮助工业企业实现资产的远程连接和在线管理。在数据分析方面，Uptake、C3IoT、Mnubo、Particle 等国际工业互联网、物联网公司将工业大数据、人工智能技术与工业互联网平台进行深度结合，满足工业领域日益深入的数据分析需求。在数据应用方面，日立 Lumada、东芝 SPINEX、富士机械 NEXIM 平台基于数据改善生产制造过程，优化自身价值链和降低运营成本。此外，制造企业与软件企业的战略合作促进了数据的深度应用，PTC 与罗克韦尔合作推出 ThingWorx，提供面向生产过程可视化的数据汇聚和高级生产分析功能，帮助管理者直观地了解工厂运行状态。

7.1.3　我国工业互联网平台发展情况

目前，我国工业互联网平台初步展现多元化发展态势，覆盖原材料、装备、机械、消费品、电子、交通等多种行业及场景。工业互联网平台应用与创新走深走实，在行业和区域中赋能工业数字化转型效果逐渐凸显，充满活力的产业生态体系加速形成。

1．工业互联网平台应用由政策驱动转向市场主导

随着工业互联网平台、网络、安全等配套政策趋于完善，工业互联网平台的发展与应用已经成为工业企业构建网络化协同、规模化定制、服务型制造的新模式、新业态、新动能。海尔 COSMOPlat 平台打造了包括大数据、供应链、协同制造、智能维保等在内的 170 多个专业解决方案，覆盖房车、建陶、纺织、模具、机床、农业等 15 个行业生态。阿里云通过 SupET "1+N" 工业互联网平台，为 100 余家中小信息化服务商、大数据创新企业和信息工程服务企业提供服务，实现云端工业

App 一站式开发、托管、集成、运维和交易。航天云网 INDICS 平台以云制造为核心，立足航空航天领域，面向电子信息、工程机械、汽车制造等行业提供应用服务。树根互联"根云"平台提供快速物联、设备预测性维护、配件预测管理、大数据 AI 等能力，与行业巨头联合打造"机床云""纺织云""3D 打印共享云""空压机云""电机云""注塑云""筑工云"等数十个垂直行业云平台。

2. 新一代信息技术为工业互联网应用落地提供新场景

大数据、人工智能、5G、区块链等新一代信息技术日趋成熟，涌现出更多"平台+新技术"的创新解决方案。东方国信 Cloudiip 平台、富士康"工业富联"平台、紫光云引擎"芯云"平台等通过"平台+5G"融合应用，实现高可靠、低时延、高通量的数据集成，催生数字化工业灵活组网、智能终端远程控制、全场景运营优化等模式。中国电信工业互联网开放平台、杭州汽轮工业互联网服务平台等开展"平台+4K/8K 高清视频"融合探索，实现高精度、异构图像视频数据分析，催生智能产品检测、设备远程运维等模式。华为 FusionPlant 平台、中兴 ThingxCloud 兴云平台等通过"平台+VR/AR"融合应用，实现三维动态视景快速生成与分析，催生了人机协同工作、产品自动化分拣、产品设计可视化等模式。

3. 面向特定行业领域的系统解决方案成为应用聚焦点

工业互联网平台在各行业领域应用的深度和广度不断拓展，平台产业链图谱更加完善。行业龙头围绕行业痛点挖掘深度应用。在石化行业，石化盈科面向生产过程复杂、生产工序间耦合度高的流程行业，开发基于 ProMACE 工业互联网平台的生产计划、调度、操作全过程管控方案。在工程机械行业，徐工集团、三一重工、中联重科等国内企业和 Uptake 等国外企业以远程运维为切入点，日本小松以智慧施工为切入点，推动工程机械行业向设备维护智能化、综合解决方案"交钥匙化"加速转型。在汽车行业，北汽新能源打造了"北汽云"京津冀地区产业协同工业互联网平台，形成汽车个性化定制、质量大数据分析、车联网等解决方案。部分企业发挥协同优势整合产业链上下游资源。在后市场领域，众能联合整合豪士科、捷尔杰、Haulotte、临工重机等工程机械产品，构建物联网智能平台，实现物流、租赁、服务全业务链条融合。

随着工业互联网创新发展战略的深入推进，工业互联网平台赋能水平显著提升，基于平台的制造业生态体系日趋完善。工业互联网创新发展工程实施 3 年来，平台方向共支持了 226 个创新工程项目，累计带动社会资本投资近 254 亿元，建设了 19 个创新体验和推广中心、5 个工业互联网实训基地和长三角工业互联网示范区。重点工业互联网平台平均工业设备连接数达到 65 万台，工业 App 达到 1950 个，工业模型数突破 830 个，平台活跃开发者人数超过 3800 人，在钢铁、石化、机械、轻工、电子等领域催生了一批新模式、新业态，显著带动了行业转型升级。

7.2　工业互联网平台安全防护现状

纵观全球工业互联网平台安全态势，发达国家从工业控制系统、物联网、云平台、大数据等不同角度推动工业互联网平台安全发展。我国重点围绕工业互联网安全出台政策文件，制定安全标准，规范企业加强工业互联网平台安全。当前，我国工业互联网平台安全保障能力建设仍处于起步阶段，亟需提升企业安全防护意识，突破相关核心技术，支撑我国工业互联网平台健康发展。

7.2.1　工业互联网平台安全顶层设计

1. 主要发达国家工业互联网平台安全顶层设计

美国、欧盟、日本及其他发达国家和地区尚未出台专门针对工业互联网平台安全的指导性文件，当前主要针对工业控制系统、物联网、云平台等完善政策与标准体系，推进工业互联网平台安全防护工作。

美国政府和行业联盟出台政策、标准与规范指南文件，积极引导工业互联网安全发展。政府层面，2014 年，美国发布《国家网络安全保护法》，将工控系统列为网络安全重点保护对象。之后，美国相继发布《网络安全国家行动计划》《物联网安全战略原则》《美国国土安全部工业控制系统能力增强法案》《缓解云漏洞指南》，从工业控制系统安全、物联网安全、云安全等角度提出相应保障策略。行业联盟层面，2016 年以来，美国工业互联网联盟发布《工业物联网安全框架》《端安全最佳实践》，提出工业物联网安全的六大内容。此后，美国相继发布《商业视角下的工业互联网安全概括》《工业互联网安全成熟度模型》《云计算关键领域安全指南V4.0》等多个指导性文件，并举办多次安全论坛，推进安全解决方案落地实施。

欧盟高度重视工业战略下的网络安全问题。2012 年，发布《未来经济复苏与增长：建设一个更强的欧洲工业》，强调提升工控系统的安全防护能力。2013 年，欧洲网络与信息安全局相继发布《工业控制系统网络安全白皮书》《智能制造背景下的物联网安全实践》《工业 4.0——网络安全挑战和建议》，给出工业 4.0 下的网络安全建议。2019 年，欧盟发布《增强欧盟未来工业的战略价值链》报告，指出增强工业互联网战略价值链需大力发展欧洲网络安全产业。德国加快推进"工业 4.0"战略实施，同步强调安全保障工作。2013 年，德国政府推出《德国工业 4.0 战略计划实施建议》，提出保障工业 4.0 安全的措施建议。随后，德国工业 4.0 平台发布《工业 4.0 安全指南》《跨企业安全通信》《安全身份标识》等指导性文件，提出以信息物理系统平台为核心的分层次安全管理思路。

日本持续推进面向制造的网络安全。2014 年，日本发布《网络安全基本法》，强调电力等基础设施运营方的网络安全要求。2016 年，日本成立工业网络安全促进机构，抵御关键基础设施攻击。2017 年，日本提出"互联工业"战略，强调网络安全的重要性，并成立"工业网络安全卓越中心"，旨在保护工业基础设施免受网络攻击。

其他国家也将基础设施和工业控制系统安全作为网络安全的重点。2016 年，新加坡发布《国家网络安全策略》，建立强健的基础设施网络；澳大利亚发布《澳大利亚网络安全战略》，重视国家重要基础设施；以色列发布"前进 2.0"网络安全产业计划，重视工业系统安全。

2. 我国工业互联网平台安全顶层设计

一方面，出台政策文件指导工业互联网平台安全保障体系建设。2017 年，国务院发布《关于深化"互联网+先进制造业"发展工业互联网的指导意见》，提出要加强安全防护能力，重点突破工业互联网平台安全等产品研发，建立与工业互联网发展相匹配的技术保障能力。2018 年，工信部印发《工业互联网平台建设及推广指南》，提出要完善工业互联网平台安全保障体系，制定完善工业信息安全管理等政策法规，明确安全防护要求。同年，工信部发布《工业互联网平台评价方法》，将安全可靠作为评价工业互联网平台安全能力的一个方面，要求在平台中建立安全防护机制，确保关键零部件和软件应用安全可靠。2019 年，工信部等十部门印发《加强工业互联网安全工作的指导意见》，指出要支持工业互联网安全科技创新，加大对工业互联网安全技术研发和成果转化的支持力度，强化平台安全等相关核心技术研究。2020 年 3 月 4 日，中共中央政治局常务委员会在会议中强调，要加快新型基础设施建设进度，工业互联网等七大领域被纳入"新基建"体系。同年 3 月 20 日，工信部发布《关于推动工业互联网加快发展的通知》，提出要加快健全安全保障体系，完善安全技术监测体系，健全安全工作机制，加强安全技术产品创新，督促指导企业提升安全水平。同年 12 月 22 日，工信部印发《工业互联网创新发展行动计划（2021-2023 年）》，提出加快工业互联网平台体系化升级。

另一方面，加速推进工业互联网平台安全标准化工作。2019 年，全国信息安全标准化技术委员会发布《信息安全技术　工业互联网平台安全要求及评估规范（征求意见稿）》，明确工业互联网平台各层次的安全管理与安全技术防护要求，并提出相应的安全评估方法。国家烟草专卖局率先召集烟草领域、安全领域专家形成《烟草行业卷烟制造工业互联网平台通用技术要求标准（草案）》，对中国烟草总公司及各下属单位卷烟制造工业互联网平台安全要求进行规定。此外，国家工业信息安全发展研究中心 2019 年发布《工业信息安全标准化白皮书》，对构建工业互联网平台安全标准体系等提供指导。2021 年 12 月 9 日，在工业和信息化部网络安全管理局指导下，工业互联网产业联盟、工业信息安全产业发展联盟、工业和信息化部商用密码应用推进标准工作组共同发布《工业互联网安全标准体系（2021 年）》，包括分类分级安全防护、安全管理、安全应用服务等 3 个类别、16 个细分领域以及 76 个具体方向。

我国工业互联网平台已经从概念普及进入实践深耕阶段，国内各大主流平台逐步实现了用户、设备、产品和企业的全方位连接，平台安全体系建设取得初步成效。当前，国内工业互联网平台安全处于工业企业、平台企业、安全企业、互联网企业、硬件企业多方共建状态。

1）工业企业自建工业互联网平台并实施安全加固

龙头工业企业和大型智能制造企业面向工业转型发展需求，构建工业互联网平台，同步实施安全加固。从综合安全防护的角度出发，在平台各层次及数据方面部署相应的安全防护措施。例如，中国航天科工集团旗下航天云网 Indics 工业互联网平台构建了涵盖设备、网络、控制、应用、数据的完整安全保障体系。海尔 COSMOPlat 工业互联网平台自主研发海安盾安全防护系统，以工业 IaaS 层的虚拟化安全、主机安全为重点，形成集态势感知、业务系统安全分析、漏洞发现为一体的安全解决方案。

2）平台企业输出具备一定安全能力的工业互联网平台

大型制造企业及互联网企业依托自身特色打造工业互联网平台，孵化独立运营的平台服务，向其他企业输出具备一定安全能力的工业互联网平台。例如，寄云科技 NeuSeer 工业互联网平台为能源化工企业提供安全生产管控能力，降低安全管理的人工依赖，提升安全管理水平。树根互联根云平台聚焦 PaaS 和 SaaS 层安全，支持平台主机、应用的安全审计和工业 App 上线前的安全检测与加固。东方国信 Cloudiip 工业互联网平台支持海量大数据的接入、存储、分析和模型共享，并保障数据安全。阿里云工业互联网平台将安全技术进行解构、重组，打造完整、可靠、可信的安全生态系统，提升平台服务的内生安全能力。浪潮云洲工业互联网平台发布云数据铁笼 IDS，为多方安全计算场景提供第三方支持和服务，解决数据隐私泄露问题，并提供基于区块链的数据计算全流程安全审计。

3）安全企业输出平台安全解决方案

安全企业利用自身积累的安全经验为工业互联网平台提供安全解决方案，除提供资产测绘、杀毒软件、防火墙、入侵检测、流量审计、安全监测等传统安全软件外，还通过 SaaS 服务模式输出安全能力，为工业互联网平台提供技术支撑。例如，阿里云盾提供了 DDoS 防护、主机入侵防护、Web 应用防火墙、态势感知等一站式安全产品及服务，助力提升工业互联网平台安全防护水平。360、启明星辰等安全厂商为航天云网 Indics 工业互联网平台建立病毒库、漏洞库及防护工具库，支持平台入侵检测、漏洞扫描和主动防御。长扬科技打造了工控安全评估、工控等保检查、工业防火墙、工控主机卫士、统一安全管理、安全态势感知等多种安全产品，支持工业互联网平台安全防护。

4）互联网企业输出集成安全能力的平台系统及软件

互联网企业依托系统、软件专精优势，为工业互联网平台提供安全的操作系统、虚拟化软件、数据库、大数据分析模型等。例如，东土科技发布了 Intewell 工业互联网操作系统，依托国产自主、安全可靠的"道系统"，面向智能装备、智能制造等多领域提供国产设备软件基础运行平台。以阿里云关系型数据库为代表的安全数据库、以阿里云大数据计算服务为代表的安全大数据服务和安全虚拟化系统也被业界广泛使用。

5）硬件企业研发集成安全能力的硬件设备

设备安全是确保工业互联网平台上层系统及软件安全的基础，硬件企业研发集成安全能力的工业控制设备、安全路由、安全网关、安全边缘节点、可信服务器等，为工业互联网平台提供基于硬件的安全防护能力。例如，中电智科面向国家重要基础设施应用，研发了安全增强型 PLC，可满足各种控制规模、不同安全要求的自动化应用场景。华为、深信服等研发了安全网关、安全路由器，增强工业网络及平台网络的通信安全性。大唐高鸿依托其自主研发的硬件平台，搭载国产可信芯片，研制了可信服务器，为用户构建从基础设施层到应用系统层的安全计算环境。

7.2.2 我国工业互联网平台安全能力现状

工业互联网平台是业务交互的桥梁和数据汇聚分析的中心，连接全生产链各个环节，实现协同制造，平台高复杂性、开放性和异构性的特点加剧了其所面临的安全风险。

1. 工业互联网平台是网络攻击的重要目标

国家计算机网络应急技术处理协调中心发布的《2019 年我国互联网网络安全态势综述》指出，我国根云、航天云网、OneNET、COSMOPlat、奥普云、机智云等大型工业互联网平台，持续遭受来自境外的网络攻击，平均攻击次数达 90 次/日，较 2018 年提升了 43%，攻击类型涉及远程代码执行、拒绝服务、Web 漏洞利用等。

2018 年，工信部对 20 家典型工业互联网龙头企业的 213 个重要工业互联网平台开展安全检查评估发现，平台企业用户普遍认为业务上云的同时网络安全责任"一迁了之"，漠视安全漏洞，对已知已报漏洞尤其是弱口令、跨站攻击、恶意程序注入等常见漏洞未及时跟踪处置；对外包云服务的安全管控意识不强，对云平台、办公网及生产控制网互联互通后的整体安全态势感知能力不足。2019 年，在工信部组织的对某典型工业互联网平台攻防演练活动中，攻击方探测到平台中各类信息化系统 100 多个，发现高危漏洞 20 多个，通过利用漏洞可获得平台内网系统控制权、窃取敏感信息，以此为跳板，对内网其他设备、系统和网络发起渗透，最终可导致企业工业互联网平台及相关设备网络瘫痪。2022 年，在工信部组织的工业互联网企业网络安全分类分级管理试点工作中发现，企业自建的云平台安全能力普遍较低，超过 75%的平台存在明显的安全管理和防护不到位问题，如权限配置缺陷、日志功能不完善、过载保护不足等；漏洞隐患突出，工业互联网平台高中危漏洞占比高达 85%，容器逃逸漏洞等可导致黑客执行任意代码并直接控制平台相关服务器。

2. 工业互联网平台安全能力的侧重点与薄弱点

《工业互联网平台安全》编制组设计了工业互联网平台安全能力评价模型，对我国典型工业互联网平台现有安全能力进行调研，分析结果如表 7.1 所示。

表 7.1　典型工业互联网平台安全能力侧重点与薄弱点

平 台 对 象	安全能力侧重点	安全能力薄弱点
工业数据	数据加密传输、数据加密存储等	工业数据分类分级、细粒度访问控制、敏感数据识别和保护等
工业应用层	身份认证、权限控制、安全审计等	工业应用安全加固、统一安全运维、应用日志分析等
工业云平台服务层	数据访问控制、安全服务组件、接口安全等	微服务组件安全、工业应用开发环境安全等
工业云基础设施层	抗 DDoS 攻击、访问控制、边界网络安全、云主机杀毒等	虚拟机流量流向可视化、云内网络威胁隔离机制、虚拟化软件安全等
边缘计算层	设备接入认证、网络安全审计、通信加密策略安全防护等	边缘设备可信验证、工业协议深度解析、对接不同厂商端侧设备等

工业数据安全能力侧重于数据加密传输、加密存储等，在工业数据分类分级、细粒度访问控制、敏感数据识别和保护等方面较为薄弱。

工业应用层安全能力侧重于身份认证、权限控制、安全审计等，在应用安全加固、统一安全运维等方面还有待提高。

工业云平台服务层安全能力侧重于数据访问控制、安全服务组件、接口安全等，在微服务组件安全、工业应用开发环境安全等方面较为薄弱。

工业云基础设施层安全能力侧重于抗 DDoS 攻击、访问控制、边界网络安全、云主机杀毒等，在虚拟机流量流向可视化、云内网络威胁隔离机制、虚拟化软件安全等方面还有待提高。

边缘计算层安全能力侧重于设备认证、网络安全审计、通信加密等，在边缘设备可信验证、工业协议深度解析、对接不同厂商端侧设备等方面较为薄弱。

3. 工业互联网平台安全管理存在不足

《加强工业互联网安全工作的指导意见》对建立安全管理制度、落实安全责任做出了明确规定。但是，我国企业在工业互联网平台安全管理方面仍存在一些不足。

（1）安全管理制度不完善。工业互联网企业普遍缺乏针对平台安全建设、供应商安全要求、安全运维、安全检查和培训等的安全管理制度，安全责任落实不明晰，对内部人员缺乏有效的安全管控。

（2）安全投入缺乏。工业互联网企业对工业互联网平台安全投入较少，专职的安全防护人员较少，普遍存在"重功能、轻安全"的现象。

（3）安全配置管理不足。当前工业互联网平台安全配置管理严重依赖人工，自动化、智能化程度不足，缺乏快速有效的安全配置检测预警机制，一旦出现配置错误，无法及时发现和启动相应的安全措施。

（4）安全建设考虑不全面。工业互联网平台在设计、开发、测试、运行和维护各阶段缺乏相应的安全指导规范，未将安全融入平台建设的整个生命周期中。

7.3　工业互联网平台安全需求与边界

7.3.1　工业互联网平台安全需求

工业互联网平台安全需求具备以下特征。

1. 海量、异构工业设备接入及设备资源受限

1）接入设备海量，呈爆发式增长

一方面，工业设备在设计之初一般缺乏安全考虑，自身安全防护能力薄弱，海量工业设备接入工业互联网平台后，一旦被攻击者利用向平台发起跳板攻击，影响后果将成倍放大。另一方面，工业互联网平台边缘层缺乏对海量工业设备的状态感知、安全配置自动化更新和主动管控机制，导致利用海量工业设备发起的 APT 攻击感染面更大、传播性更强。因此，工业互联网平台需要行之有效的工业设备接入方

案，保证接入的海量终端设备可信、可管、可控、可追溯。

2）接入设备异构，种类及类型众多

海量异构工业设备接入工业互联网平台时，连接条件和连接方式多样，存在大量不安全的接口。当前工业互联网平台边缘层缺乏对异构工业设备接入的安全管理，接口安全防护也有所欠缺。因此，需要平台边缘层突破异构工业设备的对接限制、互操作限制和管控限制，提供统一的安全接口自动部署及安全策略自动更新等能力。

3）终端设备资源受限

工业终端设备通常采用轻量化设计，存在计算、存储和网络资源等限制，且基于硬件的可信执行环境，在工业边缘计算场景并未被大规模采用，这使得远离平台中心的终端设备容易遭受恶意入侵。因此，需要提供轻量化的身份认证、可信验证、数据加密、隐私保护等高安全等级防护手段，增强终端设备的安全防护能力。

2．不同架构工业云协调运维、快速部署

1）不同架构工业云协调运维

在传统模式下，工业企业只需运维单服务器或数据库的安全，一旦出现问题，运维人员可以立即采取措施。但工业互联网平台涉及大量云端服务器、多类型数据库甚至不同架构的工业云平台，在多系统、多应用、多云平台协同交互过程中，需要采用节约成本、处理快速、节省时间、社会化、信息化的运维模式，部署安全防护措施，优化安全配置，突破安全隔离、数据摆渡、网络行为审计等安全管控技术，加强工业互联网平台信息及操作权限管理，避免权限失控。

2）跨平台快速部署

工业生产围绕企业效益和排期进行统一安排，然而对于缺乏安全防护的生产线，在初次部署安全措施时，协调时间和生产线恢复生产的时间不能完全吻合，往往面临部分安装后需等待二次安装的尴尬境地，可能造成企业生产安全防护能力的降低和缺失，对工业互联网平台安全造成影响。因此，需要提供快速、高效、智能化的跨机器、设备、系统的安全措施快速部署机制。

3．工业微服务多样化、多服务复杂协同

1）微服务多样化

工业微服务框架是以单一功能组件为基础，通过模块化组合实现"高内聚低耦合"应用开发的软件框架。工业生产涉及多种行业与产品，微服务的原子化特征可为不同业务提供重复利用的优势，但因工业体量庞大，且每个微服务作为独立的功能需求开发，导致多种微服务构建规则并存。因此，构建安全的微服务，制定多样化微服务安全接入准则，是工业互联网平台安全面临的一项新挑战。

2）多服务的复杂协同

一方面，工业互联网平台微服务数量庞大，工业应用可能同时调用多个微服务完成特定业务，此时多服务之间需要复杂协同交互，需要采用集中认证和授权、双向 SSL 等方式来保证微服务通信过程的安全性；另一方面，工业微服务缺乏统一的标准化构建规则，微服务与平台、应用及用户之间缺乏安全接入、安全调用设计。因此，需要创新型的微服务安全标准化机制，解决微服务与平台、应用及用户之间的相互信任问题。

4. 工业应用协同工作、开放定制

1）多应用灵活协同工作

在工业互联网平台上，不同业务流程中存在多样化的工业应用。一方面，存在大量应用之间数据安全共享与协同处理的场景，需要根据数据共享需求对各应用、用户进行细粒度访问控制；另一方面，为保证应用之间鉴权的合理性，防止出现跨应用的攻击，需要明确区分工业应用的功能和权限，保证平台的应用安全。

2）应用研发的开放化、定制化

伴随着工业互联网平台开放性的提升，工业应用研发创新能力增强，呈现开放定制的特征。工业互联网平台上存在大量未知的应用发布者，可以为用户提供差异化、个性化的工业应用。为保证工业应用来源的安全、可靠，需要对应用开发者的身份信息进行核实与展示，对工业应用进行全生命周期的安全管理、运行监控和安全审计。

5. 工业数据多源异构、大规模访问与共享

工业数据包括平台运营数据、企业管理数据等，具有体量大、种类多、来源广、结构差异大、行业差异大等特征。工业数据的多源性扩大了数据的攻击面，工业数据的异构性增加了海量数据融合分析的难度。因此，需要针对工业数据来源多样、类型不统一、质量要求高等特点，突破多源异构工业数据的安全融合分析技术，实现多源异构数据汇聚利用与数据保护。

1）大规模数据的细粒度访问控制

在工业应用场景中，由于工业生产流程、生产工艺不同，要求不同的用户仅能访问自己所涉及工艺范围内的数据。面对海量工业数据，现有基于用户身份或角色的访问控制策略难以细粒度控制数据授权范围，亟需创新工业互联网平台大规模数据的用户访问控制策略，加强工业互联网平台数据的安全管理和审计。

2）共享的工业数据中包含大量敏感信息

工业数据包括研发设计、开发测试、系统设备、资产信息、控制信息、工况状态、工艺参数、系统日志、物流、产品售后服务等产品全生命周期各环节所产生的各类数据，其中往往包含工业企业的商业机密。工业互联网平台上数据的流通与共

享将扩大数据安全管理的范围,增加数据安全防护的难度和数据攻击事件分析的复杂度,需要针对数据滥用、隐私泄露等威胁进行安全防护。

7.3.2　工业互联网平台安全边界

工业互联网平台安全边界包括边缘计算层、工业云平台和平台数据,如图 7.1 所示。

边缘计算层对多源异构终端设备、系统的数据进行实时高效的采集和云端汇聚,其安全防护的范围包括终端设备安全接入、协议解析、边缘数据采集传输等过程(不包括边缘节点及边缘网络)。工业云平台是工业互联网平台提供大数据处理、工业数据分析、工业微服务、工业应用等创新功能的主体,其安全防护的范围包括工业云基础设施层、工业云平台服务层、工业应用层所涉及的设备、系统、应用、数据等。工业互联网平台促进了工业数据的分析、流动与共享,释放了数据的潜在价值。根据数据在平台上所处生命周期阶段的不同,平台数据安全防护的范围包括在设备接入、平台运行、工业 App 应用、平台迁移等过程中生成和使用的数据。

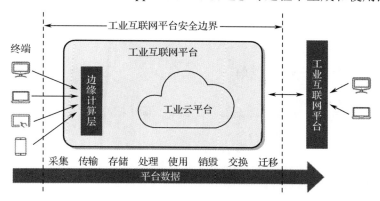

图 7.1　工业互联网平台安全边界

7.4　工业互联网平台安全参考框架

7.4.1　工业互联网平台安全参考框架概述

本章从安全防护对象、安全角色、安全威胁、安全措施、生命周期 5 个视角提出工业互联网平台安全参考框架，明确防护对象，厘清安全角色，分析安全威胁，梳理安全措施，提出全生命周期的安全防护思路。工业互联网平台安全参考框架如图 7.2 所示。

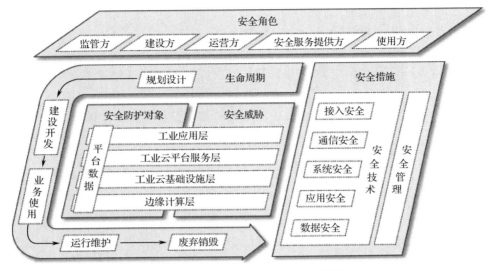

图 7.2　工业互联网平台安全参考框架

7.4.2　安全防护对象视角

工业互联网平台包括边缘计算层、工业云基础设施层、工业云平台服务层、工业应用层和平台数据五大防护对象。

工业互联网平台安全防护对象如图 7.3 所示。

1. 边缘计算层

边缘计算层通过现场设备、系统和产品采集海量工业数据，依托协议转换，通过边缘计算设备实现多源异构底层数据的归一化和汇聚处理，并向云端平台集成。边缘计算层安全防护对象可进一步细化，包括通信协议、数据采集与汇聚、设备接入等。

2. 工业云基础设施层

工业云基础设施层主要通过虚拟化技术将计算、网络、存储等资源虚拟化为资源池，支撑上层平台服务和工业应用的运行，其安全是保障工业互联网平台安全的基础。工业云基础设施层安全防护对象可进一步细化，包括虚拟化管理软件、虚拟化应用软件、服务器、存储设备、云端网络等。

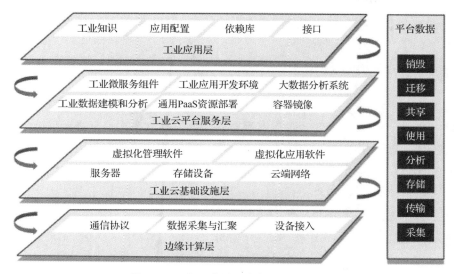

图 7.3　工业互联网平台安全防护对象

3. 工业云平台服务层

工业云平台服务层利用通用 PaaS 调度底层软硬件资源，通过容器技术、微服务组件等提供工业领域的业务系统和具体应用服务，为工业应用的设计、测试和部署提供开发环境。工业云平台服务层的安全与工业应用的安全具有非常强的相关性，是保障工业互联网平台安全的关键要点。工业云平台服务层安全防护对象可进一步细化，包括工业微服务组件、工业应用开发环境、大数据分析系统、工业数据建模和分析、通用 PaaS 资源部署、容器镜像等。

4. 工业应用层

工业应用涉及专业工业知识、特定工业场景，集成封装多个低耦合的工业微服务组件，功能复杂，缺乏安全设计规范，容易存在安全漏洞和缺陷。工业应用是工业互联网平台安全的重要防护对象，其安全水平是平台各层安全防护能力的"外在表现"。工业应用层安全防护对象可进一步细化，包括工业知识、应用配置、依赖库、接口等。

5. 平台数据

工业数据的实时利用是工业互联网平台的核心价值之一，通过大数据分析系统解决控制和业务问题，能减少人工决策所带来的不确定性。根据《工业数据分类分级指南（试行）》，工业数据包括研发、生产、运维、管理等数据域，是工业互联网平台安全的重要防护对象。工业数据安全防护对象可进一步细化为数据生命周期的各个环节，包括采集、使用、传输、存储、迁移、分析、共享、销毁等。

7.4.3 安全角色视角

工业互联网平台安全与平台企业、工业企业、第三方开发者、用户等多个参与方息息相关，明确各方的职责是保障平台安全的前提。在本安全参考框架中，将工业互联网平台安全相关参与方分为 5 个角色：监管方、建设方、运营方、安全服务提供方和使用方。每个角色都可以由一个或多个实体（个人或机构）担任，每个实体也可能同时担任多个角色。

工业互联网平台安全角色如图 7.4 所示。

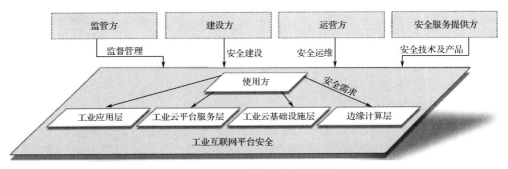

图 7.4　工业互联网平台安全角色

1. 监管方

政府作为监管机构，履行监督管理职责。工信部负责组织开展工业互联网平台安全相关政策制定、标准研制等工作，明确平台安全防护要求和安全评估规范，对平台安全工作开展总体指导。地方工业和信息化主管部门负责本行政区域内工业互联网平台的安全监管工作，组织开展平台安全评估，提升平台漏洞发现、安全防护和应急处置能力，防范安全隐患。

工业互联网平台企业按照属地原则接受当地监管机构的指导和监督，强化企业安全主体责任，保障平台安全运行。

2. 建设方

建设方需要按照国家相关标准要求，确保所交付的工业互联网平台满足客户的安全要求。工业互联网平台建设方应围绕平台安全的总体目标和规划，根据平台安全建设开发标准和规范，通过技术和管理手段，完成工业互联网平台应用组件、产品和功能的开发，提供技术和服务支持，确保平台具备国家及行业标准规定的安全防护水平。

3. 运营方

运营方落实工业互联网平台安全主体责任。按照"谁运营谁负责"的原则，企业依法落实平台安全的主体责任，明确工业互联网平台安全责任部门和责任人，负责平台安全运维，包括但不限于平台安全认证、检查评估、安全审计及平台安全事件的监测、预警、响应和恢复等，建立安全事件报告和问责机制，加大安全投入，部署有效的安全防护措施。

4. 安全服务提供方

安全服务提供方是保障工业互联网平台安全运行的第三方服务者，如电力供应商、基础设施安全供应商、安全硬件供应商、安全软件供应商、网络安全解决方案提供商等，涉及保障平台安全正常运行的各个方面，负责提供平台设备、系统、应用安全运行所需要的安全技术、产品和服务，确保平台具备认证、加密、监测、检查、评估、响应等安全能力。各安全服务提供方需按照相关政策和标准提供符合安全要求的服务，保障工业互联网平台安全、稳定运行。

5. 使用方

使用方利用工业互联网平台开展相关业务时，应按照平台安全规范正常操作。使用方是使用平台产品、应用和服务的主体，可以是工业企业、平台企业、团体机构或个人。使用方应根据业务需要对工业互联网平台提出具体的安全需求，并在使用过程中遵守平台安全规范，进行安全配置管理，避免在使用过程中为平台带来安全威胁。

工业互联网平台的安全稳定运行离不开监管方、建设方、运营方、安全服务提供方和使用方等多个角色的协作。监管方对工业互联网平台进行监督管理，建设方按照相关标准开展安全建设，运营方对平台进行安全维护，安全服务提供方为保障平台安全提供技术和产品支持，使用方对平台提出安全需求，并进行安全使用。工业互联网平台安全需要所有相关方共同落实，在运行过程中，各方需提升责任意识和安全意识，共同保障工业互联网平台的安全。

7.4.4 安全威胁视角

安全威胁视角分析了工业互联网平台 5 个层面面临的不同安全威胁，如图 7.5 所示。

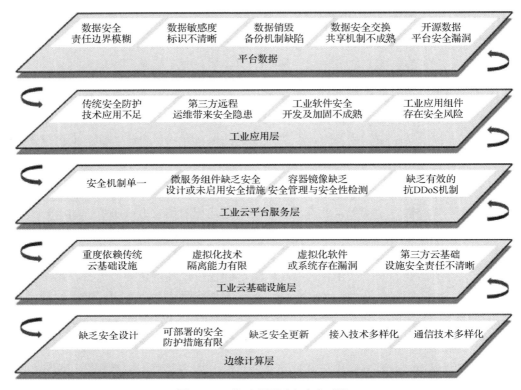

图 7.5　工业互联网平台安全威胁

1. 边缘计算层

一是边缘计算层设备普遍缺乏安全设计。边缘计算层设备地理位置分散、暴露，大多通过物理隔离进行保障，普遍缺乏身份认证与数据加密传输能力，自身安全防护水平不足。攻击者容易对设备进行物理控制和伪造，并以此为跳板向其他设备与系统发动攻击。

二是边缘计算层设备可部署的安全防护措施有限。边缘计算层的设备和软件存在低功耗、低时延等性能需求，资源受限，开发时往往只重视功能需求，导致可部署的安全防护措施有限。由于边缘设备海量，当遭受 APT 恶意攻击时，感染面更大，传播性更强，很容易蔓延到大量现场设备和其他边缘节点。

三是边缘计算层设备缺乏安全更新。出于稳定性和可靠性考虑，边缘计算层设备和软件部署后一般不升级，大量固件和软件开发较早，存在长期不更新、产品服务商不提供维护服务甚至已停止服务的情况，不可避免地存在安全漏洞，加剧网络攻击风险。

四是接入技术多样化增加安全防护难度。连接工业互联网平台进行维护、管理的边缘计算层设备呈指数级增长，在众多接入场景和需求的驱动下，接入技术不断更新，给平台边缘计算层接入安全防护带来新的挑战。

五是通信技术多样化成为安全防护新难点。边缘节点与海量、异构、资源受限的工业现场设备大多采用短距离无线通信技术，边缘节点与云平台采用的大多是消息中间件或网络虚拟化技术。多样化的通信技术对边缘计算层消息机密性、完整性、真实性和不可否认性等的保障带来很大的挑战。

2. 工业云基础设施层

一是工业互联网平台存在与传统云平台相同的脆弱性。现有工业互联网平台重度依赖底层传统云基础设施的硬件、系统和应用程序，一旦底层设备或系统受损，必然对平台上层的应用和业务造成重大影响，可能导致系统停顿、服务大范围中断等后果，使工业生产和企业经济效益遭受严重损失。

二是虚拟化技术提供的安全隔离能力有限。工业云基础设施层通过虚拟化技术为多租户架构、多客户应用程序提供物理资源共享能力，但虚拟化技术提供的隔离机制可能存在缺陷，导致多租户、多用户间隔离措施失效，造成资源未授权访问问题。

三是虚拟化软件或虚拟机操作系统存在漏洞。工业云基础设施层虚拟化软件或虚拟机操作系统一旦存在漏洞，将可能被攻击者利用，破坏隔离边界，实现虚拟机逃逸、提权、恶意代码注入、敏感数据窃取等攻击，从而对工业互联网平台上层系统与应用程序造成危害。

四是第三方云基础设施安全责任边界不清晰。多数平台企业采购第三方云基础设施服务商提供的服务建立工业互联网平台，在考虑平台安全防护时，存在工业互联网平台安全责任边界界定不清晰的问题。

3. 工业云平台服务层

一是传统安全手段无法满足多样化平台服务的安全要求。工业云平台服务层包括工业应用开发测试环境、微服务组件、大数据分析平台、工业操作系统等多种软件栈，支持工业应用的远程开发、配置、部署、运行和监控，需要针对多样化的平台服务方式，创新、定制安全机制。当前工业互联网平台一般采用传统信息安全手段进行防护，无法满足多样化平台服务的安全要求。

二是微服务组件缺乏安全设计或未启用安全措施。工业云平台服务层微服务组件与外部组件之间的应用接口或者缺乏安全认证、访问控制等安全设计，或者已部署接口调用认证措施但不启用，容易造成数据非法窃取、资源应用未授权访问等安全问题。

三是容器镜像缺乏安全管理与安全性检测。容器镜像是工业互联网平台服务层中实现应用程序标准化交付、提高部署效率的关键因素。但是，一方面，若容器镜像内部存在高危漏洞或恶意代码，未经安全性检测即被分发和迭代，将造成容器脆弱性扩散、恶意代码植入等问题；另一方面，容器镜像管理技术不完善，一旦被窃取，容易造成应用数据泄露、山寨应用问题。

四是缺乏有效的 DDoS 攻击防御机制。工业云平台服务层承载着工业数据分析与建模、业务流程决策与指导等工业互联网平台的核心工作，对服务的可靠性和可持续性有较高要求。当前工业云平台服务层仍缺乏有效的 DDoS 攻击防御机制，攻击者可轻易实现 DDoS 攻击，造成资源耗尽、网络瘫痪等后果。

4. 工业应用层

一是工业应用层传统安全防护技术应用力度不足。当前工业应用层的软件重视功能、性能设计，对鉴别及访问控制等安全机制设计得较简单且粒度较粗。攻击者可通过 IP 欺骗、端口扫描、数据包嗅探等通用手段发现平台应用存在的安全缺陷，进而发起深度攻击。

二是第三方远程运维带来安全隐患。工业应用层中涉及的大量控制系统和软件来自国外品牌，服务商通过远程运维的方式接入工业互联网平台，一旦第三方远程运维业务流程存在安全缺陷，将给工业互联网平台带来安全隐患。

三是工业应用安全开发与加固尚不成熟。当前工业应用安全开发、安全测试、安全加固等技术研究仍处于探索起步阶段，业内尚未形成成熟的安全模式和统一的安全防护体系。

四是工业应用组件存在安全风险。一般而言，工业应用基于 C/C++、C#、JAVA、Python 等语言进行开发，其组件多采用 Weblogic 等编程框架，可能由于内存结构、数据处理、环境配置及系统函数等设计原因，导致内存溢出、敏感信息泄露、隐藏缺陷、反序列化漏洞等问题，进而造成上层应用调用组件时出现强制性输入验证、信息泄露、缓冲区溢出、跨站请求伪造等威胁，甚至会造成软件运行异常和数据丢失。

5. 平台数据

一是数据安全防护责任边界模糊。工业数据具有体量大、种类多、关联性强等特点，流经工业互联网平台多个层次，在采集、传输、存储、处理、使用等多个环节中涉及的责任人众多，工业互联网平台上工业数据安全防护的主体责任边界模糊，难以界定。

二是敏感数据标识及保护技术待完善。工业数据包含研发、生产、运维、管理等数据信息，在不同应用场景下，数据的价值不同，敏感程度也不同。如果不能对数据敏感度进行准确识别和有效分类，将无法实现对敏感数据的细粒度标识。工业数据在投入使用时，还需要根据业务场景进行脱敏处理。当前平台仍缺乏完善的数据脱敏和隐私保护措施，工业数据使用过程中存在敏感信息泄露等安全问题。

三是数据销毁及备份机制存在缺陷。工业互联网平台服务商在将资源重新分配给新用户时，若对存储空间中的数据没有进行彻底擦除，将造成用户数据泄露风险。此外，平台服务提供商若未制定数据备份策略，未定期对数据进行备份，则在用户数据丢失时难以保证及时恢复。

四是数据安全共享交换机制尚不成熟。在工业大数据分析决策过程中，通常需要联合多方数据进行计算或训练模型，当前工业互联网平台数据安全共享交换机制尚未成熟，平台大数据安全分析技术仍有待研究。

五是开源数据平台存在安全漏洞。工业大数据分析系统作为工业互联网平台数据汇集、分析和决策的重要工具，需要较高的安全能力。但是当前大数据分析系统主要基于开源软件（大数据存储和计算框架）进行部署，一旦存在安全漏洞，被攻击者利用，将造成分析结果被篡改、被伪造等问题。

7.4.5　安全措施视角

针对工业互联网平台 5 个方面的安全威胁，安全措施视角从技术和管理的角度提出相应可落地的安全实施方案。安全技术包括接入安全、通信安全、系统安全、应用安全和数据安全。安全管理通过制度和规范协同资源，保障安全技术的贯彻落实。工业互联网平台安全防护措施如图 7.6 所示。

1．安全技术

1）接入安全

（1）身份鉴别。对登录工业互联网平台的用户进行身份鉴别，实现用户身份的真实性、合法性和唯一性校验，可支持通过多种标准协议对接客户自有第三方认证体系登录，包含但不限于 OpenIDConnect、OAuth2.0、LDAP、SAML 等。

（2）接入认证。对接入工业互联网平台的设备进行认证，形成可信接入机制，保证接入设备的合法性和可信性，对非法设备的接入行为进行阻断与告警。

2）通信安全

在工业互联网平台内部不同网络区域之间，以及平台与外部网络之间部署防火墙、软件定义边界等边界防护产品，解析、识别、控制平台内部网络及平台与外部网络之间的数据流量，结合身份鉴别、访问控制等技术，抵御来自平台外部的攻击。

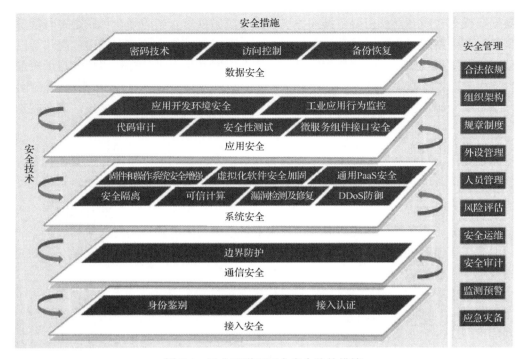

图 7.6　工业互联网平台安全防护措施

3）系统安全

（1）安全隔离。对工业互联网平台不同虚拟域、服务和应用都采用严格的隔离措施，防止单个虚拟域、服务或应用发生安全问题时影响其他应用甚至整个平台的安全性。

（2）可信计算。应用可信计算技术，基于安全芯片，对工业互联网平台设备及软件进行可信加固，使之具备可信启动、可信认证、可信验证等能力。

（3）漏洞检测及修复。在工业互联网平台操作系统、数据库、应用程序运行过程中，要定期检测漏洞，发现漏洞及补丁未及时更新的情况，并采取补救措施，对开放式 Web 应用程序安全项目发布的常见风险与漏洞能进行有效防护或缓解。

（4）DDoS 防御。在工业云平台部署 DDoS 防御系统，保证平台服务的可用性和可靠性。

（5）固件和操作系统安全增强。对工业互联网平台设备固件及操作系统施加防护，提高其抗攻击能力。

（6）虚拟化软件安全加固。对工业互联网平台虚拟化软件进行安全性增强，确保其上虚拟域应用、服务、数据的安全性，为多租户提供满足需求的安全隔离能力。

（7）通用 PaaS 安全。对工业互联网平台通用 PaaS 资源调度的相关服务进行安全加固，避免通用 PaaS 组件安全缺陷为平台引入安全威胁。

4）应用安全

（1）代码审计。对工业互联网平台系统及应用进行代码审计，发现代码中存在的安全缺陷，预防安全问题的发生。

（2）安全性测试。工业应用在投入正式使用前，应进行安全性测试，尽早找到安全问题并予以修复。

（3）微服务组件接口安全。提供 API 全生命周期管理，包括创建、维护、发布、运行、下线等，对平台微服务组件接口进行安全测试和安全加固，避免由于接口缺陷或漏洞为平台引入安全风险。

（4）应用开发环境安全。确保工业云平台服务层应用开发框架、工具和第三方组件的安全，避免工业应用开发环境被恶意代码污染而造成安全隐患。

（5）工业应用行为监控。对工业软件、服务的行为进行安全监控，通过行为规则匹配或机器学习的方法识别异常，进行告警或阻止高危行为，从而降低影响。

5）数据安全

（1）密码技术。对工业互联网平台敏感数据、用户及设备的鉴别凭证数据（如密钥等）、资源及应用访问控制策略等的存储和传输利用密码技术实施保护，保证平台关键数据、资源、应用的安全，能支持国家商用密码算法及各种密码应用协议，相关设计遵循《中华人民共和国密码法》等法律法规及标准。

（2）访问控制。对工业互联网平台关键数据、资源及应用制定访问控制策略，并根据平台用户角色和业务流程的变更及时调整，确保平台对用户访问行为的细粒度控制和授权，可采用零信任技术保障平台身份鉴别和访问控制安全。

（3）备份恢复。通过在线备份、离线备份或热备份等方式，对工业互联网平台系统、应用、服务、数据等进行备份，以防止平台出现安全事故导致业务中断。

2．安全管理

通过计划、组织、领导、控制等环节来协调人力、物力、财力等资源，促进保障工业互联网平台安全。

（1）合法依规。在进行工业互联网平台安全管理时，依照国家的战略方针、各项政策、法律法规、标准规范采取措施。

（2）组织架构。结合工业互联网平台安全防护对象的实际需要和相关规定，制定安全管理组织架构。

（3）规章制度。根据工业互联网平台安全目标，制定安全管理策略，制定合理且可执行的规章制度，确保人员规范操作，保证安全技术正确实施。

（4）外设管理。对工业互联网平台所涉及的硬件设备接口进行严格管理，防止外部设备的非法接入。

（5）人员管理。对工业互联网平台开发、建设、运行、维护、管理、使用的相关人员进行培训，使其熟悉安全标准和规范，减少由人员引入的漏洞和缺陷。

（6）风险评估。对工业互联网平台各层次的安全性进行评价，对潜在的脆弱性和安全威胁进行研判，确定平台安全风险等级，制订针对性风险处理计划。

（7）安全运维。对平台操作系统和应用进行定期漏洞排查，及时修复已公开漏洞和后门；对平台系统及应用进行安全性监测和审核，阻止可疑行为并及时维护；平台状态发生变更时及时进行安全性分析和测试。

（8）安全审计。对工业互联网平台上与安全有关的信息进行有效识别、充分记录、存储和分析，对平台安全状态进行持续、动态、实时的审计，向用户提供安全审计的标准和结果。

（9）监测预警。构建工业互联网平台安全情报共享机制，结合其他组织机构已公开的安全信息，实现平台风险研判、安全预警、加固建议等功能。

（10）应急灾备。制定工业互联网平台安全应急预案，对平台应急相关人员提供应急响应培训，开展应急演练；制定灾备恢复指南，掌握平台安全事件发生的原因和结果，完成有效的技术处置和恢复，降低平台不可用造成的影响。

7.4.6　全生命周期视角

现有工业互联网平台建设普遍存在"重功能、轻安全"的问题，未在平台开发初期引入安全设计。随着平台建设的深入，安全防护难度加大，安全风险加剧，安全建设成本超出预期，本安全参考框架从全生命周期安全防护的视角出发，将安全融入平台规划设计、建设开发、业务使用、运行维护和废弃销毁的各个阶段，提高工业互联网平台全生命周期的安全防护能力。

工业互联网平台安全生命周期如图 7.7 所示。

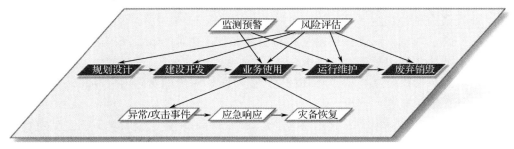

图 7.7　工业互联网平台安全生命周期

1．规划设计

工业互联网平台安全规划设计包括需求分析和方案设计两个环节。一是需求分析，要求确定平台安全的防护范围，不得随意更改，如果有确需新增或变更的需求，应组织专家评审后变更。二是方案设计，根据平台安全需求，设计工业互联网平台安全方案；组织相关部门和安全专家对平台安全方案的合理性和正确性进行审定，经过批准后才能正式实施；建立平台安全风险衡量标准，形成平台安全定期衡量机制。

2．建设开发

工业互联网平台安全建设开发包括安全开发、安全性测试、部署实施、上线试运行 4 个环节。一是安全开发，应组建专业的平台安全建设开发团队，进行平台软硬件建设、开发、管理和审计等工作。二是安全性测试，平台设备、系统、软件建设开发完成后，完成完整的功能、性能和安全性测试，提交明确的测试方案、测试用例和测试报告。三是部署实施，在平台设备、系统、软件部署实施环节，应进行最小化部署，在部署方案中明确记录配置参数和配置文件，以供后期运维阶段参考。四是上线试运行，在平台上线试运行环节，每个平台项目都要做第三方安全检测，明确并处置平台存在的安全风险。

注意，工业互联网平台须在国家相关主管部门进行备案，根据《中华人民共和国网络安全法》《信息安全技术网络安全等级保护基本要求》（GB/T 22239—2019）等的相关要求开展工业互联网平台安全建设，以使平台达到相应的安全防护要求。

3．业务使用

相关人员在使用工业互联网平台业务时，应确保操作符合平台安全规范。明确工业互联网平台使用人员的活动目的、安全义务和安全责任，对相关人员的安全活动进行监督记录，要求关键人员签署保密协议，保证平台安全防护措施在业务使用过程中能正确发挥作用。

4．运行维护

工业互联网平台在其生命周期内，需要不断维护和升级改进，以维护平台功能更新及安全稳定的运行。应组建专业的工业互联网平台安全运维机构及安全支撑服务团队，定期对平台设备、系统、应用进行风险评估、安全监测、安全审计、应急演练等工作，贯彻执行平台安全技术措施和安全管理制度；在平台发生安全事件时，进行应急响应和灾备恢复工作，保障平台业务的可用性和可靠性。

5. 废弃销毁

工业互联网平台部分或全部设备、系统、应用、数据等发生废弃销毁时，要注意不影响平台其他业务的正常运行。应保证废弃销毁流程符合国家、行业及企业的相关法律和流程，销毁过程中不发生敏感信息泄露问题。

在工业互联网平台生命周期中，风险评估应在平台规划设计、建设开发、运行维护、业务使用和废弃销毁全部5个环节贯彻实施，监测预警应在平台运行维护和业务使用两个环节贯彻实施。

7.5 工业互联网平台安全展望

工业互联网作为"新基建"的重点方向之一，其发展已经进入快轨道。工业互联网平台作为工业互联网的核心，其安全是工业互联网安全的重要内容。我国工业互联网平台安全建设已经取得了一定成果，但网络空间安全形势瞬息万变，平台安全建设也应与时俱进。基于此，本书提出工业互联网平台安全参考框架，为我国工业互联网平台产学研用提供参考。下一步，我们将从完善政策标准、创新技术手段、探索产业协同等多个维度着手，联合政府和行业力量，共同打造工业互联网平台安全生态，积极推动工业互联网平台健康发展。

7.5.1 政策标准

一是完善工业互联网平台安全政策要求，指引发展。以《关于深化"互联网+先进制造业"发展工业互联网的指导意见》《加强工业互联网安全工作的指导意见》等政策文件为指引，统筹发展平台建设与安全建设。充分汇集产学研各界工业互联网平台的安全诉求，制定发布工业互联网平台安全防护相关政策文件，进一步明确平台安全主体责任、安全管理、安全防护、安全评估与安全测试等要求，指导、敦促企业做好平台安全保障工作。

二是健全工业互联网平台安全标准体系，规范发展。制定工业互联网平台安全技术框架、评价指标体系等基础共性标准。组织推进平台边缘计算安全、设备接入安全、工业微服务与接口安全、平台数据管控、应用和数据迁移等关键技术标准的制定。根据工业互联网平台在不同行业领域应用场景的不同安全需求，梳理可能影响平台安全的关键业务流程，结合本书中的工业互联网平台安全参考框架，面向不同应用场景、行业，制定有行业特色的应用标准或行业标准。

7.5.2　安全技术

一是建立工业互联网平台安全综合防御体系。围绕工业互联网平台各层次中关键硬件、软件组件的安全需求，结合本书中的工业互联网平台安全参考框架，需从安全防护对象、安全角色、安全威胁、安全措施、生命周期 5 个视角统筹规划工业互联网平台安全建设，围绕设备、网络、系统、服务、数据等重点领域，在平台各层面部署安全技术与安全管理措施，建立工业互联网平台安全综合防御体系，提升平台综合防御能力。

二是应对标识解析与工业互联网平台融合应用引发的新型安全威胁。随着标识解析技术的广泛应用，标识解析与工业互联网平台的融合是未来发展趋势，同时也给平台引入了新的安全威胁。标识解析在架构、协议、数据、运营等方面均存在安全风险，需加强平台侧标识数据、标识解析流程、标识查询、标识解析、标识数据管理相关组件与接口的安全保护设计及安全措施部署，增强工业互联网平台上标识应用过程中自身的抗攻击能力。

三是研究工业互联网平台敏感数据可信交换共享。随着工业互联网平台业务场景对数据分析决策的多样化，对平台数据资源开放共享、互联互通的要求日益提高，不同行业、领域平台之间数据交互需求日益增多，数据的攻击面被进一步扩大。需结合工业数据分级分类相关标准，围绕工业互联网平台敏感数据可信交换共享的需求，研究敏感数据识别、标记、保护、跨平台流动管控、审计、用户差异化访问及相关软件和进程的安全保护等技术，确保敏感数据在不同域工业互联网平台之间交换共享过程中的安全可信。

四是加强边缘层设备和系统安全接入管控能力。围绕工业互联网平台边缘计算层对设备安全管控、接入认证、权限控制等安全能力的需求，突破边缘设备可信接入、快速鉴权、动态阻拦、追踪溯源等关键技术，实现边缘层设备、系统接入平台的可信、可管、可控、可审计和可追溯。

五是防范新兴技术应用带来新的安全风险。大数据、人工智能、区块链、5G、边缘计算等新一代信息技术与工业互联网平台的融合应用，以及第三方协作服务的深度介入，增加了信息泄露、数据窃取的风险。新兴技术应用将对原有的工业互联网平台安全监管模式带来新的挑战，应在应用新技术的同时，加强新兴技术安全防护手段的研究与创新。

7.5.3 产业协同

一是培养工业互联网平台安全复合型人才。加大力度培养边缘计算、云计算、工业微服务组件、工业应用、大数据等方向的安全专项人才，加大对技术研发和成果转化的支持力度，鼓励高校、科研院所、安全企业、平台企业和工业企业联合开展工业互联网平台安全复合型人才建设，依托工业信息安全产业发展联盟推动人才资质评估认证。

二是加快工业互联网平台企业与安全企业联合协同。工业企业本身网络安全技术不高，人才储备不足，面临设备部署成本高、防御效果难评估、安全运维投入大、应急响应预案不充分等问题，而且出于生产技术保密等各种考虑，其与网络安全企业的合作不够深入。应着力推广工业互联网平台企业、工业企业、安全企业的联合协同，促使其整合各自的优势资源，采用多种合作形式，实现工业互联网平台安全建设和推广，提升平台安全服务水平。

三是推进工业互联网平台安全国际合作交流。大力推进国际合作，营造国内外协同的良好环境，促进国际交流、产业优势、技术优势互补。合力搭乘"一带一路"的发展模式快车，加强与国际工业互联网相关联盟、龙头平台公司的交流、研讨，大力推进和推广国际合作，开展具有全球化、前沿技术性的技术合作和应用创新，共同打造新世纪的工业互联网安全平台。

7.6 本章小结

当前，工业互联网快速发展，平台数量显著增长，融合应用日趋成熟。工业互联网平台作为工业互联网的中枢，向上承载应用生态，向下接入海量设备，面临的网络安全风险和挑战与日俱增。7.1 节主要介绍了工业互联网平台的总体情况，并对国内外工业互联网平台的发展情况进行了介绍。7.2 节介绍了工业互联网平台安全防护现状。7.3 节描述了工业互联网平台的安全需求和安全边界。7.4 节提出了工业互联网平台安全参考框架，从防护对象、安全角色、安全威胁、安全措施、全生命周期等视角提出了工业互联网平台安全参考框架。7.5 节对工业互联网平台安全进行了展望。

第8章

工业互联网标识解析安全

· · · · · · · ·

工业互联网标识解析是工业互联网实现全要素互联互通的重要网络基础设施，为工业设备、机器、零部件和产品提供编码、注册与解析服务，是平台、网络、设备、控制、数据等工业互联网关键要素实现协同的"纽带"。

8.1 工业互联网标识解析概述

类似域名解析系统 DNS 之于互联网，工业互联网标识解析是工业互联网的神经中枢，是整个网络互联互通、资源调度、生产协调的重要基础设施。然而，工业互联网的发展对标识解析提出更高的要求。一方面，标识的对象更为广阔。随着工业互联网的发展，需要标识的对象已从以往的域名，延伸到一个身份、一个零部件、一个产品、一个作品、一个交易、一个服务等更为具体、更为广阔的对象。另一方面，信息的管理更为复杂多变。由于工业互联网中对象的多样性，使得标识相对应的信息结构更加复杂多变，因此标识层的信息管理需要扩展以支持数据安全交互与安全共享。

8.1.1 工业互联网标识解析体系架构

目前全球存在多种标识解析技术，我国工业互联网标识解析体系采用以 DOA

技术为核心，兼容 Handle、OID、Ecode、GS1 等主流标识技术的融合型方案，其架构由国际根节点、国家顶级节点、二级节点、企业节点和递归节点等要素组成。其中，国际根节点是标识解析体系的最高层级服务节点，一方面不限于特定国家或地区提供面向全球范围公共的根层级的标识服务，另一方面面向国内不同层级节点提供数据同步与注册解析等服务。国家顶级节点是一个国家或地区内部的顶级节点，其与国际根节点及二级节点连接，面向全国范围提供顶级标识解析服务。二级节点是面向特定行业或者多个行业提供标识服务的公共节点，负责为工业企业分配标识编码及提供标识注册、标识解析、标识数据服务等，其分为行业二级节点和综合类二级节点两种类型。企业节点是一个企业内部的标识服务节点，能够面向特定企业提供标识注册、标识解析服务、标识数据服务等，并与二级节点连接。递归节点指标识解析体系的关键性入口设施，负责对标识解析过程中的解析数据进行缓存等操作，减少解析数据处理量，提高解析服务效率。我国工业互联网标识解析体系架构如图 8.1 所示。

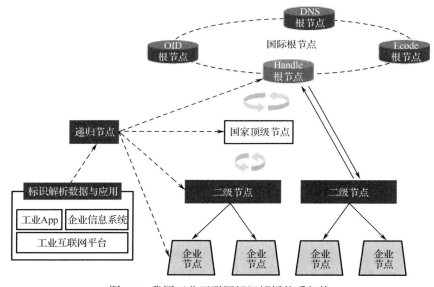

图 8.1　我国工业互联网标识解析体系架构

8.1.2　典型标识解析技术

目前，国内外存在多种标识解析技术，根据其演进方式可分为 DNS 域名解析技术、基于改良路径的标识解析技术、基于革新路径的标识解析技术三类。

1. DNS 域名解析技术

DNS 域名解析是一种分布式网络目录服务，主要用于将服务器名称和 IP 地址进行关联，实现域名与 IP 地址的相互转换。域名系统定义了网络设备的命名语法和规范，以利于通过名称委派域名权限，通过使用 DNS 的命名方式来为遍布全球的网络设备分配域名。

DNS 采用层次树状命名方法，不同层次之间用"."分隔：主机名.次级域名.顶级域名.根域名，每一个域名服务器只对域名体系中的一部分进行管辖，采用递归或迭代的查询方式提供解析服务，广泛应用于 Web 和电子邮件等应用之中。域名与地址管理机构具有域名系统管理、IP 地址分配、协议参数配置及主服务器系统管理等职能，现由 IANA 和其他实体与美国政府约定管理。中国互联网络信息中心是我国域名注册管理机构和域名根服务器运行机构，负责运行和管理国家顶级域名.CN、中文域名系统，提供域名注册、域名解析和 WHOIS 查询等服务。

2. 基于改良路径的标识解析技术

基于改良路径的标识解析技术通过对现有 DNS 架构进行扩充，以 DNS 上层应用的形式提供工业互联网标识解析服务。典型的架构包括对象标识符（Object Identifier，OID）技术、产品电子代码（Electronic Product Code，EPC）技术、物联网统一标识（Entitycode for IoT，Ecode）技术等。

OID 标识解析由 ISO/IEC 与 ITU-T 国际标准化组织于 20 世纪 80 年代联合提出，采用分层树形结构，其编码由一系列数字、字符或符号组成，层数无限制，支持对用户、网络服务及其他物理或逻辑对象等进行唯一命名。其解析系统采用递归解析方式，需要依托 DNS，通过域名与名称权威指针（Naming Authority Pointer，NAPTR）记录完成解析操作。在安全方面，解析客户端可以选择是否使用 DNSSEC，目前未提供其他安全保障方案。OID 技术已在信息安全、医疗卫生、网络管理等领域有应用实践。

EPC 技术于 1999 年由美国麻省理工学院 Auto-ID 中心（现为 EPCglobal，属于 GS1 组织）首次提出，EPC 标签数据标准（TDS）规定了其数据格式与编码方案。EPC 解析系统采用迭代解析方式，同样依托 DNS，通过 NAPTR 记录完成解析。EPC 系统主要从 EPC、EPC 标签和读取器、服务发现、网络信息四个方面增强其安全性。EPCglobal 在中国的分支机构由中国物品编码中心负责成立，为国际 EPCglobal 系统成员提供服务，负责制定 EPC 物联网标准以及 EPC 码在中国的分配与管理。

Ecode 技术由中国物品编码中心主导、我国自主研发，编码为层次编码结构，由多段数字组成，可用于标识物联网对象。采用迭代解析方式，依托 DNS，通过

NAPTR 记录提供解析服务。在安全方面，除使用 DNS 安全增强外，Ecode 编码中含校验码。目前，该标识技术已在产品追溯查询、防伪验证、产品营销等领域有应用实践。

总体而言，基于改良路径的标识解析系统便于实现且部署较快，仅需要在现有的 DNS 架构上进行扩展便可提供解析服务。但将其应用于工业互联网场景会使得大量请求涌入 DNS 服务，可能导致 DNS 系统过载，对 DNS 系统的正常运行造成影响。

3. 基于革新路径的标识解析技术

基于革新路径的标识解析技术不依托于 DNS，而是直接基于 TCP 协议或 UDP 协议进行服务的新型标识技术，如数字对象标识解析（DOA/Handle）技术、泛在识别（Ubiquitous ID，UID）技术。

DOA/Handle 技术是基于数字对象理念的下一代全球分布式标识服务与数据管理体系框架，由互联网之父 Robert Kahn 于 1994 年提出，目前由 DONA 基金会维护。Handle 标识解析体系能够为网络中的数字对象提供永久标识、动态链接和数据安全治理等基础服务。Handle 具有全球唯一两段式结构码，即全球统一管理的 Handle 前缀和自定义编码（后缀），这两部分用 "/" 分隔，其可兼容 OID、Ecode、GS1、DNS、UID 等标识技术。Handle 具有独立解析体系，标识解析系统由国际并联根节点（GHR）、辅根节点（ARS）、行业节点（LHS1）、下级的各授权节点（LHSn）、缓存/递归解析服务节点等组成，可作为现有互联网的扩展并与其完全兼容，从 Handle 编码解析到信息所在服务器或设备的 IP 地址，最后解析到具体信息。在安全方面，Handle 具有部分内嵌的安全机制，能够自主管理信息、访问权限及用户身份等，保证信息的安全与可控，具备用户数据主权保护能力，不依赖任何平台、系统、数据库。目前，中国部署了自主可控的全球 Handle 根节点及下级节点网络体系，由国家工业信息安全发展研究中心牵头的 "MPA 中国联合体" 全权负责管理和运营，Handle 技术在国内已经成功应用在产品溯源、供应链管理、智慧城市、工业互联网等领域。

UID 技术通过泛在标识编码（ucode）标识客观实体、空间、地址、概念等物理或逻辑对象，并通过关系模型在 ucode 间建立关联。命名空间采用分层结构进行管理，由顶级域和二级域两层组成，每个编码长度固定，由版本、顶级域代码、类代码、二级域代码和标识码五个字段组成。ucode 采用递归解析方式，其解析系统由关系数据库节点、关系数据库前端、关系词汇引擎和信息服务四个核心组件组成。该技术主要应用于日本实时操作系统内核项目，为场所和物品植入的 IC 电子标签分配唯一的标识编码。

基于革新路径的标识解析系统一方面弥补了现有 DNS 技术安全设计上的部分缺陷，另一方面其服务较为轻便，更契合工业互联网场景。然而革新路径难以利用现有基础设施，需要重新部署，所以建设成本较高、周期较长。

8.1.3　我国工业互联网标识解析政策支持情况

工业互联网标识解析体系建设是我国工业互联网建设的重要任务，我国积极推进标识解析国际根节点、辅根节点、国家顶级节点、二级节点建设，同时高度重视安全保障能力建设。2017 年，国务院发布的《关于深化"互联网+先进制造业"发展工业互联网的指导意见》将"推进标识解析体系建设"列为主要任务之一，提出"加强工业互联网标识解析体系顶层设计，制定整体架构"，"构建标识解析服务体系，支持各级标识解析节点和公共递归解析节点建设"，明确指出"重点突破标识解析系统安全"。各地方也将标识解析体系建设作为落实工业互联网创新发展战略、加快数字化转型的重要抓手。2018 年，工信部设立了工业互联网专项工作组并印发《工业互联网发展行动计划（2018—2020 年）》，提出以供给侧结构性改革为主线，以全面支撑制造强国和网络强国建设为目标，着力建设先进网络基础设施，打造标识解析体系，发展工业互联网平台体系，同步提升安全保障能力，突破核心技术。2019 年 1 月，工信部发布《工业互联网网络建设及推广指南》，提出在 2020 年年初步构建工业互联网标识解析体系，建设一批面向行业或区域的标识解析二级节点以及公共递归节点，制定并完善标识注册和解析等管理办法，标识注册量超过 20 亿个。2019 年 8 月，工信部等十部门发布《加强工业互联网安全工作指导意见》，要求标识解析系统的建设运营单位同步加强安全防护技术能力建设，确保标识解析系统的安全运行；地方通信管理局监管本行政区域内标识解析系统、公共工业互联网平台等的安全工作。2019 年 12 月，工信部发布的《工业互联网企业网络安全分类分级指南（试行）》将工业互联网企业分为三类，其中标识解析系统建设运营机构是主要的工业互联网基础设施运营企业。2020 年 3 月，工信部发布的《关于推动工业互联网加快发展的通知》，将增强完善工业互联网标识体系作为加快新型基础设施建设的四大方向之一，将标识解析等新技术的应用纳入企业上云政策支持范围。

8.1.4　我国工业互联网标识解析整体建设情况

在根节点建设方面，2014 年，国家工业信息安全发展研究中心-北京中数创新-北京西恩多纳（CIC-CDI-CHC）联合体成为中国唯一的全球 MPA（Handle 标识解析全球根节点所在国家管理机构），可自主行使 Handle 资源顶级管理权限，负责推进部署中国的 Handle 全球根节点管理、建设、运营和应用推广等工作。我国同步推进基于 Handle、OID 等多种标识解析技术的工业互联网标识解析国际根节点建设。2019 年 10 月，DONA 理事会 2019 年会和第六届国际根节点 MPA 协调组会议在北京召开，来自美国、中国、德国、英国、沙特和 ITU（国际电信联盟）等的各国 MPA 代表出席，从会议了解到，其他 MPA 国家的标识解析应用到工业互联网的较少，与其他国家相比，我国工业互联网标识解析建设起步较早，推广应用度最高。

在顶级节点建设方面，2018 年年底，北京、上海、广州、武汉、重庆等地市政府与相关单位签署合作协议，共同推动工业互联网标识解析体系顶级节点建设工作，融合 Handle、DNS、OID、Ecode 等多种标识解析方案，并同步开展了多个典型行业二级节点和行业应用示范。2019 年 10 月，由国家工业信息安全发展研究中心主办的国际 DOA 技术应用论坛在北京召开，论坛开幕式上举行了"工业互联网根顶对接和 Handle 二级节点启动建设仪式"，标志着 Handle 标识解析国际根节点与国家顶级节点的对接迈向新的阶段。目前，五个国家顶级节点与 Handle 国际根节点、OID 国际标识体系等已经实现互联互通，可与国际工业互联网标识解析体系接轨。

在二级节点与企业节点方面，截至 2020 年 10 月，我国已上线运行工业互联网标识解析二级节点 75 个，覆盖航天装备、建筑材料、食品、装备制造、工业配件、船舶制造、定制家居等 20 多个行业以及综合行业，标识注册量突破 73 亿个，接入企业超过 6500 家，工业互联网标识解析生态初显。国家工业信息安全发展研究中心连续两年对 Handle 服务节点的应用情况及安全状况进行评估，监测数据显示，2020 年年初我国 Handle 运行节点达 172 个，相比 2019 年年初增加 5 倍。

8.2   工业互联网标识解析安全现状与建设意义

工业互联网推动当前以"人与人"连接为核心的互联网走向"人-机-物"全面互联，极大扩展了网络空间的边界和功能，打破了工业控制系统传统的封闭格局，使工业互联网控制层、设备层、网络层、标识解析层、平台层等安全问题大量暴露出来，线上线下安全风险交织叠加放大，给安全防护能力建设带来了新的挑战。

国家工业信息安全发展研究中心发布的《2019 年工业信息安全态势展望报告》显示，网络安全风险不断向工业领域转移，安全形势愈加复杂，风险日益加大，工业互联网正在成为网络安全的主战场。作为工业互联网的关键"纽带"，标识解析也将成为攻击的重点目标。DNS 因其应用时间久、应用规模广，是当前标识解析体系安全事件频发的主要对象。工业互联网标识解析体系正处于高速发展阶段，类似

DNS 之于互联网，工业互联网标识解析是工业互联网重要的信息基础设施，其受攻击的影响范围更广，需要保障其安全性。接连发生的乌克兰停电事件、美国 Dyn 公司域名系统瘫痪事件及"永恒之蓝"病毒肆虐全球已经为我们敲响警钟。

8.2.1 主流标识解析安全防护能力分析

1. DNS 安全防护能力分析

DNS 协议在设计之初并未考虑太多安全因素，导致 DNS 服务的安全性在互联网环境日益复杂的当今备受挑战，面临劫持、隐私泄露、缓存投毒、中间人攻击、反射攻击等风险。

当前，业界提出多种安全协议增强 DNS 安全。DNSSEC 使用签名技术保证 DNS 报文完整性和真实性，作用于递归服务器与各级权威服务器之间。DoT 和 DoH 对报文进行加密传输，作用于客户端与递归服务器之间，通过代理的方式对客户端产生的 DNS 流量进行加密。根据 IETF 标准 RFC7830，通过 DNS 数据填充，防止根据固定大小的 DNS 查询应答来推测 DNS 内容的隐私窃听。针对 DNS 协议无状态的特性，RFC7873 中提出了 DNSCookie 技术，在 DNS 查询之前交换了 Cookie，可以抵御常见的拒绝服务、放大、伪造和缓存投毒攻击。当前，DNS 增强协议未得到广泛应用，且 DNS 增强协议仍存在安全挑战。

2. 基于改良路径的标识解析安全防护能力分析

首先，基于改良路径的标识解析服务需要依托 DNS 提供，所以 DNS 本身的故障会导致其服务失败。其次，此类标识解析系统继承了 DNS 存在的安全问题，包括架构脆弱、易被缓存投毒、单点故障、负载过重和易被特殊权力机构绑架等。另外，其安全保障主要依赖 DNSSEC，数据源身份鉴别与完整性保护能力有所提升，但难以兼顾可用性，且仍存在数据泄露风险。此外，此类标识解析体系高度依赖 DNS，大规模应用后会给现有 DNS 基础设施带来压力。

3. 基于革新路径的标识解析安全防护能力分析

DOA/Handle 体系可不依赖 DNS 服务，定义权限认证机制，支持数据、访问权限、用户身份等自主管理，保证身份安全、数据安全与行为安全，具备较高的安全性与可靠性，具体体现在以下三方面。一是管理员有权限设计，为每个 Handle 标识设置一个或多个管理员，任何管理操作只能由拥有权限的 Handle 管理员执行，并在响应请求前进行身份验证与权限认证。二是客户端身份安全与操作合法，客户端发起解析和管理请求均需要进行身份验证，Handle 服务器会根据权限对客户端进行差异化解析，只响应客户端权限范围内的管理请求。三是服务器身份安全，客户端可以要求 Handle 服务器使用私钥对其响应进行签名，从而验证服务器身份。

UID 体系从物理标签安全、接入与访问控制、通信安全、资源管理、安全更新等方面采取措施，加强其安全防护能力。

基于革新路径的标识解析体系能够较好地满足工业互联网标识解析在安全等方面的核心需求，但是在海量标识数据治理、多主体身份认证、细粒度权限管控以及全流程安全等方面仍需要加强。

8.2.2　工业互联网标识解析安全保障能力建设意义

工业互联网作为新一代信息技术与制造业深度融合的产物，日益成为新工业革命的关键支撑和深化"互联网+先进制造业"的重要基石，对未来工业发展产生全方位、深层次、革命性影响。作为工业互联网的重要网络基础设施，保障工业互联网标识解析安全具有重要意义。

1. 标识解析安全是工业互联网安全的重要基础

工业互联网标识解析能够支撑工业数据流通和信息交互，支持工业互联网中设备、人、物料等的全生命周期管理，是打破信息孤岛、实现数据互操作、挖掘海量数据的基础。标识解析安全是工业互联网健康发展的前提和保障，一旦标识解析体系遭入侵或攻击，波及范围不仅是单家企业，更可延伸至其他工业互联网关键要素乃至整个工业互联网生态。做好标识解析安全保障工作是确保工业互联网应用生态、工业互联网关键要素等安全的重要保证。

2. 可支撑提升工业互联网整体安全防护水平

标识解析体系可助力工业互联网安全保障能力建设。随着工业互联网标识解析的普及应用，在保障标识解析自身安全的同时，标识的不可篡改、不可伪造、全球唯一等安全属性优势逐渐凸显，标识可在数据可信采集、统一身份认证、安全接入认证、密码基础设施服务、恶意行为分析等方面赋能工业互联网安全保障能力建设。构建标识解析安全体系可推动工业互联网安全保障能力建设。标识解析安全建设可作为应用示范，推动工业互联网整体安全建设；推行标识解析安全管理机制及技术标准可带动工业互联网整体安全管理与技术创新，构建标识解析安全体系有利于加快产业应用协调发展。

3. 有助于推动工业互联网信息技术创新发展

构建标识解析安全体系有利于提高工业互联网核心技术抗冲击能力，有利于把握工业互联网持续发展主动性，推动工业互联网其他核心技术在此基础上建立独立自主研发生态，提升工业互联网整体关键技术自主能力，摆脱技术的依赖性，提升我国工业互联网核心信息技术创新发展水平。

8.3　工业互联网标识解析安全需求特征与挑战

工业互联网标识解析作为工业互联网数据交换与共享的重要基础，在海量数据管理、服务质量、多标识体系兼容等方面具备其独有的需求特征，标识解析所特有的业务流程和实现架构也为安全需求的实现提出了新的挑战（见图 8.2）。

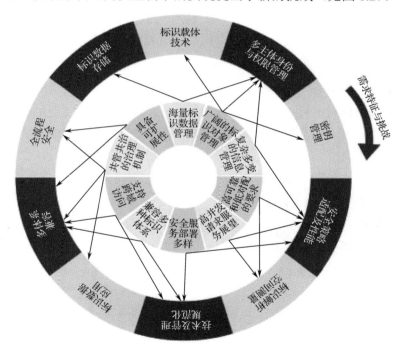

图 8.2　工业标识解析安全需求特征和挑战

8.3.1　工业互联网标识解析安全需求特征

工业互联网标识解析是工业互联网的重要基础设施，类似 DNS 服务器，是攻击者的重要目标。与消费互联网和传统物联网不同，工业互联网的通信主体多样、对安全性要求更高，为了支撑标识解析安全防护能力，标识解析安全需要满足以下十大需求特征。

1. 支持海量数据管理

工业互联网中标识解析包含海量工业设备、资源产生的海量标识数据，是传统互联网域名解析体系的百万倍甚至更大量级，因此需要提供多粒度、多权限的海量标识数据管理、轻量级的数据加密存储、高性能的数据安全检索、标识数据安全分类分级与隐私保护等能力。

2. 保障高并发请求服务质量

工业互联网标识解析系统面向的用户广泛，在同一时间解析系统可能面对数以万计的标识解析请求，在解析过程中需要保证数据的一致性，支持标识数据同时期的更新、修改、删除操作，保证高并发下稳定、可信的查询服务质量。因此，需要提供标识数据的安全同步机制，实现数据的安全更新，并根据应用场景动态调整安全策略，降低安全保障机制对业务质量的影响。

3. 同时保障高可靠与低时延

工业互联网区别于传统消费互联网的一大重要特征是低时延，工业互联网的超时响应甚至未响应可能会影响生产安全甚至生命安全。因此，需要提供低时延的身份验证和数据安全传输机制，并针对解析服务需求进行差异化服务，在保证标识解析服务低时延响应的同时保障服务的高可靠性。

4. 需要兼容多种标识解析体系

当前，工业互联网标识解析体系中兼容了多个标识解析体系，如 DNS、Handle、OID 等，需要协调各技术体系的安全防护能力，消除体系中的安全短板，实现兼容的安全、协同的安全、整体的安全；需要提供兼容不同标识协议的统一安全防护框架，依据不同的协议标准和服务需求，进行安全服务的灵活编排和动态部署，实现跨协议兼容的安全认证和统一认证，满足兼容系统的整体安全需求。

5. 支持广阔的标识对象管理

随着工业互联网的发展，需要标识的对象已从以往的域名，延伸到一个身份、一个零部件、一个交易、一个服务等更为具体、更为广阔的对象。因此，需要提供标识身份验证和身份伪造监测、异构对象的权限访问控制、异常行为分析和操作行为审计等功能，对多类型的标识对象进行身份和权限的管理。

6. 共管共治的治理机制

作为支撑工业互联网应用的重要基础设施，工业互联网标识解析需要支持多主体参与、跨地域部署，实现多边共管共治的治理机制。我国工业互联网标识解析既需要支持网际兼容、国际可互联互通，又需要保证在极端条件下网内自主可独立。因此，需要实现自主可控的标识解析安全管理系统，设计不同主体、不同域间进行协调的安全标准接口。

7. 适用于复杂多变的信息管理

工业互联网对象多样，行政上来自不同的国家和地区，数据所有者错综复杂且实时变化，数据源包括物料、设备、网元、服务、操作员等，加上多标准、多协议、多命名格式共存，给对象的检索与管理带来巨大挑战。标识解析需要全面支持与对象标识相关的各类信息管理，需要实现异构标识数据统一管理、标识合法性检测、标识关联性分析和异常标识检测。

8. 解析安全服务部署方式多样

依据应用场景不同的解析服务需求和安全需求，工业互联网标识解析系统和标识解析安全服务需要以不同的形式部署，包含硬件部署、软硬件融合部署以及云化部署等多种形式，为系统的统一管控带来了挑战。因此，需要提供标识解析服务和安全服务功能模块化精准划分方法、动态部署调配方案，设计跨平台、跨系统的管控协议，实现多种部署方式的统一管控、联合管控。

9. 支持跨域访问

工业互联网标识解析服务存在大量跨信任域的应用场景，对跨信任域的标识解析请求需要细粒度、轻量级、支持跨域访问的标识解析访问控制机制。因此，需要提供统一的跨域安全认证平台，设计细粒度权限快速查验机制，实现跨行业、跨领域、跨解析协议的公认信任体系。

10. 具备可扩展性

工业互联网标识解析服务应具备可扩展性。在架构层面，可根据实际需求进行扩充，保证该体系在未来海量数据及新增标识方案场景下依旧满足需求。在协议层面，应支持无缝添加其他新型标识解析协议子域。在系统层面，需要保证系统扩展时命名空间可容纳未来海量数据接入，同时保证服务可靠和安全有效，设计多体系安全隔离的防护体系，在确保扩展性的同时，减少安全短板对整体系统安全的影响。

8.3.2　工业互联网标识解析安全挑战

当前，产业界以及学术界已经开始认识到工业互联网标识解析安全的重要性和价值，并开展了积极有益的探索，但是目前关于工业互联网标识解析安全的探索仍处于产业发展的初期，缺乏系统性的研究。针对上述安全需求，本书就工业互联网标识解析环境中的多体系兼容、标识载体技术、多主体身份与权限管理、安全策略适配及性能、密钥管理、标识数据存储、标识数据应用、技术及管理规范化、全流程安全、标识解析空间测量等方面汇编总结了当前标识解析面临的 10 个最主要的安全挑战。

1. 多体系兼容

在工业互联网标识解析体系中，多种标识编码体系并存，导致无法引入一种统一的模式支持不同的标识编码体系。在不改变现有标识编码体系协议设计的前提下，需要进行统筹考虑并设计安全机制，实现对标识解析安全防护能力的多标识体系兼容。

2. 标识载体技术

标识载体是承载标识编码资源的标签，需要主动或被动地与标识数据读写设备、标识解析服务节点、标识数据应用平台等发生通信交互。主动标识载体安全、被动标识防伪、载体标识数据安全更新等是保障标识解析数据安全的第一道关口，是工业互联网标识解析安全建设的重要挑战。

3. 多主体身份与权限管理

工业互联网标识解析体系涉及众多领域，应用行业分布广泛，二级节点的运营服务机构较多，标识对象、标识用户海量，需要对身份及权限进行细粒度的管理，在身份可信、隐私数据保护、防止越权、防止非法操作技术实施上存在较大挑战。

4. 安全策略适配及性能

工业互联网标识解析具有不同应用场景、应用特性、地域特性、行业特性，安全需求的动态特性明显，工业应用对数据采集的实时性、计算的效率、存储量、稳定性都有较高的要求。如何结合不同的应用场景来动态设置和快速调整、分派安全策略尚未明确，在保障安全策略适配的同时不影响业务处理能力，兼顾高可靠与低时延、兼顾安全运营与高并发服务是安全建设需要解决的关键问题。

5. 密钥管理

标识解析机制的灵活性和工业互联网应用的多样性，导致了数据的多样多源。

业务场景动态变化，加上设备数量的快速扩展，使得传统的密钥管理方法难以适用于标识解析体系的密钥管理。在海量、多源、异构环境下，实现标识对象、用户、运营机构密钥的统一适配与管理存在挑战。

6. 标识数据存储

标识数据海量、解析体系与存储架构多样性等特点，导致标识数据存储对软硬件可靠性、可用性要求很高。在分布式部署架构中，数据传输链路长，各节点安全性与数据同步安全性都需要保障，特别是对敏感信息的加密解密工作量巨大，在保障数据安全性的同时兼顾系统性能存在挑战。

7. 标识数据应用

从数据来源看，工业互联网标识解析数据的所有者众多且跨行业、跨地区，数据请求与操作量极大，各企业数据多标准、多协议、多命名格式共存，对象的检索与理解难度极高。针对工业互联网标识解析流量的大数据分析，是推进工业互联网发展、焕发标识数据生命力的主要手段。然而，当前工业企业数据安全问题突出，在大数据采集与分析过程中，保障数据主权及隐私安全，激发企业数据共享动力，是当前安全建设的一大挑战。

8. 技术及管理规范化

规范化的技术及管理更有利于工业互联网解析应用的推广，现阶段标识解析技术较为碎片化，建设和管理依据不足，实现协议的标准化、安全机制的标准化、安全管理的体系化存在挑战。

9. 全流程安全

工业互联网标识解析体系在标识注册、节点接入、数据管理、解析查询的各个环节中存在端到端的数据流动，涉及数据的产生、采集、传输、存储、处理、销毁等全生命周期的安全问题，存在被恶意篡改、窃取等安全威胁。构建标识解析全流程的安全监测手段来摸清数据资产、梳理数据使用、管控数据风险等存在挑战。

10. 标识解析空间测量

工业互联网标识解析空间测量旨在通过对实际标识解析网络的测量和运行状况的评估，建立基于测量的标识解析行为分析模型，为性能提升、系统优化设计与实施流量工程提供指导。而标识解析跨域、多类型、海量、异构的特点为标识解析空间测量带来挑战。

8.4 工业互联网标识解析安全框架

8.4.1 工业互联网标识解析安全框架概述

工业互联网标识解析安全框架（见图 8.3）以标识解析业务流程视角为主线，从业务流程、防护对象、安全角色、脆弱性与威胁、防护措施、安全管理等视角出发，明确防护对象，厘清安全角色，针对架构、协议、身份、数据、运营、应用六个方面分析工业互联网标识解析体系脆弱性与威胁，梳理保障运行环境、身份、服务运营、数据四方面安全性的防护措施，从风险评估、监测预警、应急响应三个方面给出安全管理建议。

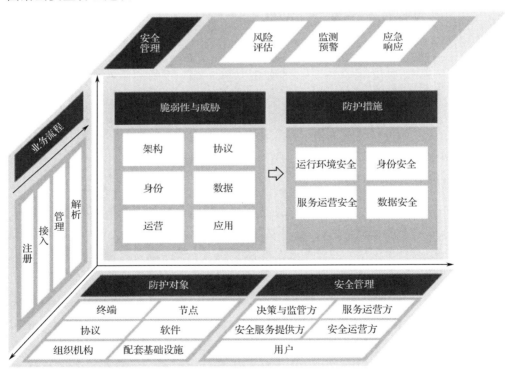

图 8.3 工业互联网标识解析安全框架

8.4.2　业务流程视角

工业互联网标识解析业务流程主要包括注册、接入、管理和解析。

（1）注册：指在标识解析系统中申请并获得标识编码的过程，包括节点注册（针对一段标识）、标识注册（针对单个标识）。在注册过程需要确认注册申请方、注册受理方身份，保障注册消息安全传输。

（2）接入：指在标识解析系统中完成编码与解析数据配置的过程，包括节点接入、标识对象（具有联网解析功能的设备）接入。在接入过程需要确认新接入对象、接入点身份，保障接入配置消息安全传输。

（3）管理：指在标识解析系统中对标识数据进行增加、删除、修改、查询的过程，包括数据更新、数据同步等。在管理过程需要确认管理操作者身份及权限合法，保障操作数据安全传输。

（4）解析：指在标识解析系统中查询标识编码获得对应解析数据的过程，包括解析标识对应企业节点信息、解析标识对应属性值等。在解析过程需要确认解析请求方和解析服务提供方身份及权限合法，保障解析数据安全传输。

8.4.3　防护对象视角

遵照工业互联网标识解析"注册、接入、管理、解析"的业务流程，工业互联网标识解析安全防护对象包括终端、节点、协议、软件、组织机构以及配套基础设施。防护对象的范畴也是本书研究的工业互联网标识解析安全边界，如图 8.4 所示。

（1）终端：标识载体及客户端。

（2）节点：包括标识解析根节点、顶级节点、二级节点、递归节点及企业节点服务器。

（3）协议：标识注册、解析、安全保障过程中使用的相关通信协议。

（4）软件：提供标识注册、解析运营、运行维护、安全保障等服务的软件。

（5）组织机构：平台系统建设、运营、监管、使用的机构。

（6）配套基础设施：包括 CA 和密钥管理中心等安全服务基础设施、路由等网络基础设施、搭载软件系统的云平台等。

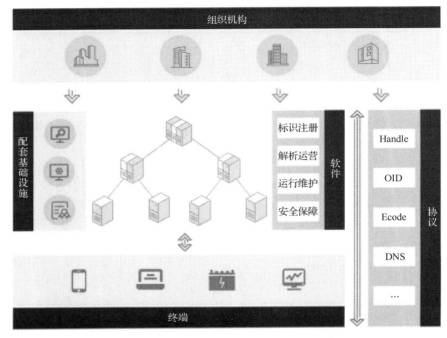

图 8.4　工业互联网标识解析安全防护对象

8.4.4　脆弱性与威胁视角

脆弱性与威胁视角针对标识解析在架构、协议、身份、数据、运营以及应用六个方面分析其脆弱性与威胁。

1．标识解析架构

工业互联网标识解析架构包括终端、节点、协议、软件、组织机构以及配套基础设施多类对象，其架构脆弱性与威胁可分别从各类对象和体系架构进行分析。

1）从对象角度分析

终端是标识解析服务的入口，节点是标识解析体系的关键组成，协议是标识解析通信的基础，软件直接提供标识解析服务，组织机构是标识解析软硬件的管理与操作者，配套基础设施是标识解析服务的重要支撑，以上各类对象都可能成为标识解析体系的脆弱点。

2）从体系架构角度分析

首先，标识解析体系的分层树形体系结构为拒绝服务攻击提供了可能，一旦上层节点被破坏将造成叶子节点之间不可达。其次，节点数据被篡改时，将为整个标识解析体系带来不同程度的影响。例如，国际根服务器或国家顶级节点服务器被篡改可能会误导客户端请求，将其引导至错误的顶级节点或二级节点或企业节点，被破坏节点授权的下级节点也将不可信。企业节点服务器被篡改可能会返回错误的标识解析结果。中心节点数据被篡改可能导致更大范围的污染扩散。

2. 标识解析协议

工业互联网标识解析体系中使用了多种通信协议，这些通信协议的安全特性参差不齐，架构也存在较大的差异。尤其是，多数标识解析协议在设计之初没有过多地考虑安全性，一方面要保证协议自身的设计安全，另一方面要保障协议的实现安全。

工业互联网标识解析在协议方面可能存在多种脆弱性。一是源端身份鉴别问题，若在通信时未进行双向身份鉴别，则易滋生身份伪造。二是数据传输完整性问题，若对数据缺乏一致性校验，则易受到中间人篡改。三是数据传输保密性问题，若对通信数据采取明文传输，则易被窃听，造成隐私泄露。四是协议设计缺陷，若设计协议不严谨，易造成重放攻击、等待时间设置过长、侧信道攻击等威胁。五是协议实现问题，在协议的工程实现过程中容易出现代码安全、SDK 安全等问题。六是密码算法安全，若协议中选用的密码算法被破解，或密码算法实现过程有误，则直接影响传输数据安全。

3. 标识解析身份

工业互联网标识解析涉及的主体类型多样，人、机构、软件系统、硬件设备等主体的身份信息与权限级别各异，身份认证以及基于身份的管理控制存在挑战。身份安全是建立安全通信、提供可靠服务的基础，一旦身份信息被伪造、权限策略被篡改或绕过，将影响通信安全、数据安全及服务可控性，工业互联网标识解析场景中的典型攻击威胁包括伪造节点的中间人攻击、越权访问标识数据。

1）伪造节点的中间人攻击

攻击方可能拦截标识解析请求，冒充请求方向服务方发出请求，冒充服务方给原请求方返回响应。攻击方可能篡改响应内容，也可能观察请求与响应消息中的敏感信息。攻击方用类似的手段可以冒充客户端窃取标识属性数据，冒充物品提供方提供虚假物品信息返回给企业节点认证等。

2）越权访问标识数据

企业节点对标识的属性信息定义基于用户的、基于角色的或基于属性的权限，只允许符合权限的用户操作。攻击方可能通过水平越权访问与他拥有相同权限的用户的资源，也可能通过垂直越权访问高级别用户的资源。

4. 标识解析数据

工业互联网标识解析数据是标识解析应用的关键资源要素，需要在采集、传输、存储、使用等各个环节保障其保密性、完整性、真实性、不可抵赖性，其中数据传输过程主要由协议脆弱性带来安全问题，采集、存储、使用过程的脆弱性与威胁分析主要如下。

1）数据采集

标识解析系统的数据来源广泛、结构杂乱。从主体看，工业互联网通信主体来自不同的国家和企业，数据所有者错综复杂且实时变化，包括物料、设备、网元、服务、操作员等，具有更高的复杂性和多源异构性。一方面，数据采集过程中会涉及大量重要工业数据和用户隐私信息，访问控制及安全维护难度大，可能因访问控制策略配置不当造成隐私泄露。另一方面，工业互联网标识数据载体类型多样，安全水平参差不齐，可能因标识载体被破坏导致采集数据失真。

2）数据存储

超千亿规模的标识数据量以及支撑系统运行的基础数据和日志数据将是长期负担，对数据的安全存储提出了更高的要求。当前，标识解析平台分布式部署，节点众多，数据传输链路长，一方面数据可能在各节点被破坏，另一方面数据同步压力大，可能在同步过程中遭到缓存污染。

3）数据使用

当前，通过接口使用千亿级工业互联网数据的过程存在多种安全隐患，由于数据处理节点多、类型复杂、部署分散，接口安全运维难度大，容易出现访问控制不严谨、安全策略不一致、行为审计不严格等问题。当接口被大规模调用时，会消耗系统资源，影响系统的正常访问，甚至导致系统瘫痪；当接口被非法或越权使用时，数据可能被伪造、篡改、泄露，影响数据完整性与保密性。当前，针对工业互联网标识数据的探测行为日益增多，如果攻击方掌握了某一类资源的特征，很可能会利用这一特征对可探测资源进行批量枚举攻击，影响工业互联网资源的数据安全。

5. 标识解析运营

工业互联网标识对象数量、用户体量和系统规模的持续壮大，给标识解析体系的运营带来新的挑战，需要厘清决策与监管方、标识解析服务运营方、安全服务提供方、安全运营方等主体在标识服务运营、标识解析安全保障、标识解析服务监管等环节的安全责任。按以上角色和流程分析运营方面的脆弱性与威胁情况如下。

1）标识服务运营

当决策方或标识解析服务运营方对标识编码资源分配不合理时，会使标识编码资源难以满足应用需求，同时出现资源闲置与紧缺情况；当标识解析服务运营方未对标识注册申请进行有效管控时，可能出现标识资源被抢注、滥用等情况；当标识解析服务运营方未对人员、机构进行有效管理时，可能出现人员误操作、机构非法运营等情况，引发标识资源失信、标识解析结果失真等安全问题。

2）标识解析安全保障

当安全服务方、安全运营方在设计、建设和运营标识解析安全服务过程中未考虑工业互联网场景下应用高并发、低时延、高可靠性、可用性需求时，可能出现安全控制措施影响业务连续性的情况；当安全运营方未对物理环境、人员身份、系统运行、资源使用采取有效的安全保障策略，未对风险制定完整的评估、监测、响应方案，未能落实技术和制度的安全管理手段时，可能造成标识解析安全保障缺失的情况。

3）标识解析服务监管

当标识解析服务运营方、监管方未对标识内容进行深入有效监管时，标识数据可能被用于存储有害信息或作为攻击支撑。

6. 标识解析应用

标识解析架构可能被恶意利用，对其他系统造成攻击威胁。一方面，标识解析可能为僵尸网络提供温床，攻击方通过注册解析节点建立 C&C 信道，僵尸主控机通过 C&C 信道进行信号传输并控制僵尸主机，进而出现一系列恶意行为，如分布式拒绝服务攻击、隐私信息窃取等。另一方面，攻击方可能伪造成受害者发起大量正常标识解析请求，利用标识解析应答流量对受害者造成拒绝服务攻击。此外，攻击方还可能对其恶意数据包进行二次封装，伪造成正常标识解析流量穿透防火墙，对目标进行隧道攻击。

8.4.5　防护措施视角

针对标识解析在架构、协议、身份、数据、运营、应用六个方面的脆弱性与威胁，防护措施视角以"注册、接入、管理、解析"的业务流程为主线，从物理环境、主机、网络、协议、系统、身份、数据等多方面采取技术加管理的防护措施，保障标识解析运行环境安全、身份安全、服务运营安全、数据安全，符合《网络安全等级保护 2.0》《网络安全审查办法》《密码法》《数据安全法（草案）》等相关法规要求。

1. 运行环境安全

为保障工业互联网标识解析终端、节点、平台系统的运行环境安全，应从物理环境、设备及软件系统、网络安全防护等方面部署安全防护措施，提升安全防护能力。

1）物理环境安全防护方面

建立机房安全管理制度，对机房所在区域采取访问授权、视频监控等物理安全防护措施，并定期巡查通信线路。对核心软硬件所在区域采取安全域隔离、访问控制、视频监控、专人值守等物理安全防护措施，如防火、防盗、防静电、温湿度控制、防尘、电力供应、电磁防护。

2）设备及软件系统安全防护方面

一是做好资产管理，建立标识解析系统基础设施资产清单，做好资产分类、定级与标识管理，及时修复重要系统的安全漏洞；二是做好恶意代码防范，建立恶意代码防护及其相应的维护机制，通过手动或自动方式及时更新，防止非特权用户绕过；三是做好漏洞与补丁升级，密切关注重大工控安全漏洞及其补丁发布，及时采取补丁升级措施，在补丁安装前，需要对补丁进行严格的安全评估和测试验证。

3）网络安全防护方面

一是做好安全域划分，分离安全区域，通过网络边界防护设备对边界进行安全防护，通过防火墙、网闸等防护设备对安全区域之间进行逻辑隔离安全防护。对核心系统（如标识解析节点服务系统）搭建独立的计算平台、存储平台、内部网络环境及相关维护、安防、电源等设施，并经由受控边界与外部网络相连。二是做好入侵防范，建设端口扫描、木马后门、DDoS、缓冲区溢出等网络入侵行为检测及报警能力，并记录攻击源 IP、攻击类型、攻击时间，对进出关键系统的数据信息进行过滤，并能根据系统能力对网络流量及并发数进行限制，对关键入侵行为进行阻断。三是做好安全审计，对重要设备运行情况、网络流量信息、系统管理及维护信息等进行记录，对记录进行留存并加以保护，防止篡改和未授权访问，以支持将来的调查和访问控制监视。

2. 身份安全

为保障工业互联网标识解析终端、节点、组织机构身份可信，防止伪造身份的中间人攻击、重放攻击及越权访问，应从组织机构、终端、协议、平台系统等方面采取防护措施，提升身份管理与应用安全。

1）组织机构方面

加强机构实体身份认证，对于新申请加入的组织机构做好相关身份与资质审查，建立身份信息标识，保证操作过程身份可校验，防止机构身份伪造。

2）终端方面

一是加强标识载体安全，通过防伪、标识绑定等技术防止被动及主动标识载体中的标识编码被篡改、伪造；二是提升客户端安全，通过软件安全防护技术，防止客户端被破坏，避免其身份被篡改、伪造、恶意利用。

3）协议方面

采用具有认证机制的通信协议，在各级节点间、客户端与服务端间等通信过程中，对主体身份、消息进行安全认证，支持配套的认证密钥建立。

4）平台系统方面

建设支持多种认证方式的身份与权限管理平台，对工业互联网标识解析涉及的多主体对象的身份及权限进行统一管理，对用户访问的全过程严格地向正确的用户实行相应的权限控制，包括从登入到登出的过程。

3. 服务运营安全

为保障工业互联网标识解析服务运营方提供"注册、接入、管理、解析"服务的安全性，同时保证服务质量，应建立健全安全管理支撑、标准规范指引、技术手段保障、资源管理协同的安全服务运营体系，提升服务运营安全水平，保障标识解析体系安全、稳定、持续运行。

1）建立和完善规范的运营管理制度

对标识解析注册机构、运营服务机构、监管方、安全服务提供方、安全运营方等制定相应的管理制度和运营规范，明确各机构的职责、权益、工作流程，制定发布工业互联网标识解析安全相关政策文件，面向各级解析节点提出安全保障技术要求及风险评估规范。在影响国计民生和公共安全的关键领域中，建立标识解析服务的准入审查机制，加强标识解析服务运营及应用的安全性、可控性和透明性的审查。

2）制定运营安全的技术规范

建立健全工业互联网标识解析安全标准体系，先行制定接入安全、运营安全等相关技术规范和标准，加快标识解析安全管理、安全防护、安全评估等标准立项与制定。

3）综合采用安全技术手段建设立体化防护体系

针对物理环境、终端设备、软件系统、网络设施等对象，在服务及运维等过程中采取多样安全防护技术，建设立体化防护体系，保障物理环境安全、通信网络安全、区域边界安全、计算环境安全和服务安全。保证标识解析业务不间断运行，保持主备服务器间的数据同步与更新，定期进行日志备份，做到操作可追溯、历史数据可统计。

4）加快形成资源管理的协同机制

完善标识注册备案机制，加强标识解析注册与服务机构的认证和管理，做好解析节点授权管理及标识资源使用，利用云计算、大数据等新手段实现数据资源共享、机构高效协同、责任边界明确的标识解析服务协作机制。

5）落地技术应用，落实制度要求

按照制定的管理制度规范要求，做好安全审计，对每个用户账号的操作、行为、标识资源使用情况、系统重要安全事件进行审计，留存记录并加以保护；做好身份鉴别，在标识解析系统运营维护、配置和补丁管理、系统升级、主机登录、标识解析服务资源访问等过程中使用身份认证管理，对于关键设备、系统和平台的访问采用多因素认证；做好会话认证，对所有的通信会话提供真实性保护，防止中间人攻击、会话劫持；做好访问控制，依据安全策略控制业务用户、管理用户对系统文件、数据库、标识资源等客体的访问，对重要信息资源设置敏感标记，并依据安全策略控制用户对有敏感标记重要信息资源的操作，实现规范化的技术应用、体系化的运营管理、立体化的安全保障。

4. 数据安全

为保障工业互联网标识解析各主体在"注册、接入、管理、解析"业务流程中产生的数据安全性，防止数据被篡改、丢失和泄露，应从存储、传输、使用等方面采取防护措施，确保数据可用性、完整性和保密性。

1）数据分类分级，建立分级管理规范

对工业互联网标识数据进行分类分级，对其存储、传输、使用过程制定对应的操作规范，定义不同类别、不同等级数据的安全防护要求。

2）数据分级管理，采用针对性数据安全防护手段

针对标识解析体系中涉及核心工业参数配置等的重要文件、目录及注册表进行保护，不允许进行修改、删除，以及目录、文件重命名等操作，阻止异常修改并记录相应日志。标识数据以及其他有重要价值的敏感数据存储时，采用密码算法或其他措施实现存储数据的保密性。确保敏感信息在入库（结构化数据）或落盘保存（非结构化数据）后以密文形式存在。对重要数据进行传输时，除加密之外，应对标识数据的有效性、完整性进行检验，保证标识数据未被篡改或伪造。对数据进行使用时，需要根据数据类别与等级进行访问控制。

3）数据访问控制，设计细粒度数据使用控制策略

针对数据本身重建安全访问机制，以应用层为抓手设计数据访问控制策略，对访问主体（包括人、设备、节点等）和被访问数据实现细粒度访问控制，结合数据加密方案实现数据访问过程动态脱敏。

4）数据操作审计，实现全流程数据操作过程管理

对于数据新建、访问、修改、删除等行为，记录完整的数据操作过程及主体身份信息，形成审计日志，并结合数字签名技术防止日志篡改，确保数据操作全流程可追溯。

8.4.6　安全管理视角

安全管理视角从风险评估、监测预警、应急响应三个方面建设全面有效的工业互联网标识解析安全管理体系。

1. 综合性风险评估能力

对工业互联网标识解析终端、节点、协议、软件、组织机构、配套基础设施六大防护对象进行风险识别与评估，在架构、协议、身份、数据、运营、应用六个层面分析其脆弱性、威胁、控制措施，分析脆弱性在相关环境下被威胁所利用的可能性及其造成的影响，综合评估风险等级。

2. 动态的监测预警能力

综合运用态势感知、威胁情报等技术手段，在关键解析节点部署安全态势监测与安全审计系统，重点针对物理环境、访问控制、运营人员、关键流程等风险点进行实时、动态监测，确保标识解析体系持续稳定运行。引入专项安全技术和服务，强化各解析节点服务对抗 DDoS、缓存污染、标识劫持、标识解析重定向等攻击的能力。

3. 联动的应急响应机制

加强标识解析系统运行过程的安全监测和管理，完善重大网络安全事件触发响应机制。完善容灾和数据备份恢复机制。由于工业互联网标识解析体系涉及大量工业数据，一旦数据丢失或损坏将造成不可估量的损失，因此，应对数据进行多级保存、多点备份。可根据企业不同的业务类型与系统特点，对备份能力等级进行划分，依照等级的不同采取不同的备份策略与应对措施。同时，企业可制定适合自身的备份恢复策略，并对制定的策略进行有效性与实用性方面的验证。此外，还需要完善应急响应团队的人才储备，通过定期演练检验应急响应团队、计划、流程、机制的有效性和完备性，提高重大突发事件的多方协同应对能力。

8.5　工业互联网标识解析安全展望

工业互联网标识解析处于快速发展过程中，随着标识解析体系的快速落地与融合应用，其安全发展必将愈发得到工业界与学术界的重视。本章提出的工业互联网标识解析安全框架可为我国工业互联网标识解析安全研究、安全建设、安全应用提供一定参考。当前相关政策与管理机制还未配套完备，其安全防护技术及产品也正处于研究与落地的初步阶段。立足我国工业互联网标识解析发展和安全现状，从规范安全管理机制、提升安全评估能力、建设安全监测体系、激发安全防护技术创新、促进产业协同发展等方面入手，着力推动标识解析安全保障能力建设，可以加强以下工作。

（1）围绕安全运营、顶层设计、政策指导、标准引领等方面建立健全工业互联网标识解析安全管理机制。

① 规范标识解析节点运营管理。对标识解析节点运营服务相关机构制定相应管理办法，规范标识解析各级节点的建设、接入和运营管理。

② 统筹建立标识资源管理与协调机制。完善标识注册备案机制，加强标识解析注册与服务机构的认证和管理，做好解析节点授权管理，规范标识资源使用，建立稳定的标识体系协作机制，稳步推进国际根节点、国家顶级节点、二级节点的互联互通。

③ 完善政策制度与规范指导。制定发布工业互联网标识解析安全相关政策文件，面向各级解析节点提出安全保障技术要求及风险评估规范，指导各级节点做好安全防护工作。

④ 加快标准研制。建立健全工业互联网标识解析安全标准体系，先行制定标识解析编码规范、标识解析互联互通要求、标识解析隐私保护、标识解析接入安全和运营安全等相关标准，加快标识解析安全管理、安全防护、安全评估等标准立项与制定。

（2）从完整性、健壮性、服务质量等方面加快提升工业互联网标识解析安全评估能力。

① 完整性评估。从数据完整性、协议完整性与系统完整性等角度开展标识解析完整性评估，确保标识与解析数据在通信过程中的真实性、不可否认性。

② 健壮性评估。立足基础设施与架构安全、系统运维安全、容灾恢复和安全管理制度四个方面，开展标识解析健壮性评估，确保系统出现安全事件时的恢复能力。

③ 服务质量评估。从标识解析安全认证能力、安全监测能力、系统安全防护能力、恶意代码检测能力、应急响应能力与容灾备份能力等角度开展标识解析服务质量评估。

（3）着眼从统一整体与各层细节等角度建设工业互联网标识解析安全风险监测体系。

① 加强标识解析各节点安全监测与防护能力。在关键解析节点部署安全态势

监测与安全审计系统，实时、动态监测标识解析系统运行安全状态，加强各解析节点服务抗 DDoS、缓存污染、标识劫持、标识解析重定向等攻击的能力。

② 建设体系化的标识解析安全监测平台。通过统一监测平台协同收集各层次的安全风险监测数据，通过体系化的监测手段挖掘潜在安全风险，通过关联的流量数据分析安全事件，促进各标识解析基础设施和安全平台的数据及响应形成联动，提升风险监测能力与安全响应能力。

（4）着力安全技术新应用、新技术赋能标识解析安全，以及标识解析助力工业互联网安全等方向推进工业互联网标识解析安全技术创新。

① 集合多种方案加强标识解析网络通信安全。可使用 TLS1.3 等技术对标识解析流量进行加密，或使用隧道协议封装标识解析流量，抵御网络传输过程中的中间人攻击等威胁，防止数据泄露。

② 充分利用密码技术加固标识解析安全。使用符合国家密码管理规定的密码算法和产品对标识解析的开放式协议架构进行加固改造，加强对工业互联网标识解析服务节点的规模化跨域认证和标识数据、服务的信息保护。逐级建立认证体系，支持工业互联网标识解析身份管理、访问管理，以及节点批量接入认证能力，构建从根节点自上而下的完整信任链。

③ 应用安全技术加强标识数据安全治理。建立工业互联网标识数据的可信环境，加强对标识数据的隐私保护、标识的源认证、标识的可查询性、标识数据完整性校验、支持对标识解析请求端的基于身份、属性等方式的细粒度访问控制等能力，强化对工业互联网标识数据的使用管理。

④ 结合新技术优势建设标识解析。可利用区块链技术实现工业互联网标识解析数据的可信共享与应用，解决传统标识解析架构单点故障、权力不对等问题，支撑可信的对等解析。可利用人工智能技术助力安全检测，支撑威胁感知，支持应急响应、辅助分析决策及赋能威胁分析，提高标识解析的安全水平。可利用国产安全芯片从源头上解决工业互联网的信任问题。基于可信计算能构建主动免疫的防护体系。

⑤ 通过标识解析助力工业互联网安全。可利用标识构建工业互联网标识密码体系，支撑标识密码、无证书密码等技术的应用；可利用标识保障工业数据采集安全，实现基于标识的身份、数据加密、访问控制；可利用标识提升工业互联网边缘设备接入安全，实现基于标识的边缘对象接入认证与综合管控；可利用标识助力工业互联网资源安全治理，基于标识实现包括资产识别、可信接入、数据安全操作与确权共享等环节的安全治理；可利用标识解析流量进行工业互联网恶意行为检测，从标识解析流量中发现攻击行为与恶意程序；可利用标识数据支撑攻击溯源，将网络行为关联信息存储到标识数据中，可作为攻击者身份追溯的凭证，助力关联行为分析，从而支撑恶意行为溯源。

（5）从人才培养、产业链协同、生态创新等方面促进工业互联网标识解析安全产业创新发展。

① 培养复合型安全人才队伍。结合政府、科研单位、高校、企业等各方力量，整合国内外优势资源，培养标识解析安全、工业互联网安全、网络空间安全等多领域交叉人才，培养具有工业互联网安全领域应用能力的高水平人才队伍，为推动产业发展提供鲜活能量。

② 激发安全产业链新动力。促进标识解析安全技术及产品在工业互联网领域的推广应用，为具有自主知识产权的安全标识载体、安全服务平台等提供应用支持，加强跨域、跨界企业交流合作，促进产业链协同创新。

③ 促进安全生态新模式。充分发挥我国工业互联网标识解析建设的领先优势，加速战略布局，整合相关行业资源，探索完善工业互联网标识解析体系建设、加固工业互联网标识解析安全体系架构、标识赋能工业互联网安全保障能力建设的发展思路，打造标识数据、标识载体、标识解析节点、标识解析系统赋能工业互联网安全的应用生态新模式，助力基于标识解析体系的工业互联网安全能力建设。

8.6 本章小结

随着工业互联网的快速发展，工业互联网标识数量将数以千亿计，并发解析请求可达千万量级，如此大量级的标识解析服务需求对安全保障能力提出了非常高的要求，标识解析安全是工业互联网安全的重要建设内容。8.1 节主要介绍典型的标识解析技术、工业互联网标识解析的政策支持情况及整体建设情况。8.2 节介绍了工业互联网标识解析安全现状与建设意义。8.3 节描述了工业互联网标识解析安全需求特征与挑战。8.4 节提出了工业互联网标识解析安全框架，以标识解析流程为主线，从业务流程、防护对象、安全角色、脆弱性与威胁、防护措施、安全管理等视角进行介绍，此框架全面梳理了工业互联网标识解析安全的各方面内容，可为安全保障能力建设提供参考。8.5 节分析了工业互联网标识解析安全涉及的关键技术，并对工业互联网标识解析安全进行了展望。

第 9 章

工业互联网智能设备安全

工业互联网智能设备是工业互联网架构的生产核心与数据枢纽，涉及大量工业生产控制、工业数据采集与感知等工业生产关键步骤，是构建工业互联网的基础。

9.1 工业互联网智能设备安全防护现状

9.1.1 工业互联网智能设备定义与内涵

工业互联网智能设备是指参与工业生产、控制、运营，具备状态感知、数据交换等能力，可依据预先装载或即时下发策略进行实时执行、分析、决策的联网设备。工业互联网智能设备广泛部署于工业现场设备层与工业网络设备层，如图 9.1 所示，常见的工业智能设备包括智能感知设备、生产设备、控制设备、网络设备和边缘计算设备等。依据部署方式和应用场景需求，其智能化分析决策组件可以在物理设备内部，也可以处于设备外部（如部署在边缘侧、云端等）。

工业互联网智能设备是工业互联网架构的生产核心与数据枢纽，涉及大量工业生产控制、工业数据采集与感知等工业生产关键步骤，是工业互联网的一大构建基础。一旦遭受攻击，一方面，将面临工业机密数据丢失、生产系统被控制或瘫痪、隐私数据窃取等重大安全风险；另一方面，工业智能设备可被用作跳板，攻击工业互联网云平台、工业企业内网、工业用户终端等其他工业互联网相关设备，或者被利用组建僵尸网络实行更大规模的攻击，为工业互联网整体带来威胁。保障工业互联网智能设备安全，是构建工业互联网安全保障体系的关键。

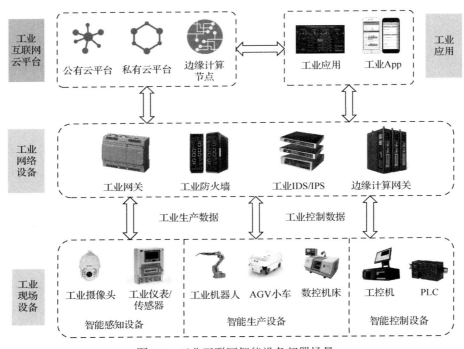

图 9.1　工业互联网智能设备部署场景

9.1.2　工业互联网智能设备安全能力现状

随着工业互联网的深入发展，工业互联网智能设备数量逐年增多，设备安全防护问题不断显现。国家工业信息安全发展研究中心《2020 工业信息安全态势报告》相关监测数据显示，我国各类低防护互联网设备总计超过 500 万台，其中智能终端设备占比超过 80%。国家互联网应急中心《2020 年联网智能设备安全态势报告》显示，设备漏洞是联网智能设备的一大安全短板，国家信息安全漏洞共享平台收录通用型联网智能设备漏洞 3047 个，相比 2019 年上升 28%，智能设备漏洞数量呈现显著增长趋势。与此同时，多种安全风险导致工业互联网智能设备安全事件频发，智能设备安全攻击呈现愈演愈烈的态势，国家互联网应急中心在 2020 年总计监测到 20.93 万个境外控制端 IP 地址控制我国境内互联网智能设备组成僵尸网络，2929.73 万个境内互联网智能设备 IP 地址被控制，通过控制互联网智能设备发起的 DDoS

攻击日均高达 3000 余起，我国工业互联网智能设备安全态势不容乐观。

我国高度重视工业互联网智能设备安全建设工作，涉及政策引导、标准制定、产业扶持等多个方面，全方位、多维度提高我国工业互联网安全防御能力。在政策引导方面，我国印发《工业互联网发展行动计划（2021—2023）》《关于加强工业互联网安全工作的指导意见》等系列文件，围绕工业互联网设备构建安全保障体系，对互联网设备等进行安全监测。在标准制定方面，我国已印发《信息安全技术网络安全等级保护基本要求》《信息安全技术物联网安全参考模型及通用要求》等系列国标、行标，对工业设备提出了基础要求和参考规范。在产业扶持方面，科技部、工业和信息化部纷纷设立专项资金，启动工业互联网创新发展工程，加大工业互联网网络安全、设备安全等相关技术研究与产业引导。在人才培育方面，相关单位举办工业信息安全大赛、"护网杯"工业互联网安全大赛等一系列比赛，提升工业互联网安全防护水平，培养工业互联网安全专业人才。

9.2　工业互联网智能设备安全边界、需求特征与挑战

工业智能设备类型多样，依据不同的应用场景，往往具有差异化的设备功能、性能需求，为设备安全防护带来了多种安全挑战。智能设备安全防护需要从设备安全边界分析出发，梳理设备多样化安全需求，发掘设备安全挑战，为系统化安全防护提供基础。

9.2.1　工业互联网智能设备安全边界

工业互联网智能设备安全针对工业智能设备使用和控制、智能设备数据收集、存储、传输、处理中的安全风险，研究工业智能设备自身的硬件安全和软件安全、工业智能设备验证管控、工业智能设备数据安全中的关键技术。从工业互联网层级来看，工业互联网智能设备安全的范畴涉及工业现场设备层、工业边缘计算层、工业网络设备层。如图 9.2 所示，工业现场设备层包含大量工业生产监测相关的智能设备，包括工业机器人、摄像头、传感器等，其安全防护范围包括智能设备认证接入、设备生产控制安全、工业生产核心数据保护、工业监测数据采集安全等关键点。工业边缘计算层将部分工业互联网云平台处理功能下放，执行工业数据预处理、工业数据计算与控制、工业设备认证计算等功能，其安全防护范围包括工业数据处理与存储安全、执行环境安全、数据加解密等。工业网络设备层负责进行智能设备相

关生产、控制数据的转发、协议转换与解析等功能，其安全防护范围包括工业数据传输安全、入侵防护、端口与会话安全等。

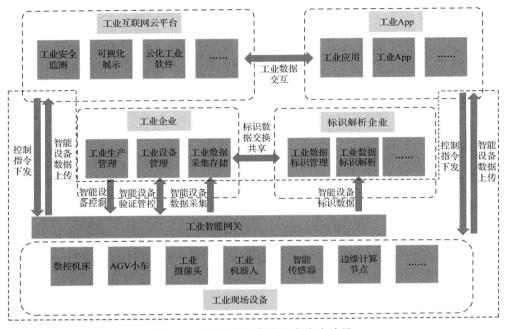

图 9.2　工业互联网智能设备安全边界

9.2.2　工业互联网智能设备安全需求特征

工业互联网智能设备功能需求与其应用场景具有强相关性，从其设备自身特点、部署方式、功能与性能要求，以及在业务环节中的位置出发，可以总结出以下需求特征。

1. 海量设备接入认证

安全服务和安全设备面临的接入数据海量，需要提供高吞吐的安全设备接入认证、海量设备接入管理和设备身份标识管理，具备可扩展能力、安全服务自动部署能力和智能化协同能力。

2. 异构设备统一监测

工业智能设备种类、厂商、通信协议等异构多样，在同一工业互联网环境中多种设备混合共存，工业智能设备安全需要兼容异构多体系设备，为异构设备建立统一标识，提供统一的设备状态监测分析、设备异常行为分析与处置能力，形成统一、透明的安全服务接口提供给工业应用。

3. 设备安全专用防护

受制于设备功能和实时性要求，工业智能设备具有有限的安全防护处理、存储和网络资源，设计上更加注重功能实现，多数设备对安全考虑较少，存在安全相关软硬件缺失的情况。传统安全方案无法直接移植使用，需要设计开发专用的轻量级安全认证接入、数据加密传输、安全状态采集、隐私数据保护和设备安全加固方案，还需要充分利用云边协同优势，将部分高性能消耗、需要专用软硬件的计算存储工作转移到云端或边端执行，降低工业智能设备安全开销。

4. 设备内生安全防护

大量工业智能设备具有分布式特性，在石油化工、电力行业尤为明显，分布式环境下智能设备的物理环境多样、网络状态各异，存在动态接入/跨域移动的情况。为此，需要提供工业智能设备内生安全自制能力，在脱离工业云平台的情况下依然可以保证基本的工业智能设备安全；设计工业互联网边-边安全协同能力，实现安全策略的动态更新和设备状态监控的无缝衔接；智能设备具有内生可信软硬件支持，提供轻量级的安全保障。

5. 数据加密完整校验

工业智能设备涉及大量工业核心数据，包括生产控制数据、产品工艺数据、用户隐私数据等，数据的泄露和丢失将导致巨大的经济损失。为此，需要对工业智能设备数据采取全流程的安全保护措施，在智能设备数据采集、传输、处理、销毁，以及控制数据制定、发送、接收、生效的双向流程中，设计智能设备数据安全加密、存储、共享机制及数据使用权限管理和审计机制，实现工业智能设备数据全流程安全。

6. 设备应用复杂兼容

工业智能设备应用具有多种形式，包括工业 App、工业互联网平台服务、工业企业应用等，为了方便不同平台、不同设备类型的用户、应用获取智能设备数据、控制智能设备行为，需要为不同的应用开发专用的接口，导致工业智能设备应用接口多样。为了抵御来自智能设备应用接口的攻击，需要设计统一的接口安全标准，对应用设备和用户进行验证和权限控制，检测设备应用安全行为，建立异常操作监测和处理机制，保障智能设备应用安全。

7. 安全手段前瞻性强

工业智能设备的运行环境相对复杂，设备更换、维修困难，不同于传统设备 3～

5 年的生命迭代周期，工业智能设备可能需要 10 年甚至更长的生命周期。为此，需要保证工业智能设备的安全性设计具有先进性和前瞻性，在相关协议与接口设计时充分考虑未来安全扩展升级需求，预留相关协议扩展字段与扩展接口，采用模块化设计方式并支持安全防护手段扩展升级，以抵御未来可能发生的安全风险。

8. 安全机制稳定高效

不同于传统物联网环境，工业互联网对工业智能设备的实时性和可用性具有很高的要求，单点设备故障往往会导致整个工业生产网络的停转。这就需要针对工业智能设备设计高效的安全通信协议、安全认证方案和安全监测机制，同时使安全监测具有较高的准确率和较低的误报率。另外，对异常智能设备或安全事件的处置应降低对其他设备的影响，因此需要设计具有高容错和快速恢复能力的智能设备安全结构。同时，为了应对固件安全更新导致的业务中断问题，还需要设计冗余灵活切换与热更新机制，提高安全稳定性。

9.2.3　工业互联网智能设备安全挑战

工业互联网智能设备特有的设备认证与监测、内生安全、数据安全、兼容性与稳定性等多方面安全需求，为智能设备安全防护带来新的挑战，如图 9.3 所示。

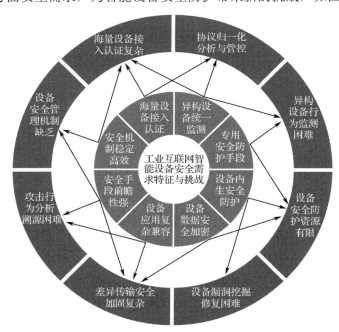

图 9.3　工业互联网智能设备安全需求特征与挑战

1. 海量设备接入认证复杂

工业互联网智能设备种类繁多、硬件型号和软件版本多样，为设备安全管理和设备认证安全机制设计带来极大的挑战。为了实现工业智能设备的安全管控，需要设计跨设备种类、跨软件版本的设备统一标识和设备认证机制，实现智能设备行为和操作权限的统一管理、设备异常行为的精准处置，并支持海量设备的高并发处理能力。

2. 异构设备行为监测困难

工业互联网智能设备的应用场景、部署环境复杂，存在大量异构设备类型，使得设备功能与行为特征复杂多样，为智能设备异常监测带来挑战。与此同时，现有工业智能设备特征库有限，异常行为识别精度受制于算法模型和数据集标注精度，存在异常识别细粒度不足的问题。如何建立能够广泛应用的异构智能设备行为分析模型，提高异常行为识别的精确度是工业智能设备安全的难点。

3. 设备漏洞挖掘修复困难

工业智能设备一般位于工业生产网络内部，是工业生产流程中的关键组件，设备的不可用通常意味着整个生产流程的停滞，造成工业生产损失。因此，大部分工业智能设备极少进行设备漏洞的挖掘和安全补丁修复，一旦智能设备接入工业互联网，将带来极大的安全风险。如何在保证工业生产连续性的前提下，进行智能设备的漏洞挖掘扫描和安全补丁修复是工业智能设备安全的一大挑战。

4. 协议归一化分析与管控

工业互联网智能设备通信协议、应用接口种类繁杂，为工业智能设备数据保护、智能设备权限管理带来挑战。为了保护工业生产数据、控制数据安全，需要对各类工业智能设备通信协议进行梳理，如何设计通用的数据安全传输机制是工业设备安全的难点。为了实现智能设备应用安全，需要对多样的应用协议进行统一分析，对异构的应用承载设备进行控制权限的统一管控，因此异构协议转换中间件和统一安全监测分析的实现是工业设备安全的又一难点。

5. 设备安全防护资源有限

工业互联网智能设备通常具有有限的安全防护软硬件支持，同时具有较高的处理实时性要求，这为安全机制的设计带来挑战。为了保障工业互联网智能设备安全，需要采用多种数据加密、身份认证、权限控制算法保护传输数据、防止设备伪造和越权攻击。而工业智能设备处理能力有限，对处理实时性要求较高，对相关安全机制和轻量级算法的设计带来了挑战。

6. 攻击行为分析溯源困难

工业互联网智能设备大多采用嵌入式开发方式，使得数据接口裁剪、数据探针难以部署，在设备侧难以获取设备软硬件指令信息、文件读写记录、进程执行与操作日志等溯源关键数据，在网络侧大量通过无线局域网、移动网络连接，网络环境相对松散，获取网络数据离散多样，难以精准定位攻击接入点。如何开发适用于工业互联网智能设备的设备行为采集接口与探针，建立适用于移动通信网络的攻击溯源追踪模型，是工业互联网智能设备安全的难点与挑战。

7. 差异传输安全加固复杂

工业互联网智能设备众多，采用不同的通信传输方式，如工业以太网、5G、Wi-Fi、ZigBee、CAN 等。不同的传输方式，存在多种不同的安全问题，如传输协议的软件和硬件安全问题（协议栈漏洞、配置错误）、网络威胁（伪造身份、拒绝服务）等。工业智能设备的大量差异化传输方式，给安全开发、测试、评估等带来大量繁重的安全验证性工作，为网络传输协议的安全加固带来了极大的挑战。

8. 设备安全管理机制缺乏

工业互联网智能设备，专业化程度较高，应用面相对细分，现有的现场作业人员、管理人员、工程师等不具备安全知识背景。在日常工作和管理中，难免会无意识地错误配置、误操作。对智能设备的不当操作，可能破坏工业互联网应用系统、引入恶意病毒等。因此，在人员素质方面也存在着巨大的挑战，智能设备需要具有"SecuritybyDefault"机制。

9.3　工业互联网智能设备安全风险与威胁分析

介于工业互联网智能设备独特的安全需求特征与设备安全挑战，目前智能设备安全防护能力普遍不足，在设备硬件安全、软件系统安全、接入认证安全、通信数据安全、访问控制、设备应用安全、安全管理制度等多方面存在不同的安全风险，为智能设备安全带来多种安全威胁。

9.3.1　工业互联网智能设备安全风险

1. 智能设备硬件自主率低

工业智能设备使用大量进口硬件，其中包含关键的处理器芯片、数据加解密和认证芯片。对这些硬件的内部设计和运行机理缺少了解，会导致无法对工业智能设备硬件安全进行评估，无法检测其设计缺陷。同时，也存在安全后门的风险。

2. 智能设备固件更新滞后

工业智能设备固件版本更新不及时，在智能设备固件风险中，已知风险占绝大部分，与厂商在开发生命周期中忽略公开漏洞的排查和修复密切相关，攻击者仅通过分析固件中存在的第三方库版本信息并查询相应版本漏洞库信息，就能获得潜在的固件安全风险。

3. 智能设备安全更新机制缺乏

工业智能设备在安全更新方面普遍缺乏安全机制，存在非法固件更新、旧固件回退等安全风险。对于缺乏安全更新机制的智能设备，安全研究者或设备开发人员比较容易伪造固件并更新到设备中，伪造固件可能存在对工业互联网攻击的行为。

4. 智能设备安全漏洞多样

工业互联网智能设备在安全方面考虑不足，存在大量弱口令、系统漏洞、远程端口开放的安全问题，安全隐患处理不及时，设备使用第三方库和定制化系统，存在安全风险。

5. 智能设备接入认证欠缺

工业智能设备处理存储能力有限，无法实现复杂的接入认证机制，部分认证计算功能需要转移到边缘节点执行，目前智能设备接入认证方案简单，尚缺乏在智能设备侧轻量级的安全接入认证机制，海量智能设备安全凭证的生成和管理存在难度。

6. 智能设备身份伪造

攻击者通过中间人攻击等方式窃取智能设备的身份信息或者利用认证漏洞伪造身份信息，伪装成为正常设备或者边缘控制设备，修改、丢弃、伪造设备数据和控制消息，扰乱工业智能控制生产系统的正常运行。

7. 智能设备通信协议安全性

工业智能设备与边缘节点之间大量采用短距离无线通信技术，边缘节点和工业互联网平台之间使用消息中间件和网络虚拟化技术，这些通信协议的安全性考虑不足。例如，智能设备和边缘节点之间使用的 Wi-Fi、蓝牙、ZigBee 通信，边缘节点和云服务器之间使用的即时消息中间件等，通常注重通信的实时性和可用性要求，在数据传输中大量使用简单加密或者明文传输，存在严重的安全风险。

8. 智能设备存储数据安全

一些工业智能生产监测设备，如工业摄像头、工业机器人等会将一部分工业数据存储在工业设备内部，或者存储在连接的边缘节点上。对这些数据的管理缺乏有效的数据备份恢复和数据审计措施，导致攻击者可以通过修改、删除、伪造这些关键数据来达到操控工业生产逻辑、影响工业生产决策的目的。

9. 智能设备敏感数据保护不足

工业智能设备涉及大量工业核心敏感数据，包括工业生产参数、工艺数据、工业控制数据等，这些敏感数据的存储和传输往往缺乏数据隔离存储、加密等独立的安全措施。对智能设备涉及的敏感数据缺少分类分级保护，导致攻击者容易采用侧信道攻击和嗅探等攻击方式获取工业敏感数据。

10. 智能设备服务权限验证安全

工业智能设备服务权限验证存在三个方面的威胁，一是嵌入式系统开放调试接口的安全隐患，二是设备固件升级的安全威胁，三是控制指令重放攻击对设备造成的危害。三者均是由设备未对被控制的服务权限进行验证导致的。

11. 智能设备应用接口安全

在工业互联网云环境下，为了方便工业互联网平台和智能设备进行信息交换、智能设备应用和智能设备之间进行数据的传递，需要开放一系列的设备用户接口或者 API 编程控制接口。受工业智能设备海量异构特征影响，智能设备应用接口复杂多样，在接口和 API 统一管理，漏洞和后门发掘上存在较大的困难，带来安全风险。

12. 智能设备的物理安全不足

在工业现场，智能设备直接部署在现场，缺少足够的安全管控。智能设备如存在物理接口，如 JTAG 接口、USB 接口等，可被现场人员恶意利用或误操作。例如，通过物理接口进行植入病毒操作，给工业互联网系统带来较大的安全风险。

9.3.2　工业互联网智能设备安全威胁模型

工业互联网除了包括工业现场控制设备、本地工业控制系统网络（ICS）、数据采集与监视控制系统（SCADA），也包含企业和行业应用系统，如 ERP、SCM、工业大数据系统、工业云平台等，部分设备或系统也可能与互联网进行互联。

工业互联网智能设备一般位于最末端的工业现场，上游接入的工业控制系统可对下游智能设备进行任意控制操作。智能设备所存在的安全问题可能会将安全威胁从虚拟世界带到现实世界，可能会对人员的生命财产、社会稳定带来巨大影响。

下游的智能设备如受到安全威胁，也将直接或间接影响工业控制系统安全，以及可能攻击最上游的工业云平台，甚至影响整个工业互联网安全。智能设备所存在的安全问题可能被攻击者利用，作为跳板攻击到整个工业互联网，可能产生巨大的损失。

本节列举了针对工业互联网智能设备的六类安全威胁，操作实体包含但不限于互联设备、云平台、现场管理人员或者恶意攻击者，操作方式包括但不限于错误或者恶意操作，如表 9.1 和图 9.4 所示。

表 9.1　工业互联网智能设备安全威胁

安全威胁分类	威 胁 要 点	安 全 属 性
Spoofing（假冒）	冒充某个实体	可靠性
Tampering（篡改）	修改数据或代码	完整性
Repudiation（抵赖）	不承认做过某个行为	不可否认性
Information Disclosure（信息泄露）	为没有权限的实体提供信息	机密性
Denial of Service（拒绝服务）	消耗资源、服务不可用	可用性
Elevation of Privilege（权限提升）	允许某个实体做未被授权去做的事情	授权管理

1. 智能设备假冒威胁

利用假冒威胁进行攻击，就是假装成别人或实体，影响设备运行的可靠性。一是假冒人员，若缺少强用户认证机制，则非法用户可登录设备，进行恶意操作。二是假冒实体，若未对上游平台进行接入认证，则非法平台可给设备下发错误指令，引起设备故障。三是假冒固件或配置文件，若固件或配置文件校验机制不严谨，则易受非法固件影响，引入病毒。

这就是 2010 年曝光的"震网事件"（Stuxnet）震惊世界。震网病毒感染计算机，伪造正常运转数据并发到监控设备上，致使工作人员误认为离心机工作正常。同时，震网病毒控制计算机，向离心机发送伪造的控制信号，致使离心机运转异常，最终导致离心机瘫痪甚至报废。这里离心机和监控系统因缺少足够强度的认证机制，致使受病毒感染的计算机通过假冒合法实体、伪造正常数据、伪造控制命令等方式，达到攻击目的。

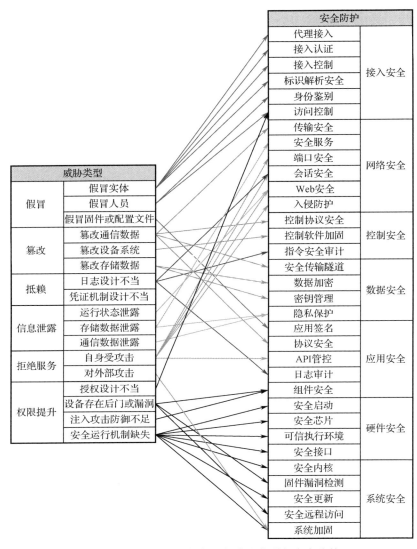

图 9.4　工业互联网安全设备威胁类型与安全防护

2. 智能设备篡改威胁

利用篡改威胁进行攻击，就是修改内容，恶意破坏设备或数据正确性，引起设备异常或获取信息达到攻击目的。一是对通信数据的篡改，通过利用完整性机制的薄弱点、功放攻击、中间人攻击等手段，对通信过程进行篡改，从而实现恶意操作。二是对设备系统的篡改，包括：对软件、硬件或固件的篡改，对输入数据的篡改，对配置文件和日志数据的篡改，对监控数据的篡改等，实现控制设备或修改设备运行状态，达到攻击目的。三是对存储数据的篡改，包括绕过完整性机制、利用权限漏洞获得写数据权限、构造垃圾数据覆盖存储资源等手段，破坏设备的正常运行。

攻击者发送信标请求帧，根据收到的响应信标帧判断目标智能设备的信道，识别成功后，捕获设备发送和接收的数据包。在此基础上，攻击者可选择劫持数据包、将数据包回放、获取数据包中敏感数据信息、修改原数据包的内容等多种恶意行为，以此实现对工业智能设备的控制、破坏和机密数据窃取，造成工业智能设备的失灵和损坏，影响正常生产控制流程。另外，攻击者也可以将设备作为跳板，向上层云平台、工业控制系统（DSC、NCS）、数据采集系统（SIS、MES）进行入侵，造成数据泄露、篡改，导致生产流程中断。

3. 智能设备抵赖威胁

利用抵赖威胁进行攻击，主要指宣称什么也没做或对已经发生的事情不负责任，从而隐藏了可能被暴露出来的安全风险。一是日志机制的设计不当，包括日志记录缺失和日志记录不完善两方面。日志记录缺失，缺少对合法用户正常操作的记录，若管理员进行误操作或账号泄露被非法登录进行恶意操作，不及时审计识别，极易引起更大的安全事件。日志记录不完善，非法用户恶意行为的监控不足，若攻击者尝试登录或已非法登录设备，进行恶意破坏，但设备无法记录并被审计识别，则无法进行攻击溯源并及时修正，埋藏了巨大的安全风险。二是对凭证机制的设计不当，接入认证或命令需要带有关联消息的凭证，若凭证机制存在漏洞，则消息或行为易于被伪造，失去抗抵赖性。

当前，生产控制系统都将日志记录到控制系统局域网上的数据库中。在通常情况下，设备管理员几乎不会花费时间和精力去保护数据库。一个高水平的攻击者可以访问记录日志的数据库，并可接管在控制系统的日志数据库服务器，从而破坏或篡改日志记录。

4. 智能设备信息泄露威胁

利用信息泄露威胁攻击，就是为非授权实体提供了有效信息，引起关键信息的泄露，带来设备安全风险或隐私数据泄露风险。一是设备运行状态的泄露，包括设备处理过程、内存数据、调试信息等。二是设备存储数据的泄露，包括存储的配置文件、运行参数、日志数据、密钥文件等。三是设备通信数据的泄露，包括通信数据、认证凭据等。工业互联网数据多样，设计、生产、运行等各类参数、数据可能暂存于智能设备。攻击者可通过攻击设备，获取数据，或以设备为跳板攻击应用平台获取大量数据。工业互联网承载着事关企业生产、社会经济命脉乃至国家安全的重要工业数据，一旦被窃取、篡改或流动至境外，将对国家安全造成严重威胁。

近几年，包括通用、菲亚特克莱斯勒、福特、特斯拉、丰田和大众在内的 100

多家制造企业因第三方泄露重要商业机密而受到打击。这起事故是由一家名为 Level One Robotics 的公司引起的，这家公司提供工业自动化服务。此事件将 157GB 的数据置于危险之中，其中包括装配线结构图、工厂平面图、机器人配置和文档。

安全公司 ESET 在 RSA 安全会议上公布由赛普拉斯半导体（Cypress Semiconductor）和博通（Broadcom）制造的 Wi-Fi 芯片存在严重的安全漏洞。黑客可利用这个名为 Kr00k 的漏洞，来解密那些已经加密的 Wi-Fi 网络流量。另外，该漏洞还能让黑客发送恶意数据写入任何通过 Wi-Fi 接入网络的设备。

数千台装备 Lantronix 串口的以太网设备泄露了 Telnet 密码，该设备并被广泛应用于连接工控系统，其中大部分是老旧设备（只具备串行端口）。此次泄露事件不仅允许攻击者接管设备后使用特权访问，将串行命令发送至连接设备，还允许攻击者通过在端口 30718 上发送一个格式错误的请求检索 Lantronix 设备配置。然后攻击者先使用任意账号密码尝试登录智能设备后台，同时进行抓包分析，收集构建数据包所需要的参数；收集完毕，使用暴力破解软件结合字典的工具进行自动化字符串生成攻击，以此入侵智能设备系统。后续以智能设备为跳板，将恶意代码、后门软件植入工业控制系统、数据采集系统和云数据中心内，造成大规模数据泄露和数据篡改。

5. 智能设备拒绝服务威胁

利用拒绝服务威胁攻击，指通过发送多个请求故意试图在目标系统中造成容量过载，引起设备无法正常运行。一是针对设备自身资源攻击，若设备资源管控强度不足，或管控机制易被绕过，则易被恶意攻击消耗内存、CPU、存储空间、网络等资源，导致设备无法工作。二是利用设备对外部实体的攻击，利用设备组成僵尸网络，对其他目标发起持续攻击，引起其他实体无法正常工作。实施拒绝服务的攻击者并不打算窃取关键数据。攻击者通过拒绝服务攻击使智能设备无法响应正常业务工作请求。这种攻击行为使得智能设备充斥大量要求回复的信息，严重消耗网络和设备系统资源，导致业务系统内的智能设备无法响应正常的服务请求。对于承载实时性强、连续性高的业务系统而言，这是巨大的威胁。

2006 年，美国阿拉巴马州的 Browns Ferry 核电站 3 号机组受到网络攻击，反应堆再循环泵和冷凝除矿控制器工作失灵，导致 3 号机组被迫关闭。原来，调节再循环泵马达速度的变频器（VFD）和用于冷凝除矿的可编程逻辑控制器（PLC）中都内嵌了微处理器。通过微处理器，VFD 和 PLC 可以在以太局域网中接收广播式数据通信。但是，当天核电站局域网中出现了信息洪流，导致 VFD 和 PLC 无法及时处理，致使两台设备瘫痪。

6. 智能设备权限提升威胁

利用设备权限提升威胁攻击，就是允许非授权的实体超越权限范围进行授权以外的操作，造成更深远的破坏。一是设备授权设计不当，若授权验证机制不合理、存在默认账户、权限设置不互斥等，则设备极易被恶意利用并提升权限。二是设备存在后门或漏洞，若漏洞被非法利用，则易于破坏授权机制，获得更高权限进行恶意操作。三是注入攻击防御不足，若正常业务数据中夹带注入攻击数据，则设备可能被注入攻击并提升权限。四是设备安全运行机制缺失，若设备被篡改固件或植入木马，则可被控制并进行任何恶意操作。

2017 年 6 月 12 日，安全厂商 ESET 公布一款针对电力变电站系统进行恶意攻击的工控网络攻击武器——Win 32/Industroyer（ESET 命名），ESET 表示该攻击武器可以直接控制断路器，可导致变电站断电。Industroyer 可以控制几十年前设计的变电站开关和断路器，允许攻击者轻易地关闭配电，造成级联故障，甚至对设备造成更严重的损坏。这对于负责供电设施的从业者来说，无疑将带来噩梦般的情景。Industroyer 通过破坏权限机制，获取了管理员权限，从而将已安装的后门升级到一个更高的权限版本，最终获取配电站内开关及断路器设备的控制权。

9.4　工业互联网智能设备安全防护架构

针对工业互联网智能设备安全现状及面临的风险，本书分别从设备自身安全、设备与平台协同安全、设备运行安全三个层次，在硬件安全、系统安全、接入安全、网络安全、控制安全、数据安全、应用安全七个方面汇编总结了设备端应具备的安全能力，形成工业互联网智能设备安全技术框架（见图 9.5），为工业互联网智能设备安全研究者提供参考。

9.4.1　工业互联网智能设备硬件安全

硬件是工业互联网智能设备的组成基础，硬件安全是终端安全的重要屏障。硬件安全目标是从芯片和硬件接口层确保操作系统、关键应用程序等不被篡改或非法获取。保障工业互联网智能设备硬件安全需要从安全启动着手，利用安全芯片、可信硬件等相关技术，构建可信执行环境，形成安全信任链，阻断冗余接口，抵御物理层攻击威胁。

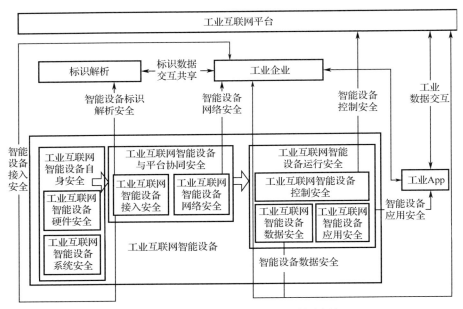

图 9.5 工业互联网智能设备安全技术框架

1. 安全启动的能力

安全启动通过验证数字签名和产品密钥来检测引导加载程序和关键操作系统是否被篡改，不合法的文件将不能引导或运行。安全启动需要与硬件协作，为其提供信任根，以确保加载的软件组件是合法的。安全执行技术使用密码技术为每个被批准组件产生唯一预期校验值，将启动环境中的成分与一个已知的预期校验值进行比较，如果不匹配则不允许执行。

2. 安全芯片的使用

安全芯片所有加密、解密动作都在芯片内部进行，密钥不会以明文形式出现在安全芯片外部或暴露给其他组件、程序或个人。安全芯片具备抵抗物理攻击、错误注入、旁路攻击等能力，并能提供安全的密钥管理机制，可以更好地提供机密性和完整性服务。

3. 可信的执行环境

可信任环境依赖可信任硬件。目前，各芯片构架厂商均有自己的可信执行环境（TEE）技术，如 Intel 的 Software Guard Extensions（SGX）、ARM 的 TrustZone 等，其原理各有差异，但均能实现对关键代码和数据的完全隔离与保护，开发者基于可信硬件和可信系统，来开发可信应用，以保障用户隐私。

4. 智能设备的安全接口

部分工业互联网智能设备部署在无人值守、不受控制的场所，攻击者比较容易物理接触到终端设备。智能设备为了开发和调试的需要，一般具有串口、JTAG/SWD等调试接口。设备部署后，调试接口应默认配置为禁用，并严格管理调试接口的开启和关闭。对于闲置或存在安全隐患的物理接口，应关闭或禁用。

9.4.2　工业互联网智能设备系统安全

系统是工业互联网智能设备的运行基础，存在安全问题的系统将为攻击者提供入侵的桥梁。智能设备系统安全目标是确保系统行为受控、可知和符合用户预期，并保证系统自身升级的安全。系统安全防护需要从安全系统内核、漏洞扫描检测、系统安全更新机制、远程登录安全、系统执行加固等方面构建。

1. 操作系统安全内核

内核是操作系统的核心部分，用于完成进程调度、内存管理等核心功能。轻量级安全内核的主要实现方法有两种：一种是在原有内核中增加安全性设计，使其支持安全认证、访问控制、授权管理等安全功能，并可适用于多种嵌入式操作系统；另一种是通过增加额外模块对原有内核进行监测和验证，如增加额外的验证模块用于实时动态地验证原有内核的安全性，从而保证内核关键操作与通信的正确运行。

2. 智能设备固件漏洞检测

针对工业互联网智能设备的安全风险，可以查看设备固件历次更新中修复的漏洞或公开漏洞库披露的相关漏洞，以确定该设备固件的已知漏洞，将其作为安全风险输出；还可采用逆向工程方法静态分析二进制程序和库文件，了解其功能和通信实现方式，找出其中的代码安全风险和协议安全风险；还可以使用虚拟化技术，将固件放入虚拟机中运行，同时使用调试器进行动态代码监测或进行模糊测试，以发现更深层次的漏洞。

3. 智能设备的安全更新

设备端获取软件更新信息的传输过程可采用安全通信机制、携带数字签名等手段，有效避免非法固件更新包，有效保证固件更新包的数据保密性和完整性。另外，固件更新过程应设计防降级机制，避免设备被降级为可能存在安全风险的早期版本，防止早期版本设备固件中可能存在的未修复漏洞被攻击者所利用，使设备遭到破坏。

4. 智能设备的安全远程访问

为了满足调试维护的要求，设备应支持通过安全的 SSH 协议远程登录，对传输的数据进行加密保护，且应采用安全机制更完善的 SSHV2 版本。智能设备上的 SSH 服务应默认关闭，并采用授权方式管理 SSH 服务的开启和关闭。智能设备应限制通过 SSH 建立的控制台可输入的 Shell 命令，且执行 Shell 命令前须进行安全检查。

5. 智能设备的系统加固

对于搭载不同类型系统的工业互联网智能设备，应采用不同系统加固技术，如漏洞缓解技术、应用层漏洞缓解技术、降权处理、安全编码、安全策略更新等。当系统固件存储在 Flash 存储器时，其数据和地址应经过加密和加扰处理。即使攻击者可以读出存储器中的内容，也无法分析存储器中经过加密处理的数据的真实含义。

9.4.3　工业互联网智能设备接入安全

随着工业互联网的快速发展，大量的智能设备与外部的通信愈加频繁，给工业互联网平台带来严重的安全威胁。接入安全的目标是确保智能设备接入网络时的身份可鉴别。针对接入工业互联网平台的智能设备的接入安全问题，可以采用代理接入、接入认证、接入控制、身份鉴别、访问控制、标识解析安全等防护手段，形成可信接入机制，保证接入设备的合法性和可信性。

1. 智能设备的代理接入

代理接入常由网关负责，传感器节点将采集到的监测数据通过路由协议汇聚到网关，网关对数据进行转发处理，接入各种承载网络将信息发送给服务器。服务器对监测数据进行处理和分析，并存入数据库。用户终端通过现有的网络协议访问服务器，实现对无线传感器设备的安全访问、控制及管理。

2. 智能设备的接入认证

目前，很多恶意的智能终端设备试图接入网络，对网络资源进行信息窃取、篡改及破坏。安全通信协议加强与工业互联网智能设备的双向身份识别和认证，提高接入认证强度、完善日志留存等网络层面溯源手段。其原理为：智能设备和移动性管理实体应产生并共享一个中间密钥，移动性管理实体应能向用户设备分配一个唯一临时标识，以保护用户身份的机密性。当移动性管理实体不能根据临时标识识别用户身份时，应当由移动性管理实体发起用户识别身份标识流程，向用户请求永久身份标识，完成身份的双向认证，可适用于更广泛的工业互联网应用场景。

3. 智能设备的接入控制

网络接入控制（NAC）可以协助保证每个工业互联网智能设备终端在进入网络前均符合网络安全策略。NAC 技术可以提供保证端点设备在接入网络前完全遵循本地网络内需要的安全策略，并可保证不符合安全策略的设备无法接入该网络，以及设置可补救的隔离区供端点修正网络策略，或者限制其可访问的资源。

4. 智能设备的身份鉴别

在工业互联网环境中，实施身份鉴别以防止设备和系统被非法使用非常必要。身份鉴别的主要目的是验证设备用户的身份，防止非法用户操作智能设备。身份鉴别包括对云服务、移动接口及设备本地管理会话的验证。尤其是连接到工业互联网并允许第三方进行操作和控制的智能设备，需要强大的身份鉴别和授权控制机制。为解决身份鉴别问题，可根据业务的安全敏感程度在密码强度、动静态密码、验证输入、不公开凭证、电子证书及生物识别技术等方面进行强化设计，在一些关键节点还需要多重身份鉴别。

5. 智能设备的访问控制

对工业互联网用户的权限与设备访问控制进行统一管理，通过以下几种方式提供多维度的用户操作和设备访问控制的安全保障。

（1）用户权限分级。设备提供用户权限角色划分，区分管理员、普通用户等不同的角色权限。

（2）用户操作控制。针对用户对设备的操作，对用户的敏感行为（如对设备进行控制、修改设备属性等）进行访问控制，可以有效防止敏感信息被越权访问，防止敏感操作被越权执行。

（3）最小授权。所有操作权限均为细粒度，每个用户的所有操作权限都可以单独设置，避免用户误操作或其身份被假冒而带来的安全风险。

6. 智能设备的标识解析安全

标识解析系统对于接入网络的智能设备与标识解析节点应该具有可信的唯一标识，应对接入的设备与标识解析节点进行身份鉴别，保证合法接入和合法连接，并对非法设备与标识解析节点的接入行为进行阻断与告警。安全芯片提供随机数生成、唯一 ID、服务，可作为设备的信任根，支撑设备安全接入。对接入对象进行身份认证，验证实体身份合法、消息可信，是实现安全接入的主要技术手段。

9.4.4 工业互联网智能设备网络安全

工业互联网智能设备涉及大量控制数据与业务数据交互，极易成为工业互联网攻击的目标。网络安全的目标是确保智能设备传输数据的安全、完整和可控。从智能设备网络安全防护的角度来看，需要从传输安全、安全服务、端口安全、会话安全、Web 安全和入侵防护六个方面综合考虑，形成网络安全综合屏障，保障工业互联网智能设备的通信安全。

1. 智能设备的传输安全

工业互联网智能设备，应启用安全协议，并正确使用。网络传输层实现应符合《信息安全技术传输层密码协议（TLCP）标准》《SSLVPN 技术规范》，以支持国密SSL 协议，在身份认证、传输数据机密性、传输数据完整性等方面，提供了简单方便的安全技术。

2. 智能设备的安全服务

工业互联网智能设备应默认关闭各类管理协议，并支持安全协议版本，以减小设备威胁面，关闭远程连接、文件传输、远程网络管理、系统配置同步等常见高危服务或采用额外安全加固手段。

3. 智能设备的端口安全

工业互联网智能设备应保证所有默认开放的端口都是业务相关的，关闭不需要使用的端口，并在产品资料中说明可开放的所有端口、端口对应的业务功能说明、端口对应的认证方式、默认是否开启等。

4. 智能设备的会话安全

工业互联网智能设备的所有网络连接会话均具有统一的安全措施。一是会话超时自动断开：会话超时时间可设置；超时无操作，自动退回登录状态，需要重新进行身份认证。二是会话数量限制，会话数量可设置，可限制同时接入的数量，防止非法接入。三是会话锁定，身份认证失败次数超过预设次数后，自动锁定该用户后续尝试，有效避免暴力破解；失败次数可配置。四是会话锁定时间，会话锁定时间可设置，用户可自行配置身份认证失败超限后的锁定时间，在安全的基础上提供良好用户体验。

5. 智能设备的 Web 安全

工业联网智能设备对所有 Web 系统进行全面的安全防御，为用户提供高品质、全方位的安全保障，包括但不限于以下几种手段。一是对所有来自不可信数据源的数据进行校验，拒绝任何没有通过校验的数据。若输出到客户端的数据来自不可信的数据源，则对该数据进行相应的编码或转义。二是用户访问/操作权限强校验，防止横向/纵向越权。三是对上传文件的类型、格式、内容、大小等关键信息合法性检测，避免恶意文件上传。四是敏感信息加密和数据的权限管控，防止未授权访问和信息泄露。五是对服务端接受的请求进行来源识别和内容检测，杜绝各类请求伪造攻击。六是根据不同的应用场景，按照"CIS"规范严格审计 Web Server 配置，保证配置安全。七是 Web 应用程序的会话标识应具备随机性、唯一性，身份验证成功后，更换会话标识，防止会话固定。

6. 智能设备的入侵防护

工业互联网智能设备可以基于自身的处理能力，实现简单的过滤功能，如数据包过滤功能，并丢弃不符合过滤要求的数据包；IP 地址过滤功能；并发网络连接数限制功能；工控协议格式校验功能；工控指令合法性检查及安全性分析等功能。

9.4.5　工业互联网智能设备控制安全

针对工业互联网智能设备设计时缺少控制安全考虑这一"先天"问题，存在任何未经授权的指令均可被设备执行的情况。智能设备控制安全目标是确保智能设备不被未授权操作。通过采取控制协议安全机制、控制软件安全加固、指令安全审计等安全策略，确保工业互联网智能设备的控制安全。

1. 智能设备的控制协议安全

工业互联网控制协议大多为明文协议，为了确保工业互联网智能设备所执行的控制命令来自合法用户，可使用工业防火墙中的工业协议深度解析与防护引擎，将每个用户的使用权限分类，精确控制协议访问，加强协议安全机制。针对互联网传输的工业协议，可使用工业互联网防火墙中的数据加密功能，保证业务数据加密可用。

2. 智能设备的控制软件加固

针对工业互联网智能设备的控制软件脆弱性问题，需要利用以下安全手段进行加固，一是限制控制软件运行权限，控制软件在部署时尽量不要以系统权限运行，可依据最小特权原则单独创建控制软件运行账号，并严格控制其权限。最小特权原则还可以引申到控制软件程序设计内部，对于控制软件中数据采集、监测、控制、展示等模块按照不同等级进行分类，然后赋予不同等级模块所需要的必不可少的特权；二是加强访问控制策略，严格限定控制软件可访问服务端口的地址范围、文件访问权限及服务访问控制，防止攻击者探测、攻击控制系统。

3. 智能设备的指令安全审计

针对工业互联网智能设备错误控制指令所导致的问题，通过在关键网络节点部署工业审计系统，实现协议深度解析、攻击异常检测、无流量异常监测、重要操作行为审计、告警日志审计等功能。对控制软件进行安全指令的监测审计可及时发现网络安全事件，避免发生安全事故，并为安全事故的调查提供翔实的数据支持。

9.4.6　工业互联网智能设备数据安全

工业互联网智能设备涉及大量生产控制数据，一旦发生数据泄露、数据越权访问等安全问题将造成巨大的经济损失。智能设备数据安全目标是保证智能设备产生和存储数据的生命周期安全，确保数据不被非法访问、获取或篡改，保证数据的可用性。工业互联网智能设备的数据安全防护，需要从数据全生命周期安全角度考虑，采用安全传输隧道、数据加密、密钥管理、隐私保护等安全机制，有效防止工业核心数据泄露。

1. 智能设备的安全传输隧道

虚拟专用网络（VPN）表示虚拟的私有网络，在公共网络下将分布在不同地方的网络进行整合连接，在物理上称为虚拟子网，在数据信息传输时，应确保其安全。VPN 技术需要使用某些操作，如信息认证、访问控制及保密性等措施，这样可以保证传输的安全性。比较常见的 VPN 技术有密钥管理技术、访问控制技术等。在 VPN 技术中，在进行传输之前需要更改原始信息，即提前进行封装协议，对其加密并压缩，在对不同协议的数据包嵌套后，再传输到智能设备所在的网络，这样可以保证公共网络的公开透明。数据信息在进行处理传输时，该技术只能根据信源端、信宿端完成，而其他用户端无法识别该信息。

2. 智能设备的数据加密

利用密码技术对本地数据进行防护，数据主要包括业务数据、配置数据、隐私数据等。数据加密密钥在设备第一次启动时由随机数生成器随机生成，实现一机一密，即设备上数据被强行复制后，无法获取设备随机密钥的攻击者不能解密数据。

3. 智能设备的密钥管理

对于带有硬件安全芯片的智能终端设备，其上的密钥应当存储在硬件安全区，并采用分层的密钥管理方案。在通常情况下，密钥分为主密钥（M-Key）、密钥加密密钥（K-Key）和业务加密密钥（D-Key）三类。M-Key 用来保护 K-Key，K-Key 保护 D-Key，形成从上到下三层层次结构。设备可以根据业务应用的场景，对密钥层次结构进行裁剪或扩充，但设备至少支持两层的密钥结构。在密钥管理安全性方面，在密钥的生成、使用、存储、销毁等阶段采取相应的安全防护措施，确保密钥安全。

4．智能设备的隐私保护

工业互联网智能设备的隐私保护考虑以下几个方面：一是收集安全，设备应保证所有采集的数据都是在用户知情同意的情况下进行的，并且保证收集范围、使用目的不得超出隐私声明；二是传输安全，设备保证隐私数据加密传输，在进行跨境数据转移时，应依据信息所在地区适用的法律法规要求进行处理；三是存储安全，对于本地存储个人数据，应采取充分的安全措施进行保护，包括但不限于加密存储、访问控制、日志记录等；四是使用安全，设备应对访问个人数据的用户进行身份认证和权限管理，并且保证所有个人数据在使用后及时清理；五是销毁安全，在设备维修、销毁的场景下，设备应提供完善的数据删除机制。

9.4.7　工业互联网智能设备应用安全

智能设备应用安全目标是确保关键应用行为的可控和可审计。针对工业互联网智能设备应用安全，需要从应用自身安全、交互接口安全、应用行为安全等多个角度出发，采用应用签名和组件安全验证抵御应用自身风险，采用通信协议安全与 API 管控技术确保应用数据交互安全，采用日志审计机制监测异常操作行为，实现应用安全全方位防护。

1．智能设备的应用签名

通过代码签名可以保护设备不受攻击，保证所有运行的代码都是被授权的，保证恶意代码无法运行。相较于互联网，工业互联网中的代码签名技术不仅可以应用在应用级别，还可以应用在固件级别，所有的重要设备，包括传感器、交换机等都要保证所有在上面运行的代码都经过签名，没有被签名的代码不能运行。

2．智能设备的协议安全

针对工控协议的安全缺陷和常见的攻击手段，可采取如下的工控协议安全分析技术：入侵诱骗分析技术、工控私有协议深度解析与自动还原技术、工控协议脆弱性静态分析技术、工控协议脆弱性动态分析技术、工控协议漏洞利用技术等，来分析主流工控协议安全性。针对工控协议控制指令安全问题，可采用基于多尺度流分析的隐信道监测技术和异常行为监测技术、白名单监测技术等纵深防御监测技术来发现工业网络协议控制指令的异常。

3. 智能设备的 API 管控

通常采用以下几种方式保护终端设备开放的 API 的安全：一是采用 API 令牌方式保证 API 调用者的身份是合法的，并通过分配给这些身份的令牌来控制对服务和资源的访问；二是采用 API 数据加密，通过密码技术加密 API 传输的数据；三是进行 API 调用限流，对 API 的调用频率设置限额，并跟踪其使用记录；四是限制存在安全隐患的 API 使用，用户可依据产品使用的具体场景、API 应用的具体需求，在安全可控的环境下进行有限的使用。

4. 智能设备的日志审计

安全审计覆盖所有数据活动的详细跟踪记录，从而实现对用户访问行为的主动监控，生成审计所需要的信息，识别各类异常事件。生成的结果报表可以使所有数据活动详细可见，如登录失败、配置变更、用户管理、设备升级维护、接入失败等，并保证所有用户操作可查询。此外，确保审计进程无法中断，无法删除、修改、覆盖审计记录，同时具备异常事件报警功能。

5. 智能设备的组件安全

工业互联网智能设备在进行产品架构设计前，应先对产品开发中所涉及的开源及第三方软件进行选型安全分析，包括开源及第三方软件本身所涉及的开源协议、是否合规、是否存在未修复的安全漏洞、可能存在的安全风险等情况进行分析，遵循"先安全分析再引入"原则。

9.5 工业互联网智能设备安全关键技术

工业互联网智能设备应用场景复杂、技术体制多样，存在较多安全风险。工业互联网在硬件、系统、接入、网络、控制、数据、应用等方面的安全能力需求，需要相应的技术手段来支持。面向智能设备行为安全监测和分析需求，可从设备系统和网络流量两个层面采集智能设备行为数据，采用机器学习异常监测方法分析智能设备执行行为和网络行为。针对智能设备攻击溯源和还原问题，需要突破规模化的智能设备安全仿真和虚拟执行、设备间攻击路径还原、智能设备固件漏洞挖掘等关键技术。针对智能设备硬件、系统、应用、数据等完整性和机密性保护问题，密码技术是重要基石，多采用基于内置安全芯片的密码技术方案。面向工业互联网智能设备接入安全问题，需要突破设备主动标识、海量设备高效接入认证、密码协议轻量化、工业协议安全分析等技术难点。

1. 智能设备安全数据采集

针对工业智能设备的安全数据采集，一方面，通过设备自身系统固件的日志模块或内嵌采集探针，记录设备指令、系统调用、函数调用、事件触发等系统层面行为数据，并通过相关的 API 接口进行调用上传；另一方面，从交换机端口进行镜像流量采集，对工业互联网流量中的网络元数据、网络传输数据、载荷行为数据等网络层面数据进行细粒度行为记录，提取智能设备之间的交互行为。受制于工业互联网智能设备系统固件异构复杂的特点，现有日志行为提取方法对异构智能设备适配性较差，提取效果受设备系统类型、品牌型号及固件开放程度影响，尚未形成大规模解决方案。在网络流量采集方面，复杂工业协议种类与通信方式导致流量采集缺失和识别困难，同时流量镜像采集等手段也为工业系统带来额外开销。

2. 智能设备安全行为分析

针对工业智能设备的状态数据检测和设备网络行为分析，一方面通过安全审计系统的日志记录进行设备行为模式识别，判断设备执行状态和逻辑；另一方面采用数据探针对设备网络流量数据提取行为多维特征向量，进一步进行关联分析与家族同源分析，监测异常网络行为。工业互联网设备行为分析技术包括数据清洗、异构流量解析、安全日志审计、流数据关联、细粒度行为识别等，主要应用于工业生产控制、网络传输、边缘计算等设备的执行行为、网络行为的异常监测，实现智能设备全方位监控，但存在设备行为数据采集难度大、自动对数据进行精确行为的标注难度较大、加密数据无法识别等问题。目前，我国工业互联网设备行为分析技术发展刚刚起步，在电力、制造业等领域的应用还处于测试阶段，存在行为分析细粒度不足、分析缺乏关联等问题。

3. 智能化固件自动化漏洞挖掘技术

针对工业互联网智能设备（智能路由器、智能摄像头、智能仪表等）的固件安全性监测，通常采用 Fuzzing 技术、补丁比对技术、静态代码分析技术、动态测试分析技术等进行未知漏洞挖掘、安全性和健壮性测试，深度挖掘工业互联网智能设备或系统的各类已知、未知漏洞，可显著提升工业互联网智能设备的安全性，但仍存在私有协议难以发现、异常位置难以定位、固件漏洞其硬件及系统的多样性及私有性，导致难以进行自动化分析、自动化判断，致使难以发现等挑战亟待解决。目前，我国工业互联网智能设备漏洞挖掘技术多采用黑盒模糊测试方法，在智能设备固件、系统等方面存在技术短板，亟需研究智能设备固件深度分析技术，发现固件中可能存在的漏洞。

4. 智能设备间攻击路径还原

工业互联网智能设备间攻击路径溯源与还原，包括产生假设、数据调查、识别溯源和自动化分析四个阶段，通常采集并记录设备与设备之间的网络传输层数据、五元组数据、流量监测日志数据、载荷动静态分析结果及工业互联网智能设备行为数据等全要素数据并留存，并辅以威胁情报，对工业互联网智能设备攻击实现完整的追踪溯源和还原。但仍存在私有协议难以解析、智能设备行为记录难以获取等挑战，技术难点在于智能设备虚拟执行、私有协议动态发现、多元攻击信息关联分析推断等。目前，奇安信、中瑞天下、启明星辰、六方云等公司在攻击溯源与还原技术方面有相关积累，但在工业设备虚拟执行、私有协议动态发现、工控重大安全事件情报等方面存在技术短板，亟需构建工控重大安全事件库，研究固件虚拟执行技术。

5. 规模化智能设备安全仿真

规模化智能设备安全仿真平台通常包括由少量实物设备组成的真实系统，将真实系统与工业互联网虚拟仿真网络系统连接，组成一个虚实结合的工业互联网安全态势感知仿真平台。仿真平台包括工业设备虚拟化、软件定义网络、分布式计算、软硬件动态管理等技术，实现了关键工业领域典型工业应用场景的工业互联网智能设备仿真还原，支持工业安全测试验证。有针对性地开展风险分析、漏洞挖掘及信息安全防护解决方案验证等工作，填补了工业互联网场景化的安全仿真测试空缺。近年来，工业互联网智能设备面临的外部威胁日益增加，国内重点工业领域安全测试仿真环境缺乏，存在测试验证困难的问题，亟需建设规模化的智能设备仿真测试环境，实现工业安全测试验证。

6. 基于主动标识的自身安全智能设备

工业互联网主动标识载体可以嵌入工业设备内部，承载工业互联网标识编码及其必要的安全证书、算法和密钥，具备联网通信功能，能够主动向标识解析服务节点或标识数据应用平台等发起连接，而无须借助标识读写设备来触发，其中 UICC 通用集成电路卡、移动通信模组、MCU 芯片等均为主动标识载体。但主动标识载体仍存在接入认证、通信安全、通信稳定性和升级困难等问题亟需解决。目前基于主动标识的自身安全智能设备普及的程度并不高，且目前整个行业处于一种"不正规"的状态，尚未形成统一的标准。

7. 基于安全芯片的自身安全智能设备

安全芯片提供随机数生成、密码计算、密钥存储、密钥管理等服务，可以为工业智能设备提供基于硬件的安全基础，是满足智能设备硬件安全、系统安全、应用安全目标的重要手段。在视频监控摄像机、智能控制器、智能传感器等智能设备中，安全芯片已逐步得到应用，通常以可插拔或嵌入式安全模块形态集成在智能设备中。

工业智能设备应用安全芯片，应至少考虑安全芯片在硬件通信接口、密码算法、自身安全级别三方面的支持能力。安全芯片模块应当支持丰富的硬件通信接口，如USB、SDIO、SPI、I2C、7816 等，便于与各类工业智能设备集成。安全芯片应该支持主流的国际或国产的对称、非对称密码算法，对于应用于特定领域的智能设备，应按照相关规定采用支持国产密码算法的安全芯片。智能设备中应用安全芯片模块，应参考国家标准或密码行业标准中对安全芯片和密码模块安全技术要求的规定，并根据应用和工作环境要求合理选择安全芯片模块的安全级别。利用内置的安全芯片，工业智能设备可实现设备身份认证、传输加密、固件安全更新等安全功能。

8. 工业智能设备协议识别、分析与安全防护

工控网络协议是工业智能设备得以实现远程控制的必要基础。现有工控网络协议种类多样，不同应用领域、不同行业往往采用各自的公开或私有协议；现有工控网络协议设计时主要考虑可靠性和实时性，安全考虑不足。因此，在工控系统从封闭走向开放的背景下，工控网络协议的安全问题逐渐暴露并被放大。

工控网络协议识别与分析能力是智能终端设备安全运行及安全设备有效工作的基础。针对工业智能设备协议分析和安全防护问题，可采取协议安全性增强、附加安全代理、网络流量采集与分析等防护手段。工控网络协议安全性增强可重点考虑协议完整性保护和来源身份鉴别，避免协议加密等对设备资源占用过多或影响数据传输实时性。附加安全代理方式对于资源限制型终端设备来说是可考虑的手段，且无须改造原有系统或设备，但仍需要注意对协议实时性的影响。网络流量采集与分析技术相对成熟，但对于工控网络协议，还需要增强对工业生产相关操作码等业务逻辑的理解，提高异常监测能力。此外，工业智能设备行为较有限、行为模型相对固定，因此在设备端或流量分析端采用基于基线建模的异常监测，也是工控网络协议安全防护可行之法。

9. 海量设备的高性能安全接入

智能终端设备的接入认证面临设备数量巨大、终端形态差异、设备批量请求处理性能要求高等特点，传统一对一认证方式无法满足实际应用需求，采用分层认证、设备群组认证方式可以更好地减轻平台认证负担、提高认证效率，并节省网络和设

备资源。分层认证可利用系统网络拓扑结构，将主要由平台完成的认证工作分担到边缘设备；设备群组认证过程中在设备群组划分方面可以综合考虑终端设备固有性质（如设备属主、位置、业务功能等），以及用户自定义规则等多维度信息，实现智能终端设备的安全快速接入。接入认证协议大致可分为基于对称密码算法的认证协议和基于非对称密码算法的认证协议两类。对于工业互联网设备接入认证，认证协议的设计需要兼顾安全性和高效性，在保证安全条件下，尽可能降低通信开销、缩短认证时间、减少计算量，以适应智能设备资源有限和计算能力相对较低的特点。

10. 智能设备轻量化加密传输与认证

部分智能设备的硬件资源受限、处理能力有限，因此产生了轻量级安全保护的需求。轻量级并无量化的标准定义，轻量级安全包括轻量级密码算法和轻量级安全协议。轻量级密码算法设计的难点是做好安全性、实现代价和性能之间的权衡。目前，轻量级密码算法设计的技术思路主要有三种，一是面向硬件实现对标准分组密码算法进行优化，降低硬件资源使用率；二是修改和简化经典密码算法，使其适应资源受限的应用场景；三是针对轻量级需求设计专门算法。例如，被引入 TLS 并替代 RC4 算法的 ChaCha20 加密算法，被设计为仅依赖通用的 CPU 指令（加法、循环移位、异或等），以及 ARM 平台专用向量运算指令等，在缺少硬件加速（AES加速指令）的处理器上具有比 AES 更高的性能。而 Poly1350 消息认证算法通过缩短消息认证码长度，可有效节省网络带宽。轻量级安全协议主要用于身份认证、密钥协商、认证加密、密钥管理等方面。轻量级安全协议设计的难点在于，解决减少通信交互次数、减少计算量等的需求与协议安全性和可靠性的矛盾。

9.6 工业互联网智能设备安全展望

1. 加强工业互联网智能设备安全标准与规范制定

安全标准与规范是工业互联网智能设备安全的基石。目前，工业智能设备尚处于规模化应用阶段，工业企业对安全重视程度有待提高，智能设备厂商安全手段各异，工业通信协议安全体系缺失，亟需一系列统一的安全标准规范。

一是制定工业智能设备身份认证与权限管理安全标准，加强设备认证机制，综合使用设备指纹、数字证书、身份标识等多种设备身份认证方案，探索适用于工业智能设备的轻量级认证算法，灵活使用基于角色的权限控制等安全手段，制定相关安全标准。在保证设备实时性、可用性、准确性要求的前提下，实现工业智能设备身份精确识别和权限精准控制。

二是制定工业智能设备通信安全规范，针对现有智能设备通信协议和相关工业控制协议的安全缺失问题，综合采用轻量级数据加密、5G 工业互联网、时间敏感网络等技术，实现智能设备采集数据、控制指令等关键工业数据通信保护，对不同种类设备实施安全等级划分，制定差异化的数据保护规范，灵活提升智能设备通信安全性。

2. 推动工业互联网智能设备核心技术攻关

设备核心技术是工业互联网智能设备安全的关键。当前工业智能设备存在硬件自助率低、操作系统与固件依赖严重等问题，存在大量软硬件后门和未知安全漏洞风险，解决核心技术"卡脖子"问题是实现工业智能设备安全的必要条件。

一是大力推进国产芯片、国密融合芯片的研发应用，推动工业智能设备核心硬件国产化替代。针对智能设备控制芯片、数据存储传输芯片、安全加密芯片等关键硬件，联合国内芯片设计企业、芯片生产加工企业、研究院所进行核心技术攻关，推出切实可行的替代方案。采用国密算法内生融合的方式保障智能设备硬件安全。

二是积极推动国产操作系统、嵌入式系统、设备固件的开发工作。面向工业智能设备的高实时性、低时延、高可靠性要求，研究适用于不同应用场景的轻量级固件系统，充分分析掌握开源系统的潜在安全风险，灵活运用可信执行环境（TEE）、可信平台控制模块（TPCM）、可信密码模块（TCM）等技术保护智能设备执行安全。

3. 建立工业互联网智能设备安全漏洞共享机制

设备漏洞是工业智能设备安全的短板。工业智能设备在设计之初对安全考虑较少，多数采用裁剪嵌入式系统等轻量级系统固件，本身存在大量安全漏洞隐患，同时其较高的实时性和可靠性要求使得部分漏洞防御手段不再适用。因此，需要建立统一的工业智能设备安全漏洞共享机制，实现工业设备安全漏洞同步共享和安全防护策略的及时响应。

一是完善工业互联网智能设备安全漏洞库，建立设备漏洞共享机制。制定工业互联网智能设备安全漏洞检测共享制度，要求工业企业定期对智能设备进行漏洞检测并上报，建设工业领域不同行业、不同地域的设备漏洞库，对新发现的安全问题层层上传记录并及时通报。

二是建立工业互联网智能设备安全漏洞响应机制。制定智能设备安全漏洞分类定级机制，制定应对不同级别漏洞、不同工业企业的应急响应措施。在安全漏洞发现通报后，对受影响的工业企业进行评估并及时响应，缓解安全漏洞带来的影响。

4. 完善工业互联网智能设备数据交换体系

工业数据是工业互联网智能设备安全的命脉。工业互联网智能设备在正常运行中存在大量工业控制、生产等数据的交换，在传统工业数据交换时大量采用数据明文传输方式，对数据的存储管理、访问权限等相关安全问题考虑较少，容易导致数据越权获取、数据泄露等安全风险，亟需一套完善的工业互联网智能设备数据交换体系。作为一种新兴工业数据交换方式，工业互联网标识解析体系可有效解决上述工业数据交换问题。

一是探索工业互联网智能设备标识体系，将海量异构的工业互联网智能设备连入标识解析系统。标识作为智能设备的唯一标志，可以有效实现基于标识的智能设备接入认证、访问控制等接入安全控制，防止工业数据越权访问，实现基于设备身份、属性等方式的端到端访问，实现工业数据异常的精准定位。

二是建立基于设备标识的工业互联网智能设备数据安全交换机制，构建工业互联网标识密码体系，支撑标识密码、无证书密码等技术应用，实现工业互联网数据的安全可信交换。建立工业企业内部、企业之间、行业之间的工业互联网智能设备交换体系，实现智能设备数据的跨域交换，充分发挥数据价值。

5. 建立工业互联网智能设备强制安全认证机制

工业互联网智能设备因其自身的特点，目前没有匹配度较高的安全认证机制。当前使用较多的 IT 产品或 IoT 产品的安全认证，可满足部分安全性的测试，但在工控协议、工控现场环境测试等方面，可能存在不适用的情形。所以，当前亟需建立工业互联网智能设备的安全认证机制。

一是建立工业互联网智能设备安全测试认证体系，强化安全测试验证水平，特别是围绕硬件安全、系统/固件安全、接入安全、网络安全、控制安全、应用安全、数据安全等要求，验证工业互联网智能设备的抗渗透、恶意代码防范、抗分布式拒绝服务攻击、漏洞隐患防护等安全防护能力。

二是建立工业互联网智能设备分类分级安全防护认证机制，面向不同部门、行业、企业，准确划分智能设备安全能力层级要求，提供差异化安全级别防护需求，围绕智能设备安全性、防护水平等设计安全认证级别，开展智能设备的网络安全分类分级管理和差异化防护。

三是完善工业互联网智能设备安全接入认证技术手段，扩展代理接入、接入认证、身份认证、访问控制及标识身份认证等安全防护技术手段应用的深度及广度，探索适用于工业互联网智能设备的新型接入认证技术，确保接入设备的合法性和可信性。

6. 加强工业互联网智能设备的安全监管

信息技术与传统工业运营技术的融合日益深化，工业互联网智能设备的网络安全防护能力将直接影响工业生产和业务运行，成为工业互联网安全政策管控、产业保护实践的重要组成部分。近年来，工业互联网智能设备安全逐渐成为传统工业强国的关注重点，被视为强化工业互联网安全管控、保障供应链安全及产业发展的关键内容。在实际应用中，工业互联网智能设备可能存在未正确使用的情况，因此应当加强针对工业互联网智能设备的安全监管，强化智能设备安全管理和监测力度。

一是完善工业互联网智能设备安全顶层设计要求，研究制定工业互联网设备安全相关管理办法，颁布工业互联网设备安全强制标准和行业规范。强化工业互联网设备的设计、开发、实施、运行维护等全生命周期过程的网络安全规范要求，为企业产品安全开发、第三方机构测试认证、设备部署运行提供依据。

二是建立关键工业互联网智能设备准入机制，完善相关安全标准规范，建立体系健全的工业互联网设备安全监管和安全准入机制，保证设备在进入市场销售或使用前进行严格的安全检测。

三是强化工业互联网智能设备安全风险监测感知能力，引导行业加强工业互联网设备的安全监测和应急处置能力，加强设备的安全监测感知、态势研判、信息共享通报、应急处置，及时预警木马感染、病毒或入侵等智能设备攻击事件。

7. 防范新技术为工业互联网智能设备带来的安全风险

随着大数据、人工智能、区块链、5G、边缘计算等新一代信息技术与工业互联网平台的融合应用，大量的工业互联网智能设备通过新兴通信技术接入工业互联网平台，会带来新的安全风险，如边缘计算技术可能会使大量缺乏认证功能的智能设备暴露在互联网，黑客可能会使用人工智能进行安全对抗，第三方协作服务的深度介入增加信息泄露、数据窃取的风险等。因此，需要在工业互联网智能设备的论证、设计、研制、集成、运维等全生命周期各个阶段采取有效措施，来预防安全事件的发生。

一是智能设备自身风险管控，增强智能设备设计、开发中的安全考虑，将安全因素放在重要地位，投入必要资源，可以有效降低产品弱点，提升整体安全性。

二是设备关联风险管控，增强智能制造系统的鲁棒性与健壮性，增强其容错能力。各系统不再只是被动地触发，而是具备基于信息互联的分析预判主动防御能力，其可靠的工作得以保持风险在合理可接受水平。

三是信息安全管控，部署安全路由、工业防火墙对入侵行为进行检查，同时可对设备层节点进行信誉评价并进行设备注册。设备层进行认证与保密相关措施保证信息的安全性。实施多种数据库安全服务措施、用户隐私保护机制以及用户行为防抵赖的取证机制，严防工业信息的泄露。

四是网络层安全防护，针对端到端通信间的安全风险，可以实施抗分布式拒绝服务攻击的网络协议与端到端加密技术。针对网络节点的安全风险，可以实施节点认证、跨网认证及逐跳加密技术。为提高信息传输整体的保密性，可以实施单播、组播及广播的加密与相关安全技术。

9.7　本章小结

工业互联网智能设备是指，参与工业生产、控制、运营，具备状态感知、数据交换等能力，可依据预先装载或即时下发策略进行实时执行、分析、决策的联网设备，是工业互联网的重要组成部分。随着工业互联网的深入发展，工业互联网智能设备数量逐年增多，设备安全防护问题不断显现，本章对工业互联网智能设备安全进行了概述、分析和展望。9.1 节介绍了工业互联网智能设备安全防护现状。9.2 节分析了工业互联网智能设备安全边界、需求特征和挑战。9.3 节进行了工业互联网智能设备安全风险与威胁分析。9.5 节针对提出的需求特征及安全风险，从工业互联网智能设备硬件安全、工业互联网智能设备系统安全、工业互联网智能设备接入安全、工业互联网智能设备网络安全、工业互联网智能设备控制安全、工业互联网智能设备数据安全、工业互联网智能设备应用安全方面，提出了工业互联网智能设备安全防护架构，并总结了工业互联网智能设备安全关键技术。9.6 节对工业联网智能设备安全提出了展望。

第 10 章

工业互联网数据安全

. . . .

工业互联网数据是指在工业互联网这一新模式新业态下，工业互联网企业在开展研发设计、生产制造、经营管理、应用服务等业务时，客户需求、订单、计划、研发、设计、工艺、制造、采购、供应、库存、销售、交付、售后、运维、报废或回收等工业生产经营环节和过程，产生、采集、传输、存储、使用、共享或归档的数据。

10.1　工业互联网数据特征及重要性

工业互联网数据同时具备"工业"属性和"互联网"属性，但相比传统网络数据，工业互联网数据种类更丰富、形态更多样。

1. 工业互联网数据形态和种类多样，"工业"和"互联网"属性兼具

工业互联网数据涉及的主体较多，既包括含有研发设计数据、生产制造数据、经营管理数据的工业企业，也包括含有平台知识机制、数字化模型、工业 App 信息的工业互联网平台企业，还包括含有工业网络通信数据、标识解析数据的基础电信运营企业，标识解析系统建设运营机构等工业互联网基础设施运营企业，含有设备实时数据、设备运维数据、集成测试数据的系统集成商和工控厂商，以及含有工业

交易数据的数据交易所等（见表 10.1）。这些不同类型的企业都是工业互联网数据产生或使用的主体，同时也是工业互联网数据安全责任主体。

表 10.1　工业互联网数据主要类型

数 据 类 型	数据子类参考
研发设计数据	设计图纸文档、开发测试代码等
生产制造数据	控制信息、工况状态、工艺参数、系统日志等
经营管理数据	系统设备资产信息、客户与产品信息、业务管理数据等
外部协同数据	工业企业上下游供应链数据、与其他工业企业交互的数据等
运行维护数据	设备运行数据、设备维护数据、集成测试数据等
建模分析数据	知识机制、数字化模型、统计指标、数据分析模型等
平台运营数据	物联采集数据、平台应用与服务数据、平台运行数据等
标识解析数据	标识数据、标识运营数据等
流通交易数据	数据产品信息、交易信息等

工业互联网数据具有以下特征。一是实时性，工业现场对数据采集、处理、分析等均有很高的实时性要求。二是可靠性，工业互联网数据十分注重数据质量，在数据采集、传输、使用等环节中都要保证数据的真实性、完整性和可靠性，确保工业生产经营安全稳定。三是闭环性，工业互联网数据需要支撑状态感知、分析、反馈、控制等闭环场景下的动态持续调整和优化。四是级联性，不同工业生产环节的数据间关联性强，单个环节数据泄露或被篡改，就有可能造成级联影响。五是更具价值属性，工业互联网数据更加强调用户价值驱动和数据本身的可用性，用以提升创新能力和生产经营效率。六是更具产权属性，工业互联网数据产生于企业实际生产经营过程，数据产权属性明显高于个人用户信息。七是更具要素属性，工业互联网数据是驱动制造业和数字经济高质量发展的重要引擎，具有更强的生产要素作用。

工业互联网数据与传统网络数据的对比见表 10.2。

表 10.2　工业互联网数据与传统网络数据的对比

对 比 项	工业互联网数据	传统网络数据
数据格式	工业现场时序数据等结构化数据较多，研发设计数据、经营管理数据等多为非结构化数据	多为非结构化数据，少部分为结构化数据
数据质量	要求数据具有真实性、完整性、可用性，更关注处理后的数据质量和可用性	采用数据简单清洗去除无关数据，数据质量要求较低
实时性	注重数据的时效性，覆盖工业生产经营过程中各类变化条件，确保从数据中提取的反映对象真实状态信息的全面性	对数据的实时性要求不高

续表

对 比 项	工业互联网数据	传统网络数据
关联性	生产经营流程中的数据关联性较强,注重数据特征背后的物理意义、特征之间的关联性机理逻辑	依赖统计学工具简单分析属性之间的相关性
分析结果精度	对预测和分析结果的容错率很低,要求数据具有高精度	对预测结果的准确性要求不高
闭环反馈控制	支撑生产经营全流程进行闭环反馈与控制	一般不需要闭环反馈与控制

2. 工业互联网数据安全关乎国计民生,关系总体国家安全

工业互联网数据是贯穿工业互联网的"血液",已成为提升制造业生产力、竞争力、创新力的关键要素,是驱动工业互联网创新发展的重要引擎。随着工业互联网的发展,数据增长迅速、体量庞大,数据安全已成为工业互联网安全保障的主线,一旦数据遭泄露、篡改、滥用等,将可能影响生产经营安全、国计民生甚至国家安全,其重要性日益凸显。

1)工业互联网数据安全是保障企业正常开展生产经营活动的重要前提

设计图纸、研发测试数据、工艺参数等技术资料可能含有企业商业机密,一旦遭泄露将会导致企业失去核心产业竞争力。生产控制指令、工况状态等信息若被不法分子篡改,可引发系统设备故障甚至生产安全事故,影响企业生产运行。企业内部合作信息、平台客户信息等数据的泄露则会破坏企业信誉和形象。

2)工业互联网数据安全是经济社会稳定发展的重要基石

国家化工、钢铁等产品生产能力、储备情况、重大进出口项目信息等数据,能够反映化工产业实力、潜力和竞争力,关乎国家经济发展。化工厂房平面图、化学品存储库房分布等信息一旦遭泄露,可被不法分子利用对化工厂等发起定向攻击,引发火灾、爆炸等重大安全事故,威胁人民生命健康,造成生态环境污染,影响社会稳定。

3)工业互联网数据安全是总体国家安全战略的重要组成

重大装备研发设计文档等属于重要数据,一旦泄露可被他国掌握相关技术,影响国家科技实力。特种钢生产量等相关数据与高端装备制造密切相关,一旦泄露可被他国用于推算我高端装备制造等情况,可成为他国的谈判筹码。汇聚于工业互联网平台中的海量数据,可通过大数据分析手段挖掘出敏感数据,可能会被他国利用,威胁国家安全。

10.2　工业互联网数据安全形势与挑战

1. 全球数据安全威胁严重，工业互联网数据安全形势严峻

1）针对数据层面的攻击方式新型多样

以暴力破解凭证、勒索攻击、撞库攻击、漏洞攻击等方式威胁数据安全的网络攻击日益增多，尤其是勒索攻击呈现目标多元化、手段复杂化、解密难度大、索要赎金高、危害估量难等特征，成为工业互联网数据安全的重大威胁。专门从事勒索软件响应服务的 Coveware 公司称，2020 年一季度企业平均勒索赎金支付增加至111605 美元，比 2019 年四季度增长了 33%，目前勒索软件主要的攻击传播方式仍以远程桌面服务和钓鱼邮件为主。据 Verizon《2020 年数据泄露调查报告》统计，因黑客攻击引发的数据泄露事件占所有数据泄露事件的 45%。2020 年以来，发生了多起工业互联网数据安全事件。例如，SpaceX、特斯拉、波音等公司的军事装备等机密文件被勒索加密；葡萄牙跨国能源公司 EDP 遭勒索攻击，其 10TB 敏感数据文件流出。

2）数据窃取、网络黑市数据交易等现象层出不穷

美国安全情报供应商 Risk Based Security 公布的数据显示，2020 年一季度发生的 1196 起数据泄露事件共暴露 84 亿条数据，泄露的数据量同比增长了 273%。当前，暗网数据交易、精准诈骗、撒网式诈骗等网络犯罪活动十分猖獗，已经成为大规模有组织的犯罪集团甚至是有国家背景黑客团体的重要"发财"方式。2020 年 6月，威胁情报机构 Cyble 报道，约 2000 万中国台湾人民的敏感个人数据出现在暗网市场上，包含个人姓名、邮政地址、电话号码、身份证号码等。

3）制造业等领域的工业互联网数据已成为重点攻击对象

据 Verizon 发布的《2020 年数据泄露调查报告》统计，全球数据泄露事件多达3950 起，同比增长 96%，受影响行业排名前三的依次为医疗保障、金融保险和制造业，面向制造业的数据安全攻击动机也由间谍活动向追求财富转移，与经济利益相关的制造业数据泄露事件数量占比高达 73%。随着工业企业上云、工业 App 培育等工作的持续推进，部分工况状态、产能信息等海量工业数据向云平台汇聚，存储状态由离散变为集中，逐渐形成高价值的数据资源池，这些工业数据将日益成为不法分子牟取利益的攻击窃密目标。

2. 数据安全风险点增多，工业互联网数据安全防护面临挑战

1）工业领域互联开放趋势下数据安全风险增大

随着越来越多的工业控制系统与互联网连接，传统相对封闭的工业生产环境被打破，病毒等威胁从网络端渗透蔓延至内网系统，存在内网大范围感染恶意软件、高危木马等潜在安全隐患，黑客可从网络端攻击工业控制系统，甚至通过攻击外网服务器和办公网实现数据窃取。此外，工业主机、数据库、App 等存在的端口开放、漏洞未修复、接口未认证等问题，都成了黑客便捷入侵的攻击点，可造成重要工业数据泄露、财产损失等严重后果。

2）数据全生命周期各环节的安全防护面临挑战

从数据采集看，由于不同工业行业、企业间的数据接口规范、通信协议不完全统一，对数据采集过程难以实施有效的整体防护，采集的数据可被黑客注入脏数据，破坏数据质量。从数据传输看，工业数据实时性高，传统加密传输等安全技术难适用。工业互联网数据多路径、跨组织的复杂流动模式，导致数据传输过程难以追踪溯源。从数据存储看，缺乏完善的数据安全分类分级隔离措施和授权访问机制，存储数据存在被非法访问窃取、篡改等风险。从数据使用看，工业互联网数据的源数据多维异构、碎片化，传统数据清洗与解析、数据包深度分析等措施的实施效果不佳。

3）新一代信息技术应用带来新的数据安全风险

在云环境下，越来越多的工业控制系统、设备直接或间接与云平台连接，网络攻击面显著扩大，单点数据一旦被感染，就可能从局部性风险演变成系统性风险。信息技术与制造业融合发展，推动工业数据急剧增长，海量工业数据的安全管理和防护面临挑战。人工智能、5G、数字孪生、虚拟现实等新技术应用引入新的数据安全风险隐患。例如，利用人工智能技术进行数据伪造、数据污染、数据挖掘逆向还原，5G 技术带来数据高速传输安全风险，数字孪生、虚拟现实技术面临虚拟环境数据安全防护挑战。

3. 数据安全治理日趋严格，工业互联网数据安全保护和监管提上日程

1）国外加强个人隐私保护法规政策的制定

据统计，目前全球有 130 余个国家和地区制定了专门的个人信息保护法。2020年以来，多国纷纷加强个人隐私保护，例如，英国在其《数据保护法》的支持下，根据欧盟《通用数据保护条例》进行数据管理，韩国计划根据《个人信息保护法》推出《个人信息保护执行令》，日本通过修订版《个人信息保护法》，新西兰发布了《个人数据保护法（修订）》草案等。美国参议院相继提出《数据隐私法案》《隐私权利法案》《通知隐私披露法案》等，进一步要求企业落实隐私保护责任，强化个

人隐私权利。2020年1月1日起正式生效的美国《加利福尼亚州消费者隐私法案》，在消费者隐私权和数据安全保护领域引发了重大关注。

2）发达国家数据跨境安全监管升级

数据跨境流动已成为当前国家和地区间政策博弈最为复杂的领域之一。2019年年底，美国参议员提出《国家安全和个人数据保护法案》，明确禁止美国公司在中国和俄罗斯及其他可能对美国国家安全构成威胁的国家境内存储数据，同时限制在美国境内工作的其他国家公司收集有关美国人的数据。欧洲数据保护委员会于2019年11月发布《GDPR域外适用指南》，加强欧盟国家数据跨境安全监管，保护欧盟数据主体的权利。2020年7月，澳大利亚政府服务部部长Stuart Robert在国家新闻俱乐部演讲中宣布了新的数据主权规则，加强数据本地化管理，包括考虑是否应宣布某些公众关注的数据集为主权数据集，并且只能在澳大利亚境内的、受认可的澳大利亚数据中心托管，只能由澳大利亚政府和澳大利亚的服务提供商访问。2020年9月，爱尔兰隐私监管机构要求Facebook停止将其欧洲用户的数据转移到美国。

3）工业互联网数据安全保护实践不断加强

欧洲国家在工业数据保护方面起步较早。2020年2月，欧盟委员会发布《欧洲数据战略》，从构建跨部门治理框架、加强数据投入、提升数据素养和构建数据空间（包括工业数据空间）方面提出四大支柱性战略措施。2019年11月，欧洲共同利益重要项目战略论坛发布《增强欧盟未来工业的战略价值链》，提出建立欧洲可信数据空间。美国工业互联网联盟也开始关注数据安全，2019年7月发布《工业互联网数据保护最佳实践白皮书》，结合工业互联网安全框架、IEC 62443、IEC 61508等工控安全标准，提出工业互联网数据在安全性、完整性和隐私性方面的安全保护措施。我国网络安全界、工业界正在积极探索工业数据保护实践，提出采用"零信任架构"保护工业互联网数据安全等措施。

4. 数据安全技术创新迎来机遇，工业互联网数据安全产业发展加快

1）数据安全新技术、新产品、新模式不断涌现

在以全球网络安全产业风向标著称的2020年RSA大会中，数据安全、隐私保护等议题成为热点。近年，初创公司为数据安全解决方案吹起了一股新风，2020年RSA大会的创新沙盒环节由专注于数据隐私保护与合规的创业公司Securiti.ai摘得桂冠。该公司提供了敏感数据发现、客户维度数据管理、数据溯源及自动化合规监测四项合规技术能力，有效解决企业面临的典型数据合规问题。

2）涉足数据安全的企业日渐增多

一方面，网络运营者着手建设数据保护能力。例如，西班牙电信推出了云数据存储服务，解决数据存储安全、文件共享隐私保护等问题；英国电信发布新的安全

数据分析服务，帮助企业收集、管理和评估大数据集；美国电信运营商 Verizon 定期对外公布数据泄露调查报告，并通过企业云平台加强数据保护；日本运营商 NTT DoCoMo 正在规划用户隐私保护。另一方面，信息技术、咨询等行业企业将数据安全作为重要业务增长点，微软、IBM、思科、甲骨文、英特尔、华为等 ICT 公司都构建了数据安全产品线和服务体系；德勤、安永、普华永道、毕马威、埃森哲等大型咨询服务公司纷纷将数据安全业务视为业务增长的重要引擎；美国 Imperva、Symantec、Forcepoint 等安全企业不断迭代更新自研的数据安全产品和服务。

3）工业互联网数据安全产业始露苗头

在工业互联网领域，目前企业等相关方对数据安全的需求挖掘不够充分，基本没有面向工业互联网数据安全领域的成熟产品和服务，工业互联网数据安全市场雏形尚未形成。近年来，工业互联网安全市场逐渐升温，数据安全是工业互联网安全的重要组成，未来的工业互联网数据安全市场也将会随之加速发展。工信部、国家网信办、国家发展改革委等 16 个部门印发的《关于促进数据安全产业发展的指导意见》提出，到 2025 年我国数据安全产业规模将超过 1500 亿元。

5. 我国个人信息和重要数据安全保护力度加大，工业互联网数据安全风险突出

1）个人信息合规性保护加强

2020 年 4 月，国家计算机网络应急技术处理协调中心发布的《2019 年我国互联网网络安全态势》报告显示，大量 App 存在读写用户设备文件等行为，国内多家企业上亿份用户简历、智能家居公司过亿条用户信息等大规模数据泄露事件频发。中国互联网络信息中心发布的《中国互联网发展状况统计报告》显示，截至 2020 年 3 月，23.3%的网民表示遭遇过个人信息泄露问题，在网络安全问题中位居首位。面对严峻的个人信息保护形势，我国不断加大个人信息保护力度。2020 年 5 月，《中华人民共和国民法典》正式表决通过，人格权独立成编，进一步强化了对隐私权和个人信息的保护。2020 年 6 月，全国人大常委会调整 2020 年度立法工作计划，个人信息保护法、数据安全法等提请审议，并于 2020 年 7 月和 10 月公布了《数据安全法（草案）》《个人信息保护法（草案）》，引发社会热切关注。

2）重要数据违规流转引发关注

仅 2022 年 9 月份，国家工业信息安全发展研究中心建设的国家工业互联网数据安全监测与防护平台就监测发现多起数据跨境、数据泄露等事件，涉及钢铁、石油天然气、装备制造等行业，其中不乏研发设计、生产制造等工业互联网数据。当前，经济全球化、数字化等趋势加快，数据出境日益频繁，特别是重要数据的安全流转已引起高度重视。2019 年 5 月，国家互联网信息办公室发布《数据安全管理办

法（征求意见稿）》，将数据出境安全评估作为一项核心制度予以确立。同年 6 月，《个人信息出境安全评估办法（征求意见稿）》发布，提出要通过安全评估手段来保障数据跨境流动中的个人信息安全。

3）平台企业、工业企业等数据安全风险加剧

一方面，我国电子商务平台、网络社交平台、工业互联网平台等建设和应用走向深入，原本分散存储的个人信息数据、金融数据、生产经营数据等逐渐向平台集中，形成数据的"蜜罐效应"，自然成为黑客青睐的攻击目标。另一方面，我国工业 App、工业控制系统及设备等漏洞层出不穷，仅 2020 年上半年，国家工业信息安全发展研究中心收集研判的工业信息安全相关漏洞就超过 800 个，高危漏洞近 500 个，占比高达 61.7%。这些漏洞极易被黑客利用，严重威胁装备制造、能源、水务、化学化工等领域的工业控制系统及设备安全，进而引发数据泄露等风险。

10.3　工业互联网数据安全防护框架

工业互联网数据种类和形态日益丰富多样，且具有适应工业生产运营场景的实时性、稳定性等特征，对其进行有效的分类分级和安全防护存在困难，传统的数据安全标准等已无法全面有效地指导开展工业互联网数据安全相关工作。综合考量当前工业互联网数据安全的风险，以及安全防护的问题与难点，结合工业互联网数据的实际应用要求和场景，本书提出工业互联网数据安全防护框架。具体从通用安全防护、分类安全防护、分级安全防护三个层面分别提出工业互联网数据安全防护要求，三个层面相互衔接、有机统一（见图 10.1）。本框架提出了工业互联网数据分类分级安全管理要求和技术要求，针对不同类别和安全级别的工业互联网数据，从数据保密性、完整性、可用性保护和全生命周期保护等方面提出安全防护要求；重点根据不同类别工业互联网数据的特征，有针对性地提出工业互联网数据分类防护要求，解决适应各类数据实时性、稳定性等需求下的差异化安全防护问题；根据不同级别的工业互联网数据安全防护需求，分级提出细粒度安全防护要求，解决不同级别数据的分级防护问题。总体来看，本框架践行了"技管结合、动静相宜、分类施策、分级定措"的综合防护思路，基本解决了不同类别、不同级别的工业互联网数据的安全防护问题。

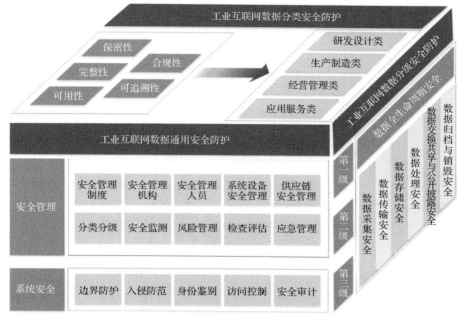

图 10.1　工业互联网数据安全防护框架

1. 技管结合

工业互联网数据安全防护要同时加强安全管理和技术防护。其中,安全管理方面包括制度、机构、人员、设备、供应链等安全管理,以及分类分级、安全监测、风险管理、检查评估、应急管理等工作。技术防护一方面包括从系统安全角度加强数据安全,主要措施有边界防护、入侵检测、身份鉴别、访问控制和安全审计;另一方面要进行分类分级防护,针对不同类别、级别的数据实施差异化防护措施。

2. 动静相宜

本框架既关注静态数据保护,也关注流动态数据全流程防护。其中,静态数据保护主要有两个角度,一是保护流动性较弱的存储态数据安全,二是从系统安全防护的角度保护数据安全。流动态数据全流程防护,重在保护数据采集、传输、迁移、交换共享与公开披露等数据流动过程中的安全。

3. 分类施策

主要是根据不同类别工业互联网数据的特征,有针对性地提出工业互联网数据分类防护要求,解决适应各类数据合规性、保密性、完整性、可用性、可追溯性等需求下的差异化安全防护问题。例如,研发设计数据的保密性特点更突出,生产制造数据的实时性、稳定性等要求更高，经营管理数据的安全交换共享需求更大，应用服务数据的上云安全、大数据安全、用户隐私保护等要求更高。

4．分级定措

需要围绕数据全生命周期，重点针对不同安全级别的数据安全防护需求，明确差异化的工业互联网数据分级安全防护要求。根据工信部发布的《工业数据分类分级指南》，将工业互联网数据分为一、二、三共 3 个级别，其中三级数据的安全防护要求最高。本框架中，分级防护主要围绕数据采集、传输、存储、处理、交换共享与公开披露、归档与销毁等数据全生命周期过程，根据不同级别的工业互联网数据安全防护需求，分级提出细粒度安全防护措施。

10.3.1　工业互联网数据分类安全防护

工业互联网数据分类安全防护围绕研发设计类、生产制造类、经营管理类、应用服务类 4 类数据，重点针对不同类别的工业互联网数据特征和安全防护需求，明确不同类别工业互联网数据的安全防护要求，保障工业互联网数据的合规性、保密性、完整性、可用性和可追溯性。

1．研发设计类数据

研发设计类数据包括研发设计图纸文档、开发测试代码等数据，主要是图片、文档、设计软件文件特有格式等非结构化数据，涉及企业核心产品研发和商业利益，其保密性要求相对较高。主要保护工业互联网数据在采集、传输、存储、处理、归档或销毁环节的数据不被泄露、篡改和非授权分析。可以通过数据加密、数据脱敏、虚拟专用网络、介质管控等措施保障研发设计类数据的保密性。

2．生产制造类数据

生产制造类数据包括控制信息、工况状态、工艺参数、系统日志等数据，主要是时序数据、关系表数据等结构化与半结构化数据，关系到工业生产的安全稳定运行，其可用性、完整性、实时性、可靠性要求相对较高。主要采用黑白名单、操作权限管理、接口认证、访问控制、安全审计等措施保障生产制造类数据在采集、处理、交换共享与公开披露环节的合规性，其中采用的措施应保证有实时采集需求的生产制造类数据采集的时效性。主要采用轻量级的校验技术、冗余备份等措施，保障生产制造类数据在采集、存储、处理、交换共享与公开披露环节的可用性。

3. 经营管理类数据

经营管理类数据包括资产、财务、人事、产品、业务、运维、供应链等方面的数据，主要是文档等非结构化数据，关系到企业财产、业务运营、商业信誉等，其交换共享需求更大且保密性、完整性要求相对较高。主要采用身份鉴别、访问控制、安全审计等措施保障经营管理类数据在交换共享环节的合规性。主要采用加密、SSL协议等密码技术、数据脱敏技术或 VPN 技术保障经营管理类数据在传输、交换共享环节的保密性，其中涉及与供应链企业、用户单位等进行数据传输、交换共享时，更应注重保密性。主要采用数字签名、校验技术、数据水印、敏感字段标注等措施保障经营管理类数据在交换共享等环节的完整性、可用性和可追溯性。

4. 应用服务类数据

应用服务类数据包括平台运行、平台服务、数字化模型、应用服务、标识运营、租户数据等方面的数据，主要是关系表、时间序列、文档等结构化或非结构化数据，关系到工业互联网基础设施运营企业等机构的平台系统运行、服务提供等，其用户隐私保护要求更高。主要采用数字签名、校验技术等措施，保证应用服务类数据在采集、传输、存储、交换共享等环节的完整性，特别是在企业数据上云等过程中，应确保数据上云后的完整性。主要采用校验技术、冗余备份等措施保障应用服务类数据在采集、存储、处理、交换共享环节的可用性，对于涉及上云迁移过程的数据，数据拥有者和云服务运营者都应采用数据备份等方式，确保数据的可用性，其中涉及租户信息等租户数据的冗余备份应征得租户同意。此外，涉及客户、员工等个人信息的数据，应符合个人信息安全规范等相关要求。

10.3.2　工业互联网数据分级安全防护

工业互联网数据分级安全防护在数据分级的基础上，围绕数据全生命周期，重点针对不同安全级别的数据安全防护需求，明确差异化的工业互联网数据分级安全防护要求。

1. 数据采集安全

（1）采集协商：主要根据"合法正当、权责一致、目的明确、最小够用"原则，让数据采集者与数据拥有者协商，在获得数据拥有者的自愿明确授权许可后进行工业互联网数据采集。

（2）采集安全控制：主要对数据采集环境、软硬件工具设备、系统、平台、接口及采集技术等，采取必要的测试、认证、鉴权等措施，保证数据采集的合规性和执行上的一致性。同时要注意采集方法的客观准确性、采集方法的安全性和现场可实施性，避免采用不当的采集方法对工业生产运行、平台应用服务等造成影响。

（3）外部数据源识别：主要通过建立完善的黑白名单库等措施，对工业互联网场景下来自公共互联网等企业、平台外部数据源的数据的真实性、有效性、安全性进行鉴别，避免采集不明来源的数据。

（4）源数据安全检测：主要采用网络流量监测、恶意代码检测、数据安全事件挖掘等技术手段，对源数据进行深度安全检测，有效检测、防御数据安全风险和威胁。

（5）数据质量评估：主要采用重复对象检测、逻辑错误检测等技术手段，对采集的数据进行准确性、完整性、一致性、有效性、唯一性和可用性校验，确保采集工业互联网数据的质量。

2．数据传输安全

（1）传输安全规范：主要采取建立数据传输接口安全管理规范的方法，对密钥使用、通道安全配置、密码算法选择、传输协议升级等技术措施进行审批及监控。

（2）单向数据传输：主要采用隔离技术等手段进行单向数据传输。

（3）加密传输：主要采用符合国家有关规定的加密算法和产品实施加密技术，同时考虑工业互联网应用场景、传输方式、数据规模、传输时效要求等。

（4）安全协议或专用链路传输：主要采用 SSL、TLS 等安全协议进行数据传输，或者采用 VPN 或物理专网传输数据。

（5）数据流量识别：主要建立全流量的数据安全风险威胁深度监测分析能力，能够对网络流量行为、攻击威胁、数据泄露或篡改等进行判定。

（6）数据安全迁移：主要考虑在数据迁移至工业互联网平台前，要明确数据安全级别、数据本地备份等。在数据迁移过程中应保障数据传输的机密性、完整性，离线数据传输服务要采用物理存储介质加密、物理设备封装等防护手段，防止因存储不当导致数据被恶意复制、泄露、损坏等。

3．数据存储安全

（1）存储环境安全：主要关注存储介质保护、存储跟踪记录、存储介质接入安全等方面。

（2）分类分级存储：根据工业互联网数据分类分级管理机制，对不同类别、级别的数据实行隔离存储措施。

（3）加密存储：主要采用不同强度的加密技术，实现存储数据的保密性、完整性和可用性。同时，建立有效的密钥管理机制和技术手段，实现对密钥的全生命周期安全管理。

（4）数据灾备：根据工业互联网数据的级别，提供数据本地及异地灾难备份与恢复功能。

4. 数据处理安全

（1）处理环境安全：主要采用隐私保护、访问控制、身份鉴别等技术手段，确保数据处理平台或系统等不被篡改，不会擅自收集、泄露企业或个人等的相关重要数据。

（2）导入导出安全：主要建立数据导入导出过程保护和回退机制，保障导入导出过程中发生问题时能及时有效地还原和恢复数据。

（3）加工与分析安全：在数据处理前，对需要用到的知识机理、数字化模型、算法、工具等进行测验分析，防止出现数据伪造、恶意篡改、违规信息隐藏、超负荷运算等，确保工业互联网数据处理结果的准确性和安全性。在数据处理过程中，采用访问控制、身份鉴别等措施，并在不影响数据加工分析的情况下，采用模糊化处理等方式对工业互联网数据进行脱敏处理。

5. 数据交换共享与公开披露安全

（1）数据交换共享规则：主要关注在数据交换共享前，数据交换共享双方需明确交换共享目的、用途、方式、日期、数据量、数据类型和安全级别、数据接收方的基本情况等信息，建立数据交换共享安全监控措施，对交换共享的数据及数据交换共享行为等进行监控，确保交换共享的数据被合理规范地使用，未超出授权范围。

（2）数据公开披露规则：主要关注公开披露工业互联网数据的行为是否经过合规性、必要性评估。数据公开披露前，需得到数据权属方的明示同意。

（3）数据溯源：主要采用数据标注、水印等溯源技术，对数据流经节点及流转过程中的篡改、泄露、滥用等行为进行溯源。

（4）数据脱敏：主要关注数据敏感性评估、数据脱敏有效性评估等，保证数据脱敏完全及脱敏后数据的可用性。

6. 数据归档与销毁安全

（1）数据归档处置：主要对重要且访问频率极低的工业互联网数据进行归档，建立归档数据保护机制，防止数据被篡改和删除。

（2）数据销毁处置：主要采用硬盘格式化、多次擦写、消磁等技术手段，确保数据被完全销毁，不留痕迹，不能恢复，同时在数据导入导出通道、数据存储空间被重新分配前清除数据，防止数据被非法恶意恢复。

（3）存储介质销毁处置：主要采用粉碎、拆解等方式，实现物理销毁存储介质，并确保数据被完全删除后，再销毁废弃存储介质。

10.4 工业互联网数据安全展望

数据安全是数字时代维护国家网络空间安全的核心关键。我国是世界第一制造业大国，工业经济的健康稳定运行关乎国计民生和国家安全。面对互联网、大数据、人工智能和实体经济特别是制造业深度融合的新形势、新要求，我国应坚持总体国家安全观，以"保安全、促发展"为总体思路，以"重点保护、分级管理、综合保障、安全共享"为推进路线，加强工业互联网数据安全顶层设计，强化企业主体责任，加强技术能力建设，促进产业发展，形成良好的工业互联网数据安全生态。

1. 强化数据安全管理

建议制定发布工业互联网数据安全分类分级、安全防护、安全交换共享、安全评估等相关政策制度及标准。推进重点行业、地区开展政策标准宣传和试点应用，促进落实企业主体责任。明确数据留存、数据泄露通报要求，常态化开展工业互联网数据安全监督检查。积极组织开展对标检查和第三方评估工作，评估企业数据安全管理现状，推动企业结合业务发展需要，定位自身的问题，制定针对性的整改方案，不断完善对应的数据安全管理规划、办法、标准、措施、流程等，逐步建立健全工业互联网数据安全管理体系。

2. 加强数据安全治理与防护

加快建立工业互联网数据安全治理体系，以工业互联网数据安全分类分级为抓手，组织开展工业互联网数据摸底调查，建立重要数据保护清单。企业在强化数据安全意识的同时应积极应对风险，加大资金投入，开展工业互联网数据安全防护手段建设，实施差异化分级管理和防护，促进数据分级安全共享，建立健全数据安全保障体系，提升风险防范和处置水平。

3. 加快数据安全技术创新和能力提升

围绕工业互联网数据全生命周期的安全保护要求，加快数据安全监测、轻量级加密、数据脱敏、可信防护等技术攻关，提升防篡改、防窃取、防泄露能力。支持国家专业机构建设国家级工业互联网安全技术保障能力，着力提升数据安全监测与防护、安全评估、可信交换共享、追踪溯源等能力。积极发挥相关产业联盟的引导作用，整合行业资源，创新服务模式，开展技术联合攻关等。

4. 促进数据安全交换共享和有序流动

建设工业互联网数据可信交换共享服务平台，全流程保障数据交换、共享、交易等过程的安全，形成工业互联网数据可信安全防护、安全交换、安全共享等公共服务能力。依托服务平台，聚拢产学研用各方共同建设安全可信的工业互联网数据空间，以工业互联网数据共享为驱动，推动构建安全可信的数据市场，打造工业互联网数据安全共享、安全交换、安全交易等多种服务和商业模式，激活工业互联网数据安全产业生态圈。

10.5 本章小结

随着云计算、物联网、移动通信等新一代信息技术的广泛应用，泛在互联、平台汇聚、智能发展等制造业新特征日益凸显。工业互联网数据常态化呈现规模化产生、海量集中、频繁流动交互等特点，工业互联网数据已成为提升企业生产力、竞争力、创新力的关键要素，保障工业互联网数据安全的重要性日益突出。工业互联网数据具有很高的商业价值，关系到企业的生产经营，一旦遭到泄露或篡改，将可能影响生产经营安全、国计民生甚至国家安全。然而，工业企业类型多样，工业互联网数据更是海量多态，给数据安全防护带来了困难和挑战。10.1 节介绍了工业互联网数据的特征及重要性。10.2 节分析了工业互联网数据安全形势与挑战。10.3 节提出了工业互联网数据安全防护框架。10.4 节对工业互联网数据安全进行了展望。

第 11 章

工业互联网流量安全

· · · · · · · ·

网络流量作为流动数据的载体，对流量进行安全分析可有效甄别流量中的异常行为，发现安全威胁与风险，保障工业互联网的正常运行。

11.1　工业互联网流量安全分析概述

随着工业互联网的快速发展，涌现出了越来越多的新型网络架构和工业应用场景，网络与业务应用之间的界限逐渐模糊，IT 与 OT 流量不断交错融合，针对工业互联网流量的安全分析变得更加复杂。

11.1.1　工业互联网流量安全分析的内涵与外延

随着工业设备逐渐智能化，相关业务上云、企业协作等不断推进，互联网与工业企业中的生产组件和服务深度融合，传统的互联网安全威胁如勒索病毒、高级持续性攻击等蔓延至工业企业内部网络，导致工业互联网安全事件呈现逐年增长态势。同时，工业控制系统、工业互联网标识解析、工业互联网平台等作为国家关键基础设施的重要组成部分，很容易成为国家之间网络对抗和有组织黑客的攻击目标，如"震网"病毒事件、委内瑞拉水电站攻击事件及美国燃油运输管道攻击事件等。目前工业设备漏洞数量多、级别高，潜在威胁不容忽视。我国多个重要领域的联网工业设备及系统"带病运行"情况普遍存在，给我国工业互联网带来严重安全隐患，对工业生产、经济社会稳定运行乃至国家安全构成直接影响。

工业互联网流量安全分析通过采集工业互联网网络流量，提取流量数据的载荷、网络特征、行为特征，采用深度包识别、深度流识别、人工智能、大数据分析等方法识别和区分工业互联网网络协议、应用进程、资产设备，结合工业信息安全漏洞库、安全厂商攻击知识库等多源威胁情报，对可疑网络交互行为进行全方位、多维度、综合性安全分析，发现隐藏在工业互联网流量中的安全风险与威胁，有效提高工业互联网安全防护能力，保障工业互联网重大工业平台运作及日常工业生产活动正常进行。

工业互联网流量安全分析是开展工业互联网安全行为分析、异常检测和威胁发现等研究的核心技术，也是提升工业互联网安全监测水平、改善服务质量和提高安全管理能力的前提与基础。工业互联网流量既涵盖工业企业内网的 OT 流量，也包括工业企业外网及工业企业与工业互联网平台通信过程中的 IT 流量。相比传统互联网流量，工业互联网流量具有分布广、采样位置分散，数据来源和数据类型多种多样、形式不一等特征，传统的网络流量分析设备无法直接适用于工业互联网流量的安全分析，且随着标识解析技术、IPV6 和 5G 等新兴网络通信技术的引入，工业互联网流量安全分析面临更多新的需求与挑战。工业互联网流量安全分析作为工业互联网安全的核心技术，在工业互联网资源测绘、攻击行为识别、安全态势感知、敌手测量分析等多方面发挥着重要作用。

11.1.2　工业互联网流量安全分析的技术发展现状

网络流量分析（Network Traffic Analysis，NTA）技术于 2013 年被首次提出，被认为是检测高级威胁的有效手段之一。根据 Gartner 的定义，网络流量分析技术以网络流量为基础，应用人工智能、大数据处理等先进技术，对流量行为进行实时分析并展示异常事件。在网络流量分析技术提出伊始，主要通过统计分析、基线刻画、模式匹配等方法对网络流量进行描述，重点在于网络流量识别与分析的能力。但随着技术的不断发展，研发人员开始突破网络流量分析技术的局限性，基于深度包识别、深度流识别等技术对网络数据包进行深度解析，借助机器学习、深度学习等人工智能技术对网络及用户行为进行智能化分析，以期发现网络流量中隐含的各种安全威胁及攻击行为，不断增强网络流量分析的安全检测和响应能力，尤其是针对高级威胁的行为分析与快速响应能力。

网络加密应用的增多和人们安全意识的提高使得网络加密流量的比例不断提

升，全网已有超过 80% 的网络流量采用加密的方式进行传输，网络流量加密化的趋势明显。传统网络协议主要通过 TLS/SSL、安全隧道等通用方案进行加密，工业互联网则因为工业设备资源受限，往往需要通过轻量级、定制化的方案进行流量加密，导致现有产品难以利用已有技术满足工业互联网加密流量的安全分析需求。

11.2 工业互联网流量安全分析的意义与挑战

工业互联网流量安全分析在充分赋能工业互联网安全保障的同时，也存在采集、识别、分析、处理等方面的挑战。

11.2.1 工业互联网流量安全分析的意义

随着工业互联网的快速发展，工业网络与企业内网、互联网的界限越来越模糊，工业系统之间的信息壁垒被打通，IT 与 OT 域不断融合，传统信息安全威胁迅速扩散至工业领域，工业互联网安全威胁挑战不断升级，安全形势更加严峻。工业互联网流量作为工业互联网网络安全检查、分析、管理的重要抓手，可有效提升工业互联网安全监管与服务能力。

1. 工业互联网流量安全分析是实现工业互联网空间资源测绘的重要抓手

通过对工业互联网流量进行采集和分析，对工业互联网空间的资产进行纵深探测，挖掘工业互联网中的重要资源，发现工业互联网资源暴露面、未知资源类型等关键安全信息，从而建立工业互联网资源分布情况和网络关系索引，依据不同企业的资源安全状况进行建模分析和画像刻画，实现工业互联网资源的可查、可定位、操作可识别，从而解决未知工业资产发现和防护不足的难题。

2. 工业互联网流量安全分析可有效提升工业互联网攻击行为识别及防御能力

安全流量分析对于工业互联网安全发展至关重要，是解决那些未知的、高级的、新型的网络安全威胁的关键技术。通过对工业互联网流量进行采集分析，对流量中所表征的工业互联网行为进行安全行为建模，甄别流量中的异常行为活动或攻击意图，结合威胁情报和漏洞知识库协同关联分析，能够高效地识别 DDoS、APT 等已知、未知攻击，并及时进行阻断，从而提高面向工业互联网平台、网络、标识解析等要素的攻击行为识别及防御能力。

3. 工业互联网流量安全分析有助于防范工业勒索病毒的安全威胁

随着工业互联网的进一步发展，强安全、弱开放的工业生产系统和弱安全、强开放的互联网会结合得更加紧密，导致攻击暴露面大大增加，工业勒索病毒数量呈现快速增长态势。通过对工业互联网流量及网络数据包载荷进行深度解析，与已知的威胁情报库进行比对，同时采用同源性分析、相似性分析等智能算法进行关联分析，能够有效识别网络中的工业勒索病毒，进而及时进行预警和拦截处置，有效防范工业勒索病毒的安全威胁。

4. 工业互联网流量安全分析可有力支撑工业互联网敌手测量分析

针对工业互联网流量的安全分析可为工业互联网敌手测量提供有效支撑。一方面，通过采集工业互联网中的敌手攻击样本流量，深层次分析数据包的载荷内容，采用关联分析、协同分析的方法确定敌手的攻击手段、攻击特性和攻击习惯，建立敌手攻击行为特征库，对工业互联网敌手进行深度测量及刻画。

5. 工业互联网流量安全分析是提升工业互联网安全态势感知能力的有效途径

工业互联网流量作为安全态势感知的基础感知数据，涉及工业互联网流量特征、性能特征、可靠性与安全性特征及网络行为模型等各个维度。通过对工业互联网流量进行深度挖掘与分析，充分利用海量流量资源优势，能够有效提升多维感知安全态势、风险信息及时预警、基础资源多元汇聚等能力，有效支撑实时监测、风险预判、快速预警的工业互联网安全态势感知体系，是建设国家-省-企业三级联动的安全监测体系的有力抓手。

6. 工业互联网流量安全分析可巩固完善工业互联网安全防御体系

基于工业互联网流量进行安全威胁风险实时监测，提取流量中的安全数据，形成工业互联网安全知识库和威胁情报库，分析流量中的安全行为，进行重大或特大网络安全事件事前预警，为重大突发工业互联网网络安全事件快速响应、综合决策指挥和协调处置提供网络资源数据，有效支撑、巩固和完善工业互联网安全防御体系。

11.2.2　工业互联网流量安全分析面临的挑战

网络流量安全分析作为传统网络安全领域的重要安全手段，已经日趋成熟并广泛应用于网络安全各类产品之中。然而，在工业互联网领域，工业网络与互联网网络的深度融合形成了网络流量安全分析独有的应用场景，如工业控制网络、私有工控协议、标识解析系统、工业互联网平台等关键应用场景。新场景、新要素给深度报文检测、流量采集分析处理性能、流量特征提取、协议识别、加密流量识别等流量安全分析技术带来了挑战。

1. 工业互联网业务复杂难以形成通用方案

工业互联网涉及钢铁、能源、化工、制造等众多领域，涉及智能制造、自动化生产、智能调度等各种应用场景，其中不同的工业互联网应用场景采用不同的设备、操作和业务逻辑，使得工业互联网安全流量因领域、场景不同而呈现不同的分布及统计规律特性，难以形成通用方案。为提高工业互联网流量安全分析的实际应用效果，需根据不同领域、不同业务场景定制解决方案。

2. 工业互联网海量数据流对处理性能提出更高要求

工业互联网的大量设备、标识解析、平台互联互通产生了海量的流量，不同的工业系统、标识解析协议也产生了各种类型的流量。出于工业设备的高实时性要求，在满足流量海量高并发的同时，要求处理的时延控制在毫秒级甚至微秒级，为工业互联网流量的快速解析、精确识别、高效处理带来了挑战。

3. 工业互联网终端海量异构导致流量数据难以采集

工业互联网接入了海量的终端，未来终端数据将是工业互联网流量的重要组成部分。然而，工业互联网终端的海量异构为流量采集与分析带来了挑战。一是大部分工业互联网终端在设计时并没有考虑流量采集接口问题，企业工控网络长期处于数据孤岛的状态；二是工业设备种类繁多，难以形成通用采集方案，定制化采集方案成本过高；三是终端数据涉及企业的核心业务信息，企业不愿意提供该类数据，为工业互联网终端数据采集和标注带来挑战。

4. 新型网络架构的引入为工业互联网安全分析带来困难

随着"5G+"工业互联网的落地与实施，5G、TSN等新型网络技术的引入也为流量采集与安全分析带来了挑战。在5G新型网络中，因为时延要求引入切片技术，新型业务在不同切片的灵活配置，使得5G网络流量采集涉及面广，流量安全分析需要具备海量应用识别能力和快速更新迭代能力，导致安全分析难度加大。

5. 加密手段为工业互联网流量识别带来挑战

出于保障数据传输安全的考虑，部分工业互联网平台或系统会采用支持加密的工业互联网协议进行安全传输，如工业控制协议OPC-UA、S7comm-PLUS，工业物联网协议MQTT、CoAP，标识解析协议Handle等。这些协议在保证数据隐私安全的同时，也导致数据解析、实体识别、资源识别、文件识别和有害恶意特征签名检测等传统流量分析检测技术失效，为工业互联网加密流量安全分析带来挑战。

6. 工业互联网异构导致协议识别与特征提取难度巨大

工业互联网业务场景具有高度的复杂性，使得工业互联网协议异构且复杂，且其中大多为私有协议，具有封闭性、排他性的特点，使得针对工业互联网流量进行安全分析不仅需要具备识别和分析工业资产、厂商、传输协议、应用协议等多维度技术能力，还需要具备对未知协议识别分析的增量扩展能力。此外，工业互联网终端、控制系统、平台等要素会产生海量、高维、非线性、时序性强的流量数据，且应用场景各异，导致不同场景下的流量特征不同，使得业务流量特征提取和建模成本较高，给工业互联网的安全流量分析带来了巨大困难。

7. 流量安全分析粒度不足，无法有效支撑安全监管

安全监管是工业互联网稳定发展的关键，但目前工业互联网安全流量分析在安全监管支撑方面存在一定的局限性。一是安全感知能力不足，目前工业互联网流量识别粒度粗，可分析的信息有限，仅能识别流量相关的协议、五元组等粗粒度信息，无法感知细粒度、具有安全价值的信息，影响工业互联网安全态势感知系统的能力；二是尚未形成流量安全分析相关产品安全检测机制，可能存在弱口令、命令注入、远程代码执行、数据篡改等漏洞，存在一定的安全风险；三是敏感工业流量溯源能力不足，工业互联网流量可能涉及商业及技术秘密，现有安全流量分析手段无法有效溯源敏感流量的流向、流量数据来源等，亟需提升流量分析对安全监管的支撑能力。

11.3 工业互联网流量安全分析技术框架

工业互联网流量安全分析技术框架（见图 11.1）以流量分析全业务流程视角为主线，围绕流量采集、识别、处理、安全分析、检测应用、流量分析与信创体系融合支撑 6 个方面分析工业互联网流量安全分析技术方法与原理，并提出相应的建议与措施。

11.3.1 工业互联网流量采集

流量采集是实现工业互联网流量安全分析的第一步，提供流量安全分析的数据来源。常用的流量采集方式主要有 Sniffer 嗅探、简单网络管理协议、NetFlow 网络流量信息的采集、sFlow数据流随机采样等。采集点可部署于工业互联网终端、工业企业网络出入口、平台企业网络出入口、IDC 网络出入口、城域网出口、标识解析节点、5G 网核心节点、大数据中心等关键网络节点。

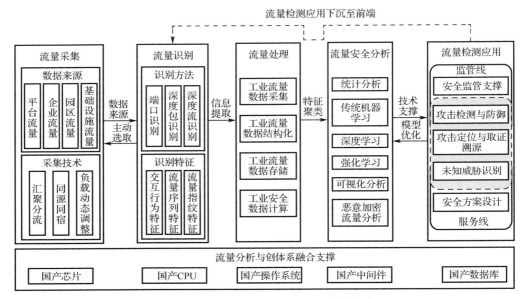

图 11.1　工业互联网流量安全分析技术框架

工业互联网具有流量大的特性，为了能够在复杂工业互联网中有效地分析网络流量，需要采用汇聚分流技术对工业互联网流量进行安全采集。汇聚分流技术应用于移动核心网（2G/3G/4G/5G）、骨干网、城域网或工业专线链路的多业务流量采集和分流，可对网络中多个接口的原始数据进行汇聚、分流、提取、过滤、复制等操作，并输出给应用系统进行数据分析等。利用同源同宿和负载动态调整技术，汇聚分流可有效解决单台处理设备无法应对大容量流量采集和分析的问题。为了采集工业互联网中的恶意流量，可在关键节点部署工控蜜罐，模拟真实环境，诱捕攻击者的攻击行为并进行捕获。

11.3.2　工业互联网流量识别

流量识别是工业互联网流量安全分析的关键环节，只有识别出流量后才能根据不同类型的流量采取针对性的分析处理策略。相比传统互联网，工业互联网中涉及设备、控制系统、标识解析、平台等更加复杂多样的要素，需要设计全新的工业互联网行为特征提取与分析框架。该框架可获取构建设备连接关系、指令参数和操作行为模型等关键流量特征，自动学习业务通信逻辑关系、操作功能码和参数等，并对其进行关联分析，建立正常行为基线，实现工业互联网行为智能检测分析。

根据识别流量的侧重点和深度的不同，常用的流量识别技术可分为端口识别技术、深度包识别技术、深度流识别技术。

（1）端口识别技术利用 IP 流量的端口号完成识别过程，其只检查数据包端口号，将不同的端口流量进行甄别并列出，从而判断流量中都有哪些协议在应用。端口识别技术仅能识别 TCP 和 UDP 类型报文，部分数据包存在使用动态端口或没有端口号的情况，该类流量就无法通过端口识别技术识别。

（2）深度包识别（Deep Packet Inspection，DPI）技术根据协议特征签名，对数据包的应用层数据进行深度分析，识别出相应协议，协议特征签名通常表现为数据包出现特定字符串或特定数字。在识别过程中，还可以结合数据包首部信息，利用特征码的方式对流量进行识别，准确率较高。该技术面向报文 7 层负载的特征串正则匹配，按工业协议及应用、DNS、工业互联网标识、特征码、五元组、固定及浮动位置特征等精细化分流。

（3）深度流识别（Deep Flow Inspection，DFI）技术是一种基于网络流量行为检测的识别技术，利用流的统计特征、序列特征等进行识别。DFI 不需要访问应用层信息，只需分析流的特征，如分析流的数据包长度规律、接入连接与外联连接的比值、上行流量与下行流量的比值等。

除了以上 3 种传统流量识别技术，深度学习、网络交互行为特征、流量指纹等各种前沿识别技术也为工业互联网安全流量分析提供有力支撑。

11.3.3　工业互联网流量处理

工业互联网流量安全分析通过流量数据采集、被动流量分析与协议识别、主动探测等相关技术，可有效获取工业企业、工业互联网平台、标识解析企业相关的安全日志，工业设备及系统的通信记录日志，暴露在互联网上的工业设备/系统资产信息。利用大数据相关技术，可对以上数据及其他相关数据进行接入、清洗、存储，形成资产信息库、日志信息库、威胁情报库等。工业互联网流量处理主要包括工业流量数据采集、工业流量数据结构化、工业流量数据存储、工业安全数据计算等技术。

（1）工业流量数据采集。工业流量数据采集通常使用分布式日志采集、分布式消息发布订阅等技术将不同数据源的海量工业日志数据（TB、PB 级）进行高效收集、聚合、移动，最后存储到一个中心化数据存储系统中。

（2）工业流量数据结构化。工业流量数据结构化主要包括数据提取、转换和加载等过程，主要负责将异构数据源中的数据，如关系数据、平面数据文件等，抽取到临时中间层后进行清洗、转换、集成，最后加载至工业数据库，成为联机分析处理、数据挖掘的基础。

（3）工业流量数据存储。工业流量数据存储通常使用分布式文件系统、图数据库、时序数据库等技术实现海量数据文件存储、结构化存储、列式存储、图式存储、时序数据存储等，供数据处理和查询使用。

（4）工业安全数据计算。工业安全数据计算主要依赖工业互联网流量安全知识库（如 CNNVD、CICSVD 等）进行模式匹配，使用分布式计算技术实现离线海量流量数据计算，使用分布式流数据处理引擎实现海量数据实时计算，使用工业大数据搜索引擎实现实时交互查询。

11.3.4　工业互联网流量安全分析

工业互联网流量安全分析通过对网络流量数据包头和载荷进行解析、分析、挖掘，发现流量的统计、分布特性。工业互联网流量安全分析主要有规则匹配和异常分析两种方式。基于规则匹配的分析方式主要通过将数据包头、载荷阈值等网络流量特征与已有分析规则进行匹配，符合预先设定的规则模式即代表其中可能含有攻击行为或意图。异常分析则主要通过异常的网络行为进行分析，当检测行为与正常行为偏离较大时，发出告警信息，主要使用基于统计的分析方法、传统机器学习方法、深度学习方法、强化学习方法、可视化分析方法等。通过对工业互联网安全进行分析挖掘，发现流量中的内在特征，可为工业互联网安全应用提供理论和模型支撑。

基于统计的分析方法主要统计正常活动的数理特性，捕获网络流量活动从而创建表示其随机行为的记录，实现对网络流量的统计分析。基于统计的分析方法可以明确地表示和处理网络流量的变化与异常，能从观察中学习网络流量的变化和预期行为。

传统机器学习方法包含监督和无监督学习两种方式。其中，监督学习可充分利用先验知识，精确识别多类型的网络攻击流量。而无监督学习无须对数据进行标注，可以直接对工业互联网流量进行聚类或相关性分析，挖掘流量中的结构性知识，对流量中隐含的安全行为进行分析。

深度学习方法通过分析网络流量的内在规律和表示层次，构建多隐藏层非线性网络结构，可适应高维度流量特征的学习和预测要求，因此可以适应工业互联网场景下海量、高维度流量分析的需求。

强化学习方法针对工业互联网中的恶意行为，描述其网络通信的交互过程，通过学习策略可以有效提高识别准确率。

可视化分析方法通过将各种工业互联网安全数据、告警信息、攻击图谱等进行关联与可视化，将抽象的信息转换为便于直观理解的图像信息，可帮助安全管理人员快速识别潜在的工业互联网异常事件和攻击行为。

　　与此同时，随着工业互联网网络流量的规模和密度逐年增长，工业互联网协议的类型和应用服务日益多样化，恶意流量可利用非标准协议进行数据加密，以实现攻击行为的伪装和隐蔽。通过恶意加密流量分析技术，提取恶意加密网络会话基因特征（统计特征、DNS 特征、TLS 元数据、HTTP 特征、载荷特征信息等），形成对应的恶意加密流量指纹及图谱，并使用智能化算法训练生成威胁检测模型，有效解决恶意加密流量带来的安全威胁与问题，提升工业互联网流量安全分析的检测范围和检测能力。

11.3.5　工业互联网流量检测应用

　　（1）攻击检测与防御。基于工业互联网流量安全分析技术得到的结果，可以创建入侵检测系统的签名，或者生成网络取证工具、终端威胁检测及响应系统等产品的规则，用于检测工业互联网攻击行为。如果分析结果是简单的 IP、域名或 URL 等信息，可直接用于防火墙等安全防护设备的防御策略，提高工业互联网威胁检测的效率。

　　（2）攻击定位与取证溯源。针对近年来境外黑客、APT 组织、恶意软件攻击和僵尸网络活动日益频繁的情况，工业互联网安全流量分析通过监控工业互联网的流量动向，分析遭受攻击的工业互联网设备的连接对象与频率，找出相关恶意行为迹象，发现攻击证据信息，并通过智能关联分析引擎实现攻击链确认，实现有效工业互联网攻击行为的精准检测，为工业互联网安全知识库的构建提供有力支持。

　　（3）未知威胁识别。通过部署工控蜜罐引诱针对工业互联网的网络攻击，并通过工业互联网流量安全分析、工业终端攻击取证等技术对未知的网络攻击威胁进行检测和分析，从而全面掌握工业互联网网络攻击行为，形成工业互联网威胁情报，为工业互联网安全应急响应和处理决策提供信息支持。

　　（4）安全方案设计。工业互联网安全流量分析作为网络威胁深层次发现技术，通过对工业互联网网络流量的分析结果进行全面关联分析，对威胁目标有足够的了解，有助于构建合理高效的工业互联网安全架构，设计可靠的安全方案，尽可能降低因安全问题导致的损失。

　　（5）安全监管。基于主动探测、被动诱捕、流量监测等工业互联网流量分析手段的分析结果，对工业互联网业务发展态势和网络安全态势进行综合分析，构建工业互联网基础资源资产库，对联网资产进行风险评估，检测针对工业互联网云平台和企业的网络攻击行为，对网络攻击威胁源进行持续监测，支撑相关工业互联网业务主管部门的监管工作。

11.3.6　工业互联网流量分析与信创体系融合支撑

目前，工业互联网流量分析平台主要采用欧美厂家的底层软硬件设备，在与国产自主可控体系的兼容适配上还有待提升。作为关键信息基础设施的一部分，工业互联网涉及国家安全等核心利益，相关软硬件从芯片到处理器、操作系统再到数据库等的自主创新和国产化替代迫在眉睫，应当重点满足自主可控设备体系结构设计、单台设备实时流量采集速率提升、协议分析类型种类扩充、安全事件命中提质升级、上下联动设备规范、能力规范和数据接口规范设计等需求。

11.4　工业互联网流量安全分析典型应用场景

随着网络威胁智能化程度的不断提高，攻击手段更加复杂和隐蔽，工业互联网安全流量分析拥有了更大的应用价值和更广阔的应用场景。

11.4.1　国家级工业互联网流量安全分析的应用场景

1. 应用场景介绍

国家级工业互联网流量安全分析旨在响应国家主管部门安全监测防护需求，面向工业流量安全监测、数据泄露检测、敏感数据识别的典型场景，分析各类场景中存在的工业数据类型，解析数据内容，基于高速流量采集、深度协议检测和敏感数据识别技术，实现国家层面监管场景下的工业数据安全监测与分析。

2. 应用场景技术方案

国家级工业互联网流量安全分析由国家级网络关键节点流量监测、国家级安全监测与态势感知、国家级设备与系统安全监测和国家级空间资源测绘组成。通过省级工业互联网流量安全分析平台的协同联动上报及大型集团企业的工业互联网安全平台对接上报，汇集全国的大型工业企业安全平台、平台企业安全平台、标识解析安全平台、运营商安全平台的工业互联网数据，由国家级平台统一进行数据存储和分析，实时感知全国工业互联网安全态势，同时为省级工业互联网流量安全分析提供基础安全数据（见图 11.2）。

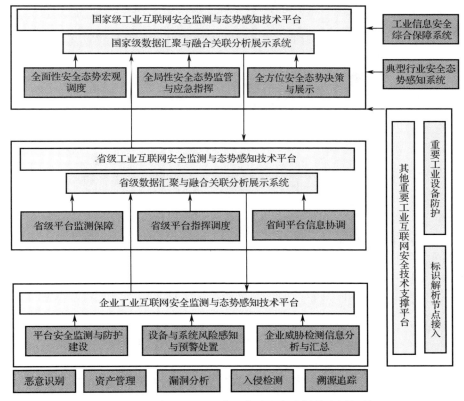

图 11.2 国家级工业互联网流量安全分析的应用场景

3. 应用前景

国家级工业互联网流量安全分析根据国家监管需求，提供网络安全数据前端采集和分析的业务能力，与已建设的工业互联网安全技术保障平台及大型集团企业侧安全平台联动，及时掌握工业互联网网络安全态势，实时预警重大网络安全事件，强化数据资产防护，防范和遏制针对国家层面工业互联网的网络攻击，保障重大工业平台运作及日常工业生产活动正常进行。

11.4.2 省级（行业级）工业互联网流量安全分析的应用场景

1. 应用场景介绍

省级工业互联网流量安全分析旨在响应省级工业和信息化主管部门的业务需求，提供贴近省级工业互联网安全监测场景的分析研判和溯源处置功能，满足省级主管部门的监管需要。同时，省平台支持与省内企业侧工业互联网平台及国家级工业互联网安全技术保障平台对接联动，形成政企协同、三级联动的安全监测技术体系，达成安全监测能力服务全国的目标，实现全国范围监测协同和处置溯源，加强对风险对象的安全态势感知、对攻击源的追踪溯源与处置封堵等能力，服务政府及行业监管部门对工业互联网安全风险对象的监管，提升省级工业互联网安全的核心竞争力。

2. 应用场景技术方案

在省级工业互联网流量安全分析场景下，工业互联网安全数据采集与解析设备采用旁路方式部署在城域网核心路由器及 IDC 数据中心出口，通过流量引流技术，向运营商网络核心路由器配置相关规则，将目标流量镜像引流至工业互联网流量采集设备。工业互联网流量采集设备具备主流工业协议的识别、解析能力，实现对工业互联网流量的元数据提取和基础内容还原。海量工业互联网安全数据统一汇聚到省级工业互联网安全技术保障平台，结合数据中台技术，形成结构化安全数据和流量日志，为省级工业互联网安全保障提供数据支撑（见图 11.3）。

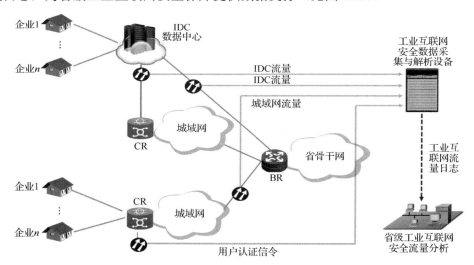

图 11.3　省级（行业级）工业互联网流量安全分析的应用场景

3. 应用前景

省级工业互联网流量安全分析为省级工业和信息化主管部门、行业主管部门提供监测和服务一体化能力。通过搭建平台化技术手段服务有关部门"摸清家底""知晓风险""溯清源头""快速处置""科学决策"。一方面，通过建立面向事件的精准研判和快速有效的处置手段加强数据安全风险预警能力，通过行业智能中台解决数据无序化问题；另一方面，辅助落实企业主体责任，为行政区域内工业企业安全生产和运营保驾护航。

11.4.3　工业企业侧工业互联网流量安全分析的应用场景

1. 应用场景介绍

随着工业互联网的不断推进，工业企业的智能化、自动化程度越来越高，工业控制系统从封闭走向开放，生产网、办公网与互联网互联互通。网络的互联互通导致生产网络规模越来越大、越来越复杂，因此网络威胁和安全风险也在不断增加，发生网络安全事故造成的损失也越来越大。仅依靠传统的网络隔离、访问控制、入侵检测等单一的技术，已不能满足安全需求。需要通过传统 IT 流量检测技术和工业 OT 流量检测技术有机结合，充分理解工控系统生产业务，将传统的网络安全理念与工业安全业务相融合，力求做到及时发现网络中的异常事件，实时掌握网络安全状况，将之前很多亡羊补牢式的事中、事后处理，转向事前自动监测预警，降低网络安全风险，提高企业生产网络整体安全水平。

2. 应用场景技术方案

典型的工业控制系统包括现场设备层、现场控制层、过程监控层、生产管理层和企业资源层，每层根据企业实际情况可划分为不同的安全域。为满足不同安全域的网络安全监测审计需求，可将工业互联网安全流量分析系统采用旁路方式部署在生产管理层交换机、过程控制层和现场控制层交换机侧（见图 11.4）。

工业互联网安全流量分析系统通过部署在内网中 OT 网络各层流量汇聚节点的交换机，采集工控系统全量通信流量数据，进行深度协议解析后生成安全数据。安全数据主要应用于以下 4 个方面：一是通过对采集的日志信息进行关联分析，识别企业内的所有资产，绘制资产拓扑图；二是监测生产现场异常操作、非法外联、非法接入等安全事件，及时产生安全告警；三是利用攻击模型库及工控木马病毒库，实现工控漏洞利用、工控木马病毒的监测；四是通过高度可视化的界面，为企业管理者带来直观的全网络一体化的安全态势详情。

3. 应用效果

工业企业侧工业互联网流量安全分析可有效提高工业企业内部网络安全，主要体现在以下 3 个方面。一是可以发现、映射企业内工业控制系统网络资产，可视化网络拓扑；二是通过建立工控网络的流量基线和通信基线，可及时发现工业控制系统中潜在的攻击行为，快速定位异常位置；三是通过对网络数据、事件进行实时监测和警告，帮助工业企业实时掌握工业控制网络运行状况，为工业控制系统威胁事件提供取证、调查及分析溯源功能。

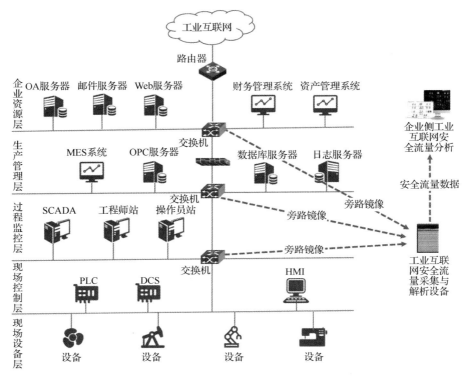

图 11.4 工业企业侧工业互联网流量安全分析的应用场景

11.4.4 平台企业侧工业互联网流量安全分析的应用场景

1. 应用场景介绍

在工业互联网平台中，作为底层支撑技术的虚拟化技术可有效降低企业相关系统运营成本，但也带来了一系列由于物理共享与逻辑隔离冲突而导致的数据安全问题。同时，云计算和虚拟化将工业互联网平台的网络边界延伸到了物理服务器内部，同一物理交换机内部不同虚拟机之间的东西向流量交互不再经过物理交换机，传统的通过物理交换机镜像获取业务交互流量的方式已不能适应虚拟机之间的流量采集。

2. 应用场景技术方案

工业互联网平台虚拟流量采集通过在云环境中的每台物理宿主机上部署独立虚拟网络流量采集软探针，以进程模式工作在宿主机上，并将采集的虚拟流量通过 VXLAN 传输至工业互联网流量采集与解析设备，进而进行工业互联网平台安全流量分析。该方案采用完全旁路的机制，对业务网卡、虚拟机、交换机均无侵扰，采集方式简单，管理方便，无须维护独立虚拟机，轻量级采集软探针可实现过载保护。同时，虚拟网络流量采集软探针作为宿主机上的进程，可对宿主机和虚拟机的资源、性能等进行监控，指导镜像策略的部署（见图 11.5）。

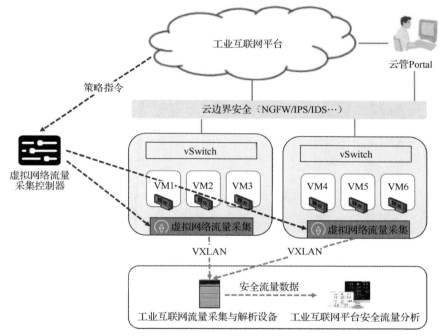

图 11.5　平台企业侧工业互联网流量安全分析的应用场景

3. 应用效果

平台企业侧工业互联网流量安全分析可发现工业互联网平台中各类资源的安全问题，包括区域、用户、VPC、子网、路由器、虚拟机等，并将结果以直观的方式展现给网络管理员。此外，结合采集器的监控和采集功能，可以基于各个维度可视化展现工业互联网平台环境中的资源使用和流量监控情况，方便运维人员随时掌握平台的流量采集和资源部署情况，保障工业云平台的安全运行。

11.4.5 行业级标识解析企业侧工业互联网流量安全分析的应用场景

1. 典型应用场景介绍

行业级标识解析企业侧工业互联网流量安全分析旨在通过体系化的安全监测手段挖掘潜在标识解析节点安全风险，面向工业互联网标识解析节点安全监测、威胁识别、运营优化、安全保障等典型场景，通过记录和分析标识解析流量及其中的标识数据，发现、定位、回溯安全事件，提升标识解析体系整体安全性，有效支撑工业互联网标识解析及网络流量的安全管控与运营优化，进而指导工业互联网安全管理的策略制定，同时增强工业互联网网络安全监管能力。

标识解析节点安全分析人员可以通过流量安全分析技术对工业互联网中流转的标识解析网络流量或标识解析业务流量进行采集，对标识解析节点进行多维度安全指标监测，分析流量、监测日志、业务数据内容中反映的系统活动、用户活动等各类操作行为及设备运行信息，挖掘系统中现有的和潜在的安全威胁，实时分析安全事件并告警。

2. 应用场景技术方案

按照标识解析系统的系统架构进行业务分析，行业级标识解析企业侧工业互联网流量的安全分析重点关注行业二级节点及企业节点，特别是行业二级节点所属的标识流量及其中的标识数据。具体应用场景如图 11.6 所示。企业节点部署节点监控设备，经汇聚分流后分发到二级节点机房和管局机房，二级节点的数据也会经汇聚分流分发到管局机房。各级节点机房和管局机房具有监测处置设备、完成流量安全分析的功能。

通过标识解析网络流量分析技术，可实现对网络流量的分析识别，根据获取的网络流量信息，对常见网络协议及标识解析协议进行深度解析还原，基于流量特征及协议内容特征识别网络资产信息，并支持基于脆弱性利用特征数据识别、基于协议交互内容返回异常识别、基于远程调用溢出识别等。通过流量行为分析技术，可对节点用户所有涉及应用、网络服务的日常使用时段、流量类型、流量大小等进行统计分析，有效掌握用户的行为偏好，从而实现行业级标识解析企业侧工业互联网流量的安全分析。

3. 应用效果

通过对工业互联网标识解析流量进行安全分析，统计工业互联网中的大规模网络行为模式、访问习惯，进行实时智能分析、安全威胁识别与用户偏好分析，实现

DDoS 攻击、反射放大攻击、应用层攻击、缓存击穿、越权访问、权限紊乱、可疑标识、暴力试探攻击、隐蔽隧道、中间人攻击等攻击行为的安全监测功能，并挖掘隐藏在标识解析流量中的各类攻击行为，通过追溯等方式进行数据追踪、攻击溯源等，促进各标识解析基础设施和安全平台的数据及响应形成联动，提升风险监测能力与安全响应能力。

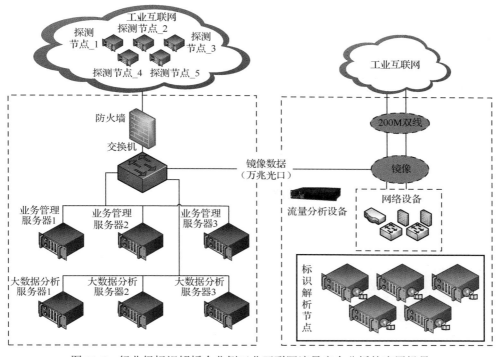

图 11.6　行业级标识解析企业侧工业互联网流量安全分析的应用场景

11.4.6　工业园区级工业互联网流量安全分析的应用场景

1．应用场景介绍

工业园区级工业互联网流量安全分析旨在利用流量分析等技术手段，形成风险发现与监测预警的长效机制，构筑事前监测预防、事中应急处置及事后巩固加强的动态安全管理体系，加快形成防范和应对融合创新领域新型安全风险的关键能力。同时，以集中化的安全策略管理为中心，对园区内基础设施进行集中监控和策略管理，综合运用统一策略管理、设备健康状态监控和全局性日志管理等手段，功能涵盖安全量化指标理、安全合规管理、安全资产管理、安全事件管理、安全作业管理、网络安全、系统安全、数据安全等，为安全管理工作提供有效的技术支撑手段，实现工业互联网园区安全管理的可视、可管、可控、可量化。

2. 应用场景技术方案

工业园区级工业互联网流量安全分析通过在工业园区出入口核心路由器侧旁路部署工业互联网安全流量分析设备，对工业园区内企业信息网络与互联网之间的数据流量进行综合实时的监控，采集的日志信息发送至园区安全管理与态势感知平台，动态监测工业园区整体网络的安全状况。同时，企业内部部署的工业互联网安全流量安全分析系统和园区安全管理与态势感知平台对接，打破企业安全信息孤岛，构建协同防御的安全监测体系，形成园区内协同联动的安全技术保障体系（见图 11.7）。

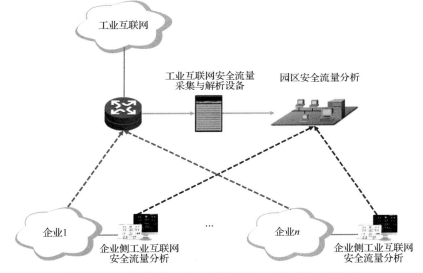

图 11.7　工业园区级工业互联网流量安全分析的应用场景

3. 应用效果

工业园区级工业互联网流量安全分析通过数据采集、收集汇聚、特征提取、关联分析、状态感知等技术手段，可以主动分析来自园区内外部的安全风险，实现对园区内各企业、公共服务等网络资产的运行规律、异常情况、安全目标、安全态势、业务背景等的认知，确定安全基线，结合大数据分析技术，发现潜在威胁，预测黑客攻击。

11.4.7　工业互联网基础设施流量安全分析的应用场景

1. 应用场景介绍

IDC/云/CDN 为工业企业提供工业互联网基础平台服务及各种增值服务，一直以来都是恶意代码传播、网络入侵、网络攻击等各类安全事件的"高发地"。针对 IDC/云/CDN 接入的流量，进行网络安全攻击威胁监测，以便及时发现渗透攻击、漏洞利用、命令执行、挖矿木马、僵尸网络等多种网络威胁。

2. 应用场景技术方案

工业互联网基础设施流量安全分析通过在 IDC/云/CDN 与城域网/省骨干网/国家骨干网的出入口核心路由器旁路部署工业互联网安全流量分析设备，生成工业互联网流量日志，发送至省级工业互联网安全技术保障平台，增加网络入侵攻击、恶意代码、威胁情报、异常流量等主要网络安全事件监测手段，实现网络安全基础监测能力在全网 IDC/云/CDN 出口的全覆盖，及时发现全网 IDC/云/CDN 失陷资源，全面感知网络攻击活动态势，提高安全威胁监测与管控能力（见图 11.8）。

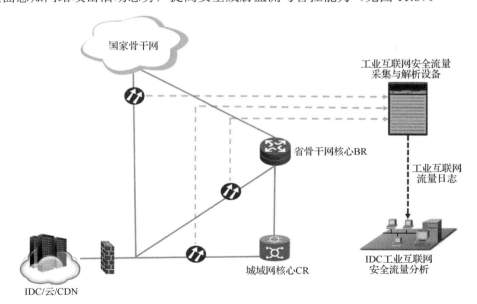

图 11.8　工业互联网基础设施流量安全分析的应用场景

3．应用效果

工业互联网基础设施流量安全分析可支撑工业互联网基础资源全面管理、安全威胁实时监测、安全威胁分析研判、安全事件定位溯源、安全事件通报下发、安全事件应急处置的全局、实时、闭环的 IDC/云/CDN 全网网络安全综合监管。同时，通过积累融合 IDC 全网网络安全大数据能力，可形成 IDC 全网网络安全大数据统一服务支撑体系，支撑工业互联网等重点领域的网络安全监管。

11.4.8　跨境工业互联网流量安全分析的应用场景

1．应用场景介绍

跨境工业互联网流量安全分析旨在响应国家主管部门安全监测防护需求，面向工业互联网企业数据跨境的典型场景，实现工业数据与重要数据识别、分类分级标识、数据异常跨境监测、风险预警、溯源定位及跨境数据安全事件应急处置等核心能力，有效提高国家主管部门跨境数据安全风险发现与综合分析能力，落实企业安全主体防护责任。

2．系统部署方式

跨境工业互联网流量安全分析主要由流量采集解析设备、专项还原设备、大数据平台和监管平台组成，主要部署在运营商承载网骨干线路的境内侧。前端流量采集解析设备在城域骨干网国际出口路由器侧对流量进行分光采集，接入的流量经过协议识别与分析，生成流量日志发送至后端大数据平台，同时特定流量分流至专项还原设备进行深度内容还原，还原后的数据传送至大数据平台进行统一处理。后端监管平台基于大数据平台处理后的数据进行分析研判，下发专项分流规则至规则服务器，规则服务器将分流规则同步至前端流量采集设备。与此同时，监管平台针对特定包含敏感数据的流量生成过滤规则，并下发至国际出口防火墙系统，对相关流量进行过滤屏蔽（见图 11.9）。

3．应用前景

跨境工业互联网流量安全分析依托国际出口的跨境流量及自贸区国际互联网数据业务专用通道流量，部署工业互联网前端流量采集解析设备，有效获取工业互联网流量，对全量流量留存日志，对特定目标流量进行深度解析与还原。后端部署工业互联网大数据平台和工业互联网跨境流量监管平台，对跨境工业互联网流量进行大数据分析，提取资产、事件、漏洞，发现重要数据明文跨境传输、批量跨境传输、境外对敏感数据高频访问、数据跨境流转范围异常、数据跨境传输时间段异常、数据跨境传输路径异常等工业互联网跨境数据安全风险，及时对敏感工业数据的跨境流动进行监管和处置，强化工业互联网核心领域、关键行业、敏感数据的主动监测防护，防范和遏制工业互联网重要数据的泄露事故。

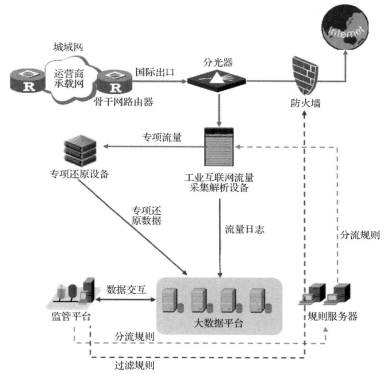

图 11.9　跨境工业互联网流量安全分析的应用场景

11.4.9　融合性工业互联网流量安全分析的应用场景

当前，随着工业互联网的快速发展，出现了集联网企业、平台企业、标识解析企业等多种性质于一体的工业企业运营模式。因此，工业互联网流量安全分析也将融合多种应用场景，以满足融合性工业互联网流量安全分析的应用需求。

11.5　工业互联网流量安全分析展望

工业互联网的重要性使其成为网络攻击的重要目标，并使得工业互联网安全成为各国关注的重点。流量安全分析作为保障工业互联网安全的重要手段，其技术发展日益受到学术界与工业界的关注。本章提出的工业互联网流量安全分析框架可为我国工业互联网流量安全分析提供一定的参考作用。但工业互联网发展迅速，随着越来越多的新型工业设备和工业互联网平台的出现，以及 5G、边缘计算等新技术的加速融合应用，流量安全分析的技术手段也应与时俱进。下一步，我们将从多个角度入手，着力推动工业互联网流量安全分析技术的发展，更好地支撑工业互联网安全能力建设，确保工业互联网的安全运行。

1.　恶意加密流量识别检测带来新的挑战

目前流量加密已然成为互联网通信的主流趋势。在此形势下，机器学习和深度学习等人工智能技术被越来越多地应用于审计恶意加密流量，识别其中的敏感数据和恶意行为，确保工业互联网通信数据的安全可靠。除了标准的加密协议和隧道协议，私有协议和新的加密协议不断出现。此外，恶意流量采用协议伪装、对抗机器学习等技术躲避网络监管，给工业互联网流量的安全监测分析带来巨大挑战。

2.　威胁探测实现从已知到未知

工业互联网新的安全漏洞层出不穷，众多未知威胁已成为具备强大威慑力的新型网络武器，对我国工业互联网的安全发展造成巨大风险。通过对工业互联网中异常行为流量进行识别，并进行完整回溯，结合多线索关联，可发现针对工业互联网设备和平台的高级持续性威胁、新型高危漏洞等复杂安全威胁。在信息共享和事件应急场景下，根据安全流量分析所得的威胁情报可以反映工业互联网安全态势，有助于预判后续可能的安全风险。

3.　流量安全分析助力标识解析安全治理

通过工业互联网安全流量分析，对标识数据进行内容审查，分析其中是否存储了不良、有害信息，可对相关标识进行有效标记并追责，强化对工业互联网标识数据的使用管理；通过标识解析流量进行恶意行为检测，从标识解析流量中发现攻击行为与恶意程序，从而支撑工业互联网攻击溯源。

4. 防范新技术带来的安全风险

大数据、人工智能、区块链、边缘计算等新一代信息技术与工业互联网平台的融合应用，以及第三方协作服务的深度介入增加了信息泄露、数据窃取的风险。新兴技术应用将为工业互联网引入新型网络流量，通过加强对该类流量的安全分析，有利于防范新技术所带来的安全风险。

5. 工业互联网信创领域的融合创新势在必行

近年来，美国制定了出口管制"实体清单"，专门限制对华出口，大量核心元器件、关键组件、大流量安全采集设备、安全分析引擎均被禁止出售给我国。面对工业互联网流量安全分析关键技术"卡脖子"问题，通过形成全链条、可替代的国产化产品和解决方案，维护我国工业互联网产业链和供应链双链安全，引领工业互联网流量分析细分领域自主、可控、有序发展。

11.6　本章小结

网络流量是互联网信息传递的载体，对流量进行安全分析可有效甄别出流量中的异常行为，发现安全威胁与风险，保障工业互联网的正常运行。因此，工业互联网流量分析对于保障工业互联网安全有着重要意义。本章对工业互联网流量安全进行了分析。11.1 节从工业互联网流量安全分析和技术发展现状的角度对工业互联网流量分析进行了概述。11.2 节分析了工业互联网流量安全分析的意义和目前存在的挑战。11.3 节以工业互联网流量安全分析技术现状和挑战为基础，从工业互联网流量采集、工业互联网流量识别、工业互联网流量处理、工业互联网安全数据分析、工业互联网流量检测应用、工业互联网流量分析信创体系融合支持出发，提出了工业互联网流量安全分析技术框架。11.4 节总结了工业互联网流量安全分析部署的典型应用场景。11.5 节对工业互联网流量安全分析进行了展望。

第 12 章

工业互联网安全关键技术

● ● ● ● ● ● ● ●

　　面向工业互联网安全防护对象的类型多样、连接范围广、协议与数据种类繁多、安全事件危害更严重及新兴技术应用带来新的挑战等新特征与新需求，本章介绍工业互联网安全关键技术。

12.1　工业互联网安全技术特点

　　面对工业互联网安全的新特征与新需求，工业互联网安全技术也将不断完善，对其技术发展需求做如下思考。

　　（1）工业互联网安全技术迁移需因事为制。工业互联网涉及工业生产全流程，传统互联网安全技术的对象和方法与工业互联网并不完全一致，不考虑区别直接套用会导致防护效果不佳，存在安全风险。工业互联网安全技术应该从传统互联网安全技术中借鉴方法，研发适合工业互联网防护对象的新技术，针对工业生产全流程进行整体安全设计，做到统筹兼顾。

　　（2）工业互联网安全需构建全新的身份信任体系。传统护城河式的边界防护安全架构已经无法满足工业互联网安全的需求，需要重新评估和审视边界防护安全架构的认知盲点，构建全新的身份信任体系，重构访问控制的信任基础，以解决工业互联网安全问题。零信任的思想可引导安全体系架构从网络中心化走向身份中心化，以身份为中心进行动态访问控制。

（3）工业互联网安全技术需要具备持续对抗的能力。工业互联网漏洞可存在于工业 APP、平台、设备、控制系统、传感器甚至基础云资源中，单纯的工业安全硬件、软件防护无法满足需求，需要工业互联网设备制造商、工业互联网平台服务商、网络运营商和工业企业联合采取措施确保工业互联网安全。工业互联网安全技术需要具备一种持续对抗的能力，在工业互联网生产运行的各个阶段提供持续的安全服务能力。

（4）工业互联网安全技术需要具备面对未知变化做出响应的能力。工业互联网通过实时性数据采集、数据集成和监控，能够根据感知到的环境变化信息，自适应地对外部变化做出有效响应。工业互联网安全技术需要随着网络结构和功能的动态演化而自主演进，具备不断自我演进与学习提升的能力。主动式、智能化的威胁检测与安全防护技术将不断发展，未来对工业互联网安全防护的思考模式将从传统的事件响应式向持续智能响应式转变。新的思考模式旨在构建全面的预测、基础防护、响应和恢复能力，以抵御不断演变的高级威胁。工业互联网安全技术架构的重心也将从被动防护向持续普遍性的监测响应及自动化、智能化的安全防护转移。

（5）工业互联网安全技术与新技术的融合需要更加紧密。区块链、可信计算、威胁情报等技术不断发展，可为工业互联网安全助力赋能。区块链具有可信协作、隐私保护等技术优势，可在工业互联网数据交换共享、确权、确责及海量设备接入认证与安全管控等方面注入新的安全能力。可信计算可为工业互联网体系结构、应用行为、数据存储、策略管理等各个环节提供安全免疫能力，是实施主动防御的重要技术手段。威胁情报技术能够收集、整合分散的攻击与安全事件信息，支撑选择响应策略，支持智能化攻击追踪溯源，实现大规模网络攻击的防护与对抗，进而构建融合联动的工业互联网安全防护体系。

12.2　工业互联网平台安全关键技术

针对工业互联网平台的需求特征和面临的安全威胁，本章汇编总结了提升工业互联网平台安全的关键技术，为保障工业互联网平台安全的建设方、运行方、安全服务提供方和技术研究人员等提供参考。

12.2.1　基于边缘计算的安全防护技术

1. 基于边缘计算的边缘设备可信接入技术

大量边缘设备采用有线或无线方式连接工业互联网平台，具有移动性、松耦合的特点，边缘设备频繁接入或退出会导致边缘网络拓扑和通信条件不断变化，从而面临易受控制、伪造、不安全系统与组件等威胁。需要研究边缘设备可信接入技术，在提供轻量级硬件或软件支持的设备身份识别、多因子安全接入认证、完整性验证与恢复等功能的同时，保障边缘设备低功耗、低时延等性能要求。

2. 基于边缘计算的通信协议安全增强技术

通信协议是设备与平台、用户与平台、平台与平台之间完成通信或服务所必须遵循的规则和约定。当前，工业互联网平台存在大量数据通信，所采用的通信协议具有类型多样、明文传输等特点，需要在对现有生产环境影响最小的前提下，突破通信协议脆弱性分析、高效身份认证、细粒度授权和轻量级加密等技术，实现通信协议的安全性增强。

12.2.2　基于工业基础设施的安全防护技术

1. 基于工业基础设施的平台接入设备安全管控技术

工业互联网平台接入设备具有种类异构、数量众多等特点，设备的策略分发、配置、性能监控等任务大多由人工完成，大量的设备监控和管理将耗费大量成本，不同类型设备的配置不统一还可能导致系统策略不一致，造成潜在的安全风险。需要研究平台接入设备智能安全管控技术，提供平台接入设备安全管理、安全监控、安全策略自动化配置等功能，实现边缘设备自动化、智能化安全管控。

2. 基于工业基础设施的平台网络跨域信任技术

工业互联网平台中多网络安全域和多接入网络共存，攻击者利用被破坏的节点作为跳板，攻击平台网络中其他节点设备，可能造成威胁扩展。因此，需要研究平台网络跨域信任技术，包括节点完整性验证、用户身份认证、接口安全、API 调用安全、域间隔离审计等，避免因单节点受损后跨域访问导致的网络威胁扩展问题，保障节点平台网络跨域访问时的域间相互信任和网络连接上下文安全。

12.2.3　基于工业云平台的安全防护技术

1. 基于云、网、边、端协同的安全漏洞识别技术

漏洞识别是通过扫描、关联分析等手段，对目标系统缺陷进行检测的行为。针对工业互联网平台接入设备海量、系统应用多样、网络协议复杂、服务交互频繁造成安全漏洞识别难度大、影响范围广的特点，需要突破基于云、网、边、端协同的大数据分析、威胁信息共享、安全知识图谱等技术，实现对工业互联网平台设备、系统及应用的漏洞识别、分析、评估、检测与修补，从全局视角提升对漏洞的识别发现、理解分析、响应处置能力。

2. 基于工业云平台的平台主机和虚拟机安全加固技术

工业互联网平台上层系统与应用安全重度依赖底层云主机及虚拟机的安全运行，针对越权、侧信道攻击、虚拟机操作系统漏洞、逃逸攻击、镜像篡改等风险，需要突破基于可信硬件的可信验证、白名单、基于 AI 的主动防御等技术，保护云主机与虚拟机系统及数据，以保证平台上层系统及服务的安全运行。

3. 基于工业云平台的平台微服务安全调用与安全治理技术

工业互联网平台具有多样化的服务需求，一般将大型应用程序或服务分解为多个更小粒度的微服务，由不同的团队并行独立开发和部署，在应对同一业务需求时调用多个微服务协同完成。需要研究微服务安全协同调用技术，提供微服务接口安全验证、多微服务协同调用、微服务间安全通信、微服务行为安全监控等功能，并对调用第三方微服务接口的通信进行安全审计和管控，提升工业互联网平台微服务的安全防护水平。

4. 基于工业云平台的平台统一 IoT 态势感知技术

平台统一 IoT 态势感知是以边缘测 IoT 流量、关键网络节点流量、平台各系统日志等安全大数据为基础，对平台各层安全状态实时统一监测，综合平台整体的安全监控数据，对平台潜在的安全风险及恶意攻击行为进行分析预警，并提供辅助性决策的一种技术。通过接入本地移动网、固网（采样）数据，实现工业互联网资产统一探测、全流量分析、风险识别、态势分析、预警通报、应急处置，同时实现基础数据管理、策略指令下发、情报库共享、信息推送等功能。

5. 基于区块链的安全协作技术

区块链技术具有可信协作、隐私保护等优势，将其应用于工业互联网平台，能提升平台的安全性。基于区块链技术，为跨域集群建立业务共享通道，并利用高效共识机制协同更新分布式账本，能实现信息来源可信、数据可追溯审计及通道内部数据的传输和隐私安全。利用区块链不可篡改、分布式共治等赋能能力，对平台各节点构建联盟链，实现节点的自治性预防保障、运行时异常监测和受损状态的自愈合。

6. 基于工业云平台的人工智能算法及系统安全保障技术

人工智能算法存在"黑盒"和"白盒"的对抗样本攻击，人工智能系统缺陷和漏洞也可能被攻击者利用，导致识别系统混乱、识别结果错误等安全问题。需要从算法容错容侵、测试质量保障、安全配置、漏洞检测和修复等方面增强人工智能算法及系统的安全性，降低攻击者针对人工智能算法及系统攻击成功的可能性。

12.2.4 基于工业应用、数据的安全防护技术

1. 基于工业应用的安全检测技术

传统软件漏洞、Web 安全、API 安全、第三方开发者植入恶意代码等问题威胁平台工业应用生态的安全发展。需要面向特定工业行业、场景、业务的安全需求，研究工业应用安全检测技术，提供恶意代码分析、软件逆向、漏洞检测与利用、接口验证等功能，建立工业应用安全评估机制，及时发现工业应用接口、服务过程中可能存在的安全隐患，为部署针对性的工业应用安全防护措施提供依据。

2. 基于工业数据的多源异构工业数据清洗技术

数据作为工业互联网平台有效运行的重要基础生产资料，亟需着重攻克针对海量多源异构工业数据源的智能识别、爬取、适配、捕获、高速数据全映像等技术，实现对结构化、半结构化、非结构化的海量工业数据的智能化识别、定位、跟踪、协议转换、分流及整合等，并针对工业互联网平台计算能力下沉到边缘侧的特点，重点突破数据有效抽取、清洗、去噪及转化技术，有效提升工业互联网平台边缘侧数据处理能力。

3. 基于工业数据的平台敏感数据识别保护技术

工业数据中包含工艺参数、生产运营数据等商业机密，若未根据数据分类分级结果进行敏感度标识，将可能造成数据管理混乱、敏感数据泄露的问题。对此，亟需突破工业数据敏感度标识、细粒度访问控制、关键字段加密、轻量级加密共享等技术，结合国家商用密码算法保证敏感工业数据的机密性和用户访问的灵活性。

4. 基于工业数据的数据集可信性检测及防护技术

工业互联网平台的安全、可靠运行重度依赖数据集的有效性和正确性，数据在收集与标注时一旦出现错误或被注入恶意数据，将带来数据污染攻击，威胁依赖数据集训练的模型和算法的安全。需要研究数据集可信性检测及防护技术，保障数据收集、传输阶段的真实性、完整性和可靠性，为后续数据分析的可信性奠定基础。

5. 基于工业数据的工业数据跨平台可信交换共享技术

随着工业互联网平台数据涉及范围的逐步扩大，以及业务场景对数据分析决策需求的多样化，工业数据跨平台开放共享、互联互通、协同分析等要求日益提高，进一步扩大了跨平台数据流通、交换、共享过程中的攻击面。亟需突破基于敏感度的数据安全域划分、数据跨域流动管控、动态数据安全交换共享、数据可用不可见等关键技术，对不同敏感度等级的域间数据流动、使用过程进行管控，做好数据流动过程中的审计工作，实现数据事件可追溯，确保数据交换共享过程的安全性。

12.3　工业互联网标识解析安全关键技术

针对工业互联网标识解析安全现状及面临的风险，本章从安全建设、国密融合、安全接入、访问控制、数据治理、威胁检测、网络测量、监测审计、安全编排、安全代理及云化安全等多个方面汇编总结工业互联网标识解析安全关键技术（见图 12.1），为工业互联网标识解析安全建设者与研究者提供参考。

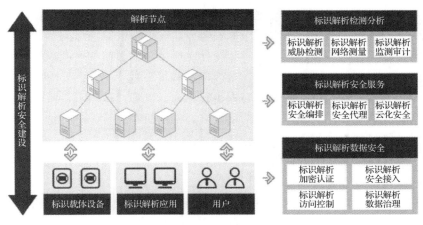

图 12.1　工业互联网标识解析安全关键技术

12.3.1　基于工业互联网标识解析的安全建设技术

解决工业互联网标识解析建设过程中涉及的安全问题是构建工业互联网标识解析安全保障体系的基础，需要结合标识解析系统特性，规范化开发流程中的每个环节，保证建设流程的安全。

标识解析服务具有应用需求差异性、安全服务多样性及多体系共存等特性。需要设计可灵活调度、扩展性强、兼容性强的标识解析系统和安全服务框架。需要开发高可靠、多协议兼容的标识解析功能模块，以及体积小、安全性强、易于调度的安全服务模块。测试时需要充分考虑各种应用场景需求和业务需要，制定全面的测试评估方案。系统部署时要依据使用场景，综合使用软硬件部署和虚拟化部署方案。依据上述特征需求，建立标准化的安全开发流程。

安全开发流程可通过规范的安全概要设计或方案设计、安全编码、安全测试、安全部署实现。在需求分析与设计阶段，注意架构设计合理性、业务流程完整性、评估第三方软件安全风险；在开发阶段，注意提供安全的函数，结合代码安全审计工具做好各模块审计工作，检查是否存在因设计缺陷导致攻击的可能，以及是否满足应用需求；在测试阶段，注意结合自动化测试与手动测试方法，在软件正式投入使用前对其进行深度测试，测试结果是否符合设计预期；在部署阶段，注意安全策略配置的适用性，同时避免弱口令等基础安全问题。

12.3.2　基于工业互联网标识解析的国密融合技术

标识解析系统中数据需要采用合适的保护措施，在数据采集、传输和数据存储等过程中保障数据安全，避免数据窃取、篡改、丢失等安全风险。标识数据涉及大量工业核心数据，需要采用自主可控的安全方案。将国密算法深度融入数据采集设备、传输设备和存储设备的软件代码和硬件实现中，在数据产生的源头处对数据进行签名认证和加密，降低安全风险，有效保护解析数据。

数字签名技术可对传输与存储数据进行签名，以便通信双方、服务双方进行身份认证与数据完整性检验。数据加密技术可对传输与存储数据进行加密，防止数据泄露。标识解析安全建设方可根据使用场景的需要选择对称加密、PKI、IBC 等多种方案。应按照国家密码管理有关规定使用和管理标识解析系统中所使用的密码设施，并按规定生成、使用和管理密钥。

标识解析系统对于接入网络的设备与标识解析节点应该具有可信的唯一标识，应对接入的设备与标识解析节点进行身份认证，保证合法接入和合法连接，对非法设备与标识解析节点的接入行为进行阻断与告警。安全芯片提供随机数生成、唯一

ID、密钥相关的管理服务，可作为设备的信任根，支撑设备安全接入。对接入对象进行身份认证是实现安全接入的主要技术手段，目的是验证实体身份合法性、消息可信性。

1. 基于安全芯片的主动标识载体

标识载体是承载标识编码资源的标签，是标识技术应用的关键环节。主动标识载体能够主动与标识数据读写设备、标识解析服务节点、标识数据应用平台等发生通信交互。基于安全芯片的主动标识载体能够满足接入安全需求。首先，安全芯片有一定的计算和存储能力，能够提供安全存储环境、安全运行环境、密码算法计算、随机数生成、自身安全防护等方面的支持。其次，安全芯片可支撑工业互联网数据的可信采集，结合 5G、NBIOT 等通信技术，利用其联网通信功能，能够主动向标识解析服务节点或标识数据应用平台等发起连接。此外，安全芯片支持密码算法防护，利用隐藏技术、掩码技术等，在原理和技术上保障密码算法的安全性。另外，在安全芯片中存储工业互联网标识、密钥等关键信息，运用安全芯片内的 COS 对关键信息进行严格的管理，结合适当的监管和密钥分发机制，能够防御外部攻击，保证访问者的合法性，数据的保密性、不可抵赖性和不可篡改性，也可应对标识被随意读取、复制、盗用等威胁。

2. 身份认证

通信双方的身份认证及基于身份的消息加密能够有效保障通信安全，防止身份被伪造、数据被篡改、隐私被泄露。通过基于口令的认证、基于生物特征的认证、基于 PKI 体系的数字证书、基于 IBC 的认证等方案，实体认证技术能够建立标识解析服务提供方与使用方、标识解析同级/跨级节点之间、标识解析终端设备与管理平台之间的信任。基于实体身份进行消息认证，能够保障标识解析请求与响应过程消息的完整性与可靠性。

12.3.3 基于工业互联网标识解析的访问控制技术

访问控制是保障工业互联网标识解析不同角色安全访问标识数据的关键技术，对标识解析的访问控制一方面需要具备动态性、粒度可调节、灵活性等特点，另一方面需要具备应对大规模高并发访问请求的服务能力，以及抵抗拒绝服务攻击的能力。根据不同标识解析业务需求，选择基于 ACL、角色、属性、规则、业务场景、信任等要素的访问控制及集成访问控制技术，可实现灵活的标识解析访问控制；通过负载均衡技术、拒绝服务攻击防护技术，可应对大量甚至过量的访问请求。

12.3.4 基于工业互联网标识解析的数据治理技术

数据治理是组织中涉及数据使用的一整套管理行为，是对数据资产管理行使权力和控制的活动集合。标识管理是工业互联网标识解析数据治理的核心内容，可从异构标识、可循环标识、关联标识、标识数据智能分析、对等解析等方面研究标识管理方案。隐私保护是工业互联网标识解析数据治理全过程的安全要求，可以在标识编码、发布、存储、分析、使用等过程中结合隐私保护方案。

工业互联网标识解析数据管理技术包括统一标识有效性管理技术、异构数据标识技术、可循环标识管理技术、映射与关联信息收集技术、标识数据智能分析技术、对等解析技术等。

工业互联网标识数据隐私保护技术包括标识编码隐私保护技术、数据发布隐私保护技术、数据存储隐私保护技术、数据分析挖掘隐私保护技术、数据使用隐私保护技术。标识编码隐私保护方案主要有两种，一是层级式的结构化标识编码方案，该方案有利于实现标识编码的分级查询和安全管理；二是扁平化的随机数形式的标识编码方案，该方案具有去中心化特性，在网络攻击和防御方面具有良好的表现。数据发布隐私保护技术包括泛化技术、k-匿名模型及k-匿名改进模型。数据存储隐私保护技术包括基于同态加密的隐私存储技术、多级索引技术、安全多方计算技术等。数据分析挖掘隐私保护技术包括抑制技术、假名化技术、随机化、差分隐私模型等。数据使用过程通过基于角色和基于属性的访问控制实现对数据访问的权限控制。

12.3.5 基于工业互联网标识解析的威胁检测技术

威胁检测是保障标识解析系统安全运行的核心技术，通过收集标识解析系统运行数据，采用多种异常检测和威胁感知方法，分析系统安全事件并上报处理。威胁检测流程包括威胁分析数据收集、异常数据检测和威胁事件提取。在威胁分析数据收集方面，用于分析的数据包括解析流量数据、设备运行数据、用户行为数据等，通过网络数据采样、数据镜像获取、接口数据拉取等方式进行收集。在异常数据检测方面，分为传统数据分类分析和机器学习分析两种。传统数据分类分析利用分类、聚类算法，依据确定的阈值标准，将正常数据和异常数据进行划分。机器学习分析使用贝叶斯分类、决策树等方法进行自动化的异常分类分析。在威胁事件提取方面，利用已有的异常分类信息，与已有威胁特征库比对确定威胁事件，学习记录未匹配事件特征。

12.3.6　基于工业互联网标识解析的网络测量技术

网络测量是遵照一定的方法和技术，利用软件和硬件工具来测试或验证表征网络性能指标的一系列活动的总和。工业互联网标识解析空间测量是了解工业互联网标识解析动态变化情况、获取其性能特征的重要手段，能够为建立准确的行为模型和评价标准提供依据，有助于对工业互联网标识解析实施科学管理和有效控制，提高标识解析的应用能力和安全性。

从不同角度出发，可以对测量技术进行不同的分类，测量对象包括网络的拓扑结构、逻辑拓扑关系或具有地理信息的拓扑，以及时延、吞吐量、丢包率等性能信息；测量方式包括单点测量与多点测量、主动测量与被动测量等。

利用测量到的拓扑数据构建标识解析网络全局视图，反映各级节点、终端设备的拓扑连接关系，确定不同种类服务的分布情况和运行状态。将性能测量结果映射到网络视图中，实时测量分析网络节点状态、链路负载问题、业务运行情况，进一步确定解析网络中的性能瓶颈、不稳定节点和潜在的安全风险位置，为业务行为分析和模型构建、标识解析系统状态管控、解析系统设计优化及动态调节和安全策略实时部署提供支撑。

12.3.7　基于工业互联网标识解析的监测审计技术

标识解析安全监测与审计包括辨别、分析和记录标识数据及标识流量中的安全问题。通过分析标识数据内容，结合人工与自动化方法对标识数据进行内容审查，分析其中是否存储了不良、有害信息，对相关标识进行标记并追责。通过对上层交换机镜像的标识流量或标识解析节点服务器产生的业务流量进行采集、读取标识流量采集的数据包解码生成固定格式的日志、对标识节点进行多维度业务指标监测并形成日志文件，分析流量、流量解码日志、监测日志中反映的系统活动、用户活动等各类操作行为及设备运行信息，发现系统中现有的和潜在的安全威胁，实时分析安全事件并告警。

12.3.8　基于工业互联网标识解析的安全编排技术

安全编排是依据不同的标识解析应用需求，为不同的解析服务分派不同的安全策略，在保证安全策略适配的同时，不影响业务可用性及服务质量的安全技术。针对标识解析服务特性各异、安全需求多样、服务质量要求严格的特点，使用安全服务链编排技术，根据业务需求为不同标识解析服务编排不同的服务链。分析业务安全需求，构建安全服务需求模型；将安全策略进行分解，拆分成为安全服务元组件并分析组件资源需求，将安全服务需求和服务元组件进行映射，形成安全服务链。结合网络状态感知结果和服务组件资源需求，将服务链映射到安全设备上，选取最优的传输路径，并利用虚拟化技术进行安全服务组件的动态部署和灵活调配，实现标识解析安全服务的按需编排、动态编排。

12.3.9　基于工业互联网标识解析的安全代理技术

标识解析系统在身份认证、传输加密等过程中需要使用大量密钥数据。针对动态业务场景、海量解析设备、多元异构环境，需要实现灵活、易部署、安全的密钥管理。利用云化密钥技术，通过软件实现密码算法的运算，密钥通过管理互通协议与远端的硬件密钥管理系统交互，形成"软件+硬件"的组合模式，弥补纯硬件模式的不足。通过云密钥管理技术实现密钥的全生命周期管理，对于系统的传统化部署、云化部署，都能充分保证密钥的安全使用，且通过专用的代理加密技术，可以完成密钥的自动备份与恢复，实现标识解析密钥的动态管控、安全管理。

12.3.10　基于工业互联网标识解析的云化安全技术

标识解析系统根据应用需求和服务需要，会采用软硬件结合、云化混合部署等方案，将标识解析系统功能以服务的形式部署在云平台上，降低部署使用开销，提高服务扩展能力。解析数据上云后存在使用不透明、管理困难的问题，存在泄露风险；解析功能上云后存在隔离安全问题。利用云访问安全代理技术，对上云标识数据的使用进行全程跟踪，建立数据流动视图，检测数据使用情况。利用微服务隔离技术，对不同级别的标识解析功能进行安全隔离，避免数据泄露，实现标识解析云化部署的功能安全和数据安全。

12.4　工业互联网智能设备安全关键技术

工业互联网智能设备应用场景复杂、技术体系多样，存在较多安全风险。针对工业互联网在硬件、系统、接入、网络、控制、数据、应用等方面的安全能力需求，需要相应的技术手段来支持。面向智能设备行为安全监测和分析需求，可从设备系统和网络流量两个层面采集智能设备行为数据，利用机器学习异常检测方法分析智能设备的执行行为和网络行为。针对智能设备攻击溯源和还原问题，需要突破规模化的智能设备安全仿真和虚拟执行、设备间攻击路径还原、智能设备固件漏洞挖掘等关键技术。针对智能设备硬件、系统、应用、数据等完整性和机密性保护问题，多采用基于内置安全芯片的密码技术方案。面向工业互联网智能设备接入安全问题，需要突破设备主动标识、海量设备高效接入认证、密码协议轻量化、工业协议安全分析等技术难点。

12.4.1　工业互联网智能设备安全数据采集关键技术

针对工业智能设备的安全数据采集，一方面，通过设备自身系统固件的日志模块或内嵌采集探针，记录设备指令、系统调用、函数调用、事件触发等系统层面行为数据，并通过相关的 API 接口进行调用上传；另一方面，通过从交换机端口进行镜像流量采集，对工业互联网流量中的网络元数据、网络传输数据、载荷行为数据等网络层面数据进行细粒度行为记录，提取智能设备之间的交互行为。受制于工业互联网智能设备系统固件异构复杂的特点，现有日志行为提取方法对异构智能设备的适配性较差，提取效果受设备系统类型、品牌型号及固件开放程度影响，尚未形成大规模解决方案。在网络流量采集方面，复杂的工业协议种类与通信方式导致流量采集缺失和识别困难，同时流量镜像采集等手段也为工业系统带来额外开销。

12.4.2　工业互联网智能设备安全仿真技术

规模化智能设备安全仿真平台通常由少量实物设备组成，将真实系统与工业互联网虚拟仿真网络系统连接起来，组成一个虚实结合的工业互联网安全态势感知仿真平台。仿真平台包括工业设备虚拟化、软件定义网络、分布式计算、软硬件动态管理等技术，实现了关键工业领域典型工业应用场景的工业互联网智能设备仿真还原，支持工业安全测试验证，有针对性地开展风险分析、漏洞挖掘及信息安全防护解决方案验证等工作，填补了工业互联网场景化的安全仿真测试空缺。近年来，工业互联网智能设备面临的外部威胁日益增加，国内重点工业领域安全测试仿真环境缺乏，存在测试验证困难的问题，亟需建设规模化的智能设备仿真测试环境，实现工业安全测试验证。

12.4.3　工业互联网安全智能设备关键技术

1.　基于主动标识的内生安全智能设备关键技术

工业互联网主动标识载体是指可以嵌入工业设备的内部，承载工业互联网标识编码及其必要的安全证书、算法和密钥，具备联网通信功能，能够主动向标识解析服务节点或标识数据应用平台等发起连接，而无须借助标识读写设备来触发，其中UICC通用集成电路卡、移动通信模组、MCU芯片等均为主动标识载体。但主动标识载体仍存在接入认证、通信安全、通信稳定性和升级困难等问题，亟需解决。目前基于主动标识的内生安全智能设备普及程度并不高，且整个行业处于一种"不正规"的状态，尚未形成统一的标准。

2.　基于安全芯片的内生安全智能设备关键技术

安全芯片提供随机数生成、密码计算、密钥存储、密钥管理等服务，可以为工业智能设备提供基于硬件的安全基础，是实现智能设备硬件安全、系统安全及应用安全目标的重要手段。在视频监控摄像机、智能控制器、智能传感器等智能设备中，安全芯片已逐步得到应用，通常以可插拔或嵌入式安全模块形态集成在智能设备中。

工业智能设备应用安全芯片，应至少考虑安全芯片在硬件通信接口、密码算法、自身安全级别三方面的支持能力。安全芯片模块应当支持丰富的硬件通信接口，如USB、SDIO、SPI、I2C、7816等，便于与各类工业智能设备集成。安全芯片应该支持主流的国际或国产的对称、非对称密码算法。对于应用于特定领域的智能设备，应按照相关规定采用支持国产密码算法的安全芯片。智能设备中应用安全芯片模块，应参考国家标准或密码行业标准中对安全芯片和密码模块安全技术的要求，并根据应用和工作环境要求合理选择安全芯片模块的安全级别。利用内置的安全芯片，工业智能设备可实现设备身份认证、传输加密、固件安全更新等安全功能。

12.4.4　工业互联网智能设备安全行为分析关键技术

针对工业智能设备的状态数据检测和设备网络行为分析，一方面通过安全审计系统的日志记录进行设备行为模式识别，判断设备执行状态和逻辑；另一方面采用数据探针对设备网络流量数据提取行为多维特征向量，进一步进行关联分析与家族同源分析，检测异常网络行为。工业互联网智能设备安全行为分析技术包括数据清洗、异构流量解析、安全日志审计、流数据关联、细粒度行为识别等，主要应用于对工业生产控制、网络传输、边缘计算等设备的执行行为、网络行为的异常监测，实现智能设备全方位监控，但存在设备行为数据采集难度大、自动对数据进行精确行为的标注难度较大、加密数据无法识别等问题。目前，我国工业互联网智能设备安全行为分析技术发展刚刚起步，在电力、制造业等领域的应用还处于测试阶段，存在行为分析粒度不足、分析缺乏关联等问题。

12.4.5　工业互联网智能设备安全防护关键技术

1．智能化固件自动化漏洞挖掘技术

针对工业互联网智能设备（智能路由器、智能摄像头、智能仪表等）的固件安全性检测，通常采用 Fuzzing 技术、补丁比对技术、静态代码分析技术、动态测试分析技术等进行未知漏洞挖掘、安全性和健壮性测试。深度挖掘工业互联网智能设备或系统的各类已知、未知漏洞，可显著提升工业互联网智能设备的安全性，但存在私有协议难以发现、异常位置难以定位，以及因硬件及系统的多样性和私有性而导致难以进行自动化分析、自动化判断进而难以发现固件漏洞等问题，亟待解决。目前我国工业互联网智能设备漏洞挖掘技术多采用黑盒模糊测试方法，在智能设备固件、系统等方面存在技术短板，亟需研究智能设备固件深度分析技术，发现固件中可能存在的漏洞。

2．智能设备间攻击路径还原技术

针对工业互联网智能设备间攻击路径溯源与还原，包括产生假设、数据调查、识别溯源和自动化分析 4 个阶段，通常采集并记录设备之间的网络传输层数据、五元组数据、流量检测日志数据、载荷动静态分析结果及工业互联网智能设备行为数据等全要素数据并留存，辅以威胁情报，对工业互联网智能设备攻击实现完整的追踪溯源和还原。但仍存在私有协议难以解析、智能设备行为记录难以获取等挑战，技术难点在于智能设备虚拟执行、私有协议动态发现、多元攻击信息关联分析推断等。目前奇安信、中瑞天下、启明星辰、六方云等公司在攻击溯源与还原技术方面有相关积累，但在智能设备虚拟执行、私有协议动态发现、工控重大安全事件情报等方面存在技术短板，亟需构建工控重大安全事件库，研究固件虚拟执行技术。

12.4.6　工业互联网智能设备接入与传输关键技术

1．海量设备的高性能安全接入技术

智能终端设备的接入认证具有设备数量巨大、终端形态差异、设备批量请求处

理性能要求高等特点，传统一对一认证方式无法满足实际应用需求，采用分层认证、设备群组认证方式可以更好地减轻平台认证负担、提高认证效率并节省网络和设备资源。分层认证可利用系统网络拓扑结构，将主要由平台完成的认证工作分担到边缘设备；在设备群组认证过程中，在设备群组划分方面可以综合考虑终端设备固有性质（如设备属主、位置、业务功能等）及用户自定义规则等多维度信息，实现智能终端设备的安全快速接入。在接入认证协议方面，大致可分为基于对称密码算法的和基于非对称密码算法的认证协议两类。对于工业互联网设备接入认证，认证协议的设计需要兼顾安全性和高效性，在保证安全的条件下，尽可能降低通信开销，缩短认证时间，减少计算量，以适应智能设备资源有限和计算能力相对较低的特点。

2. 智能设备轻量化加密传输与认证技术

部分智能设备的硬件资源受限、处理能力有限，因此产生了轻量级安全保护的需求。轻量级并无量化的标准定义，轻量级安全包括轻量级密码算法和轻量级安全协议。轻量级密码算法设计的难点是处理安全性、实现代价和性能之间的权衡。目前轻量级密码算法设计的技术思路主要有三种：一是面向硬件实现对标准分组密码算法的优化，降低硬件资源使用量；二是修改和简化经典密码算法，使其适应资源受限的应用场景；三是针对轻量级需求设计专门算法。例如，引入 TLS 并替代 RC4 算法的 ChaCha20 加密算法、被设计为仅依赖通用的 CPU 指令（加法、循环移位、异或等）及 ARM 平台专用向量运算指令等，在缺少硬件加速（AES 加速指令）的处理器上具有比 AES 更好的性能。Poly1350 消息认证算法通过缩短消息认证码长度，可有效节省网络带宽。轻量级安全协议主要用于身份认证、密钥协商、认证加密及密钥管理等方面。对于轻量级安全协议设计，难点在于解决减少通信交互次数、减少计算量等的需求与协议安全性和可靠性需求之间的矛盾。

12.4.7 工业互联网智能设备协议识别与分析关键技术

工控网络协议是工业智能设备实现远程控制的必要基础。现有工控协议种类多样，不同应用领域、不同行业往往采用各自的公开或私有协议；现有工控协议在设计时主要考虑可靠性和实时性，对安全性考虑不足。因此，在工控系统从封闭走向开放的背景下，工控协议的安全问题逐渐暴露并被放大。

工控协议识别与分析能力是智能终端设备安全运行及安全设备有效工作的基础。针对工业智能设备协议分析和安全防护问题，可采取协议安全性增强、附加安全代理、网络流量采集与分析等防护手段。协议安全性增强可重点考虑协议完整性保护和来源身份鉴别，避免协议加密等对设备资源占用过多或影响数据传输的实时性。附加安全代理技术对资源限制型终端设备来说是可考虑的手段，且无须改造原有系统或设备，但仍需注意对协议实时性的影响。网络流量采集与分析技术相对成熟，但对于工控协议，还需增强对工业生产相关操作码等业务逻辑的理解，提高异常检测能力。此外，工业智能设备行为比较有限，行为模型相对固定，因此在设备端或流量分析端采用基于基线建模的异常检测，也是工控协议安全防护的可行之法。

12.5　工业互联网数据安全关键技术

传统数据安全措施多以系统为中心，以加强系统安全来保护数据的思路为主，从网络系统的视角来实现各种数据安全技术措施，包括通过边界防护、身份认证、访问控制、入侵检测等系统防护技术保护数据完整性、保密性、可用性。

12.5.1　工业互联网面向系统防护角度的数据安全技术措施

1. 以分区分域、网络隔离等边界防护措施保护数据安全

随着工业控制系统及设备越来越多地采用通用协议和通用软硬件，并以各种方式与企业网或互联网连接，其他网络的安全风险很容易渗透到工业生产网。与此同时，工业生产网内部各业务单元之间如未采取边界防护措施，一旦某个业务单元遭受病毒感染或恶意攻击，将可能蔓延至整个工业生产网，造成严重后果。因此，在不同网络边界之间应部署边界防护设备，实现安全访问控制，阻断非法网络访问。生产网内部根据各功能区的数据访问需求及安全防护要求进行分区分域，在不同的安全域边界部署工业防护墙，防止越权访问和各功能区之间的病毒感染。对于有数据双向交换，并对数据实时性要求高的生产网与其他网络边界，如工业控制网与企业网边界，一般部署专业的工业防火墙，限制允许通过边界的流量类型、协议类型、端口类型等。对于只允许数据单向传输的网络，需要完全逻辑隔离的生产网与其他网络边界，一般部署工业网闸，从物理层面阻断反向通信。对于具备特定行业特点、软件定制化程度高的企业，可结合其工业生产对业务连续性的特别需求，采取逻辑隔离手段，在生产网和管理网之间部署定制化的边界安全防护单向网关。

2. 按需灵活采用身份认证措施保护数据安全

身份认证的目的是确认操作者身份的合法性，确定该操作者是否具有对某些数据的访问或使用权限，从而使系统的访问策略、操作行为合规合法。如果身份认证

机制失效，易出现身份冒认、非法访问等行为，进而对工业生产的正常运行造成威胁。常见的身份认证方式包括以下 5 种：①动态密码，用户名与对应的密码相匹配后才能登录；②智能卡，运用专门的 IC 卡对用户进行认证后登录；③USBKey，集智能卡与读卡器于一体的 USB 设备，用户只能通过厂商编程接口访问数据；④动态验证，包括动态密码、验证码、动态口令等；⑤生物特征识别，包括指纹识别、虹膜识别、声音识别、人脸识别等。由于工业互联网相比传统互联网实时响应要求高，一般来讲工业互联网数据的可用性>完整性>保密性，身份认证技术对于数据保护的重要性不言而喻。由于工业互联网中存在较多的工业控制系统，可结合各认证方式的优缺点和适用性，以业务风险管理为导向，采用分级分类的思想，灵活使用身份认证机制。例如，涉及承载低安全性数据的系统在做好密码规范的前提下，可采用用户名和密码的认证方式；对于承载安全性较高的数据的系统，可采用 USBKey方式进行认证；对于承载安全性极高的数据的系统，可采用双因素认证，即用户名密码认证机制和 USBKey 认证机制结合的方式。

3. 基于业务实际自主选择访问控制策略，保护数据安全

访问控制是指主体依据某些控制策略或权限对客体或其资源进行不同的授权访问，限制对关键资源的访问，防止非法用户进入系统及合法用户对资源的非法使用。访问控制是保护数据安全的核心策略。为了有效控制用户访问数据存储系统，保证数据的使用安全，可授予每个系统访问者不同的访问级别，并设置相应的策略保证合法用户获得数据的访问权。常见的访问控制模式包括自主访问控制、强访问控制、基于角色的访问控制、基于属性的访问控制。工业互联网企业根据数据类型及安全级别，可选择不同的访问控制模型。对于工业控制系统，监控层、控制层可采用按照用户和（或）用户组对操作员站和工程师站的文件及数据库表、共享文件、组态数据的自主访问控制，以实现用户与数据的隔离；设备层可采用按照用户和（或）用户组对控制系统的组态数据、配置文件等数据的自主访问控制，或者采用基于角色的访问控制模型，表明主、客体的级别分类和非级别分类的组合，按照基于角色的访问控制规则实现对主、客体的访问控制，使用户具备自主安全保护的能力。同时，越来越多的工业企业将其内部数据存放在工业互联网平台，以降低公司的运行成本，如何保障工业互联网平台中的数据不被其他租户非法访问，确保数据的安全性成为企业用户关心的问题。访问控制是实现数据受控访问、保护数据安全的有效手段之一。通过建立统一的访问机制，限制用户的访问权限和所能使用的计算资源与网络资源，可实现对工业互联网平台重要资源的访问控制和管理，防止非法访问。对于平台 IaaS 层，可根据管理用户的角色分配权限，实现管理用户的权限分离，仅授予管理用户所需的最小权限；

可在（子）网络或网段边界部署访问控制设备，或者通过安全组设置访问控制策略；可根据会话状态信息为数据流提供明确的允许/拒绝访问的能力；可在虚拟机之间、虚拟机与虚拟机管理平台之间、虚拟机与外部网络之间部署一定的访问控制安全策略。对于平台 PaaS 层，可由授权主体配置访问控制策略，并严格限制默认用户的访问权限；可按安全策略要求控制用户对业务、数据、网络资源等的访问。对于平台 SaaS 层，可严格限制用户的访问权限，按安全策略要求控制用户对业务应用的访问；限制应用之间相互调用的权限，按照安全策略要求控制应用对其他应用中用户数据或特权指令等资源的调用；设置登录策略，建立防范账户暴力破解攻击的能力。

4. 应用集行为分析、权限监控等于一体的安全审计措施保护数据安全

数据安全审计是指对数据的访问等行为进行审计，判断这些行为过程是否符合所制定的安全策略。在数据安全治理中，数据安全审计是一项关键能力，能对数据操作进行监控、审计、分析，及时发现数据异常流向、数据异常操作行为，并进行告警。数据安全防护需要通过审计来掌握数据面临的威胁与风险变化，明确防护方向。在工业互联网场景下，数据安全可借鉴数据安全治理过程中的关键能力——数据安全审计与稽核，从行为审计与分析、权限变化监控、异常行为分析三方面来掌握数据安全威胁与风险。行为审计与分析包括利用数据库协议分析技术将所有访问和使用数据的行为记录下来，包括账号、时间、IP、会话、操作、对象、耗时、结果等内容，并在出现数据安全事件之时具备告警能力，在数据安全事件发生之后，可通过审计机制追踪溯源；权限变化监控是指监控所有账号权限的变化情况，包括账号的增加和减少、权限的提高和降低，可有效抵御外部提权攻击、内部人员私自调整账号权限进行违规操作等行为；异常行为分析是在安全稽核过程中的重要任务，在安全稽核过程中除了明显的数据攻击行为和违规的数据访问行为，很多数据入侵和非法访问都掩盖在合理的授权下，需要通过数据分析技术对异常行为进行发现和定义，可通过人工分析完成异常行为的定义、对日常行为进行动态学习和建模等方式实现这一目的。工业互联网平台的安全审计主要是指对平台中与安全有关的活动的相关信息进行识别、记录、存储和分析。工业互联网平台汇集了企业内外部多方重要敏感数据，为保证数据安全，需要实现数据审计等功能，对输出的数据内容进行安全审计。审计范围包括数据的真实性、一致性、完整性、归属权、使用范围等，并贯穿数据输出、存储和使用等全过程，对平台的数据安全状况做到持续、动态、实时的安全审计，并可面向用户提供安全审计结果。

12.5.2　工业互联网数据安全技术发展趋势

1.　工业互联网数据加密技术向轻量级、密文操作、透明加密等方向发展

数据加密是指通过特定的加密算法，将可识别的明文转变成密文的过程。使用加密处理可以保护数据不被窃取、篡改等，从而实现数据的机密性、完整性、可用性、不可抵赖性。数据传输等过程面临数据窃听、窃取、拦截等安全风险，应确保数据的机密性和完整性，目前的普遍做法是利用加密技术实现数据安全传输，包括根据已发布的 SM4 等商用密码算法标准，对数据进行加密处理后再传输。相关技术包括基于属性的加密技术、同态加密技术、代理重加密技术、可搜索加密技术等。另外，也可采用虚拟专网建立数据传输安全通道，将待传输的原始数据进行加密和协议封装处理后，再嵌套装入另一种协议的数据报文中进行传输。相关安全协议包括 SSL 协议、IPSec 协议等。当前，工业互联网数据内部传输和存储、外部共享、上云上平台等过程都有数据加密需求，数据加密技术需考虑工业互联网场景下数据的实时性、稳定性、可靠性等特殊要求，尽可能以轻量级的加密技术减少密码对计算、网络、存储等资源的消耗。同时，面对大规模复杂的加密工业互联网数据，频繁的加解密存在占用带宽、耗时耗力等问题，对密文的检索、使用等需求不断增加，因此密文直接可操作技术也是亟需突破的技术。透明加密是一种以密码技术为基础的数据加密方案，该技术的核心在于解决由数据加密防护和密钥管理引起的数据处理效率、系统部署和应用及工具改造的代价等问题，以及对数据自动化运维的影响。透明加密技术完全由系统自行实现，所有保存在硬盘环境中的文件均为加密状态，只有在用户读写的过程中才会进行解密，以明文形式呈现给用户。

2.　工业互联网数据脱敏技术向动静结合脱敏、敏感字段定向脱敏、数据智能脱敏等方向发展

数据脱敏又称数据去隐私化或数据变形，是在给定的规则、策略下对敏感数据进行变换、修改的技术机制。数据脱敏在进行敏感信息交换的同时还需要保留原始的特征条件或脱敏后数据处理所需的必要信息，只有被授权的管理者或用户在特定的情况下才可通过应用程序与工具访问数据的真实值。数据脱敏通常包括脱敏目标确认、脱敏策略制定和数据脱敏实现三个阶段。按照作用位置、实现原理不同，数据脱敏实现可以分为静态数据脱敏和动态数据脱敏，其中静态数据脱敏用于开发或测试中的数据集而不是生产中的数据集；而动态数据脱敏通常用于生产环境，在敏感数据被低权限个体访问时才对其进行脱敏，并能够根据策略执行相应的脱敏方法。工业互联网数据涵盖设计、研发、工艺、制造、物流等产品全生命周期的各类数据，存在大量敏感数据。在数据开放共享的大背景下，工业互联网数据流动共享

是推动工业互联网发展的主要动力，是工业互联网数据核心价值体现的关键环节，工业互联网数据跨部门、跨企业、跨地域流动共享使用逐渐成为常态，其中涉及的重要敏感数据则需要在流动共享前采用数据脱敏技术等进行处理，确保数据安全共享和使用。而工业互联网数据的脱敏技术需要适配大流量、高速流动、实时交互等需求，市场中已有一些能够自动识别敏感数据并匹配推荐脱敏算法的数据脱敏工具。后续随着机器学习技术的应用，集敏感数据自动化感知、脱敏规则自动匹配、脱敏处理自动完成等能力于一体的数据智能脱敏技术将成为新趋势。

3. 工业互联网数据溯源技术向信息隐藏、定位精准、跨组织追踪等方向发展

溯源技术是一种溯本追源的技术，根据追踪路径重现数据的历史状态和演变过程，实现数据历史档案的追溯。目前的数据溯源技术主要包括标注法和反向查询法。标注法通过记录处理相关信息来溯源数据的历史状态，并让标注和数据一起传输，通过查看目标数据的标注来获得数据的溯源，但是标注法不适用于细粒度数据，特别是大数据集中的数据溯源。反向查询法通过逆向查询或构造逆向函数对查询求逆，不需要对源数据和目标数据进行额外标注，只在需要数据溯源时才进行计算。这两种溯源思想适用于关系数据库、科学工作流、大数据平台、云计算和区块链等应用场景。其中典型的数据库溯源技术是数据库指纹技术，常见的数据库指纹技术大多基于数据库水印算法进行设计和改进。工业互联网数据采集阶段重点关注如何自动地生成正确的元数据及其可追溯性，因此数据溯源显得尤其重要。工业互联网平台汇集了企业内外部多方敏感数据，工业互联网数据多路径、跨组织的复杂传输流动模式，跨越了数据控制者和安全域，为保证数据安全，数据溯源应贯穿数据存储、使用、共享等全过程，跨系统、跨组织的数据追踪溯源技术将成为未来的研究方向。

4. 安全多方计算向数据可信交换、隐私保护等应用方向发展

安全多方计算（Secure Multi-party Computation，SMPC）可以解决一组互不信任的参与方之间保护隐私的协同计算问题，具有输入的独立性、计算的正确性、去中心化等特征，能为数据需求方提供不泄露原始数据前提下的多方协同计算能力，为需求方提供经各方数据计算后的整体数据画像，因此能够在数据不离开数据持有节点的前提下，完成数据的分析、处理和结果发布，并提供数据访问权限控制和数据交换的一致性保障。安全多方计算主要通过同态加密、混淆电路、不经意传输和秘密共享等技术，保障各参与方数据输入的隐私性和计算结果的准确性。安全多方计算的主要适用场景包括联合数据分析、数据安全查询、数据可信交换等。安全多方计算的特点对于大数据环境下的数据机密性保护有独特的优势，在工业互联网数据共享和隐私保护中具有重要意义，多用于跨企业、跨行业的数据流通。使用安全

多方计算技术，可实现多方之间的数据可信互联互通，保证数据查询方仅得到查询结果，但对数据库其他记录信息不可知，同时改进已有的数据分析算法，通过多方数据源协同分析计算，保障敏感数据不泄露。

5. 差分隐私保护有效适用于数据量大、数据类型多、数据价值高等特殊场景

工业企业在通过工业互联网进行数据统计分析、挖掘数据价值的同时，对隐私保护带来了安全挑战。差分隐私（Differential Privacy，DP）技术无须假设攻击者能力或背景知识，即可实现在保证数据可用性的同时保护个人隐私，可应用于数据发布、数据挖掘、推荐系统等，其安全性可通过数学模型证明。差分隐私过程通过对真实数据添加随机扰动，并保证数据在被干扰后仍具有一定的可用性来实现，既要使保护对象数据失真，又要保持数据集中的特定数据或数据属性（如统计特性等）不变。差分隐私可以通过拉普拉斯机制、指数机制和几何机制等实现，较常见的是通过拉普拉斯机制对数据汇聚结果添加根据全局敏感度校准后的拉普拉斯噪声实现差分隐私。差分隐私技术可分为中心化差分隐私技术和本地化差分隐私技术。中心化差分隐私技术将原始数据集中到一个数据中心，然后发布满足差分隐私的相关统计信息，该技术适用于数据流通环节中的数据输出场景。目前对中心化差分隐私技术的研究主要围绕基于差分隐私的数据发布、面向数据挖掘的差分隐私保护及基于差分隐私的查询处理等方向展开。本地化差分隐私技术将数据的隐私化处理过程转移到每个用户上，在用户端处理和保护个人敏感信息，该技术适用于数据流通环节中的数据采集场景。目前，本地化差分技术在工业界已得到运用。在工业领域，当数据量较大且数据维数较低时，可优先使用差分隐私技术保护用户数据；当数据的使用者众多时，可使用差分隐私技术对用户的数据进行保护，以应对具有任意知识背景的攻击者；对于重要敏感数据，可通过差分隐私技术对数据进行处理后，提供给数据需求方使用。同时，差分隐私保护独立于底层数据结构并兼容多种数据类型，能够兼容所有类型的数据集，适用于工业互联网中存在结构化、非结构化及半结构化等多种数据形式的现实情况。但从实际应用看，针对不同的应用场景特性、符合不同行业规范和处理分析需要的隐私保护算法及其应用实现还需进一步研究。

6. 流量识别技术保障工业互联网数据全流程安全监测与防护

流量识别的主要工作是通过对采集的网络数据进行分析或解析，确定各个数据流的业务及数据类型等内容。目前，流量识别的方法主要包括基于网络端口映射的流量识别方法、基于有效载荷分析的流量识别方法、基于流量行为特征的流量识别方法、基于机器学习的流量识别方法4类。基于网络端口映射的流量识别方法通过检查网络数据包的源端口号和目的端口号，根据相应网络协议或应用在通信时使用的端口号规则并与之映射，识别不同的网络应用。在工业现场，网络环境相对比较

封闭，网络中可连接的设备、服务、拓扑结构等都是已知的，基本不会出现大量未知的新应用，已知服务的端口号变更情况也是可获取的，基于端口的识别技术可保证报文的覆盖率和识别率。基于有效载荷分析的流量识别方法通过分析网络数据包的有效载荷是否与特征识别库相匹配来确定网络流量类别。该方法需预先建立网络流量的应用层特征识别规则库，并通过分析有效载荷中的关键控制信息来验证其是否匹配规则库中的某一特征识别规则，进而确定该网络流量类型。在工业网络中，常见的工业协议的指纹特征长度较短，即用来识别的负载特征比较短，如 OPC、Modbus、IEC104 等协议，可以用来作为指纹特征的字段长度不多于两个字节，如果使用基于报文负载特征的识别技术，将带来比较高的误报率。但是，当使用基于网络端口的识别技术无法识别协议时，可使用报文负载特征的识别技术来区分它们。基于有效载荷分析的流量识别方法主要采用 DPI 技术和 DFI 技术。DPI 技术是目前较为准确的一类流量识别方法，在工业界应用广泛，也是高速网络环境部署的最佳选择。随着工业云平台、工业 App 等工业应用场景的增多，工业互联网数据安全监测与防护需求增强，催生了以流量识别技术为基础的网络流量分析技术，其统筹 DPI、协议识别与还原、大数据采集和分析、安全检测引擎、漏洞挖掘和分析、渗透及攻防等技术，面向智能化生产、网络化协同、个性化定制和服务化延伸等网络交互场景，进行基于流监测的数据安全防护，支撑工业流量采集、工业协议识别和解析、工业敏感数据违规传输监测、工业数据泄露监测、数据安全事件检测、数据安全威胁溯源分析等具体应用场景。为了应对工业互联网的新兴技术和纷繁复杂的应用，面向工业互联网私有协议、加密协议的未知协议识别技术、加密流量识别技术将是未来发展方向。

7. 建立数据灾备机制，保障工业互联网数据安全与业务连续性

容灾备份通过在本地或异地建立和维护备份存储系统，利用地理上的分离来保证系统和数据对灾难性事件的抵御能力。根据容灾系统对灾难的抵抗程度，可将其分为数据容灾和应用容灾。数据容灾是指建立异地的数据系统，该系统对本地系统关键应用数据进行实时复制。应用容灾比数据容灾层次更高，即在异地建立一套完整的、与本地数据系统相当的备份应用系统。在工业互联网数据安全方面，应建立工业互联网数据灾备机制，一般应根据备份/恢复数据量大小、应用数据中心和备援数据中心之间的距离及数据传输方式、灾难发生时所要求的恢复速度、备援数据中心的管理及投入资金等因素，设计合适的容灾备份系统。

12.5.3 工业互联网基于人工智能的数据安全关键技术

人工智能是工业互联网平台对海量工业数据进行分析与建模的关键技术。大数据智能是开启工业大数据应用价值的钥匙，机器学习、深度学习和强化学习是决定大数据应用价值高低的主要因素。通过这些人工智能技术，基于工业流程、行业知识、经验及生产工艺等构建数字化模型，利用模型实现对制造业全生命周期的描述、分析、预测、决策，以指导现实工厂各项工作的精准执行。同时，从全局视角提升对各种安全威胁的发现识别、理解分析、响应处置能力，全面、快速、准确地感知过去、现在和未来的安全威胁，提供安全决策与行动支持，保障工业互联网安全。对于工业互联网数据安全策略的制定，人工智能技术具备海量数据采集和分析能力，可根据训练模型进行自我学习并做出相应判断，基于人工智能的决策系统能大大提高工业互联网数据安全策略的时效性和合理性。在数据安全合规性要求、风险管理策略、分类分级防护策略的制定等方面，利用人工智能技术可辅助相关人员快速、科学、合理地制定安全策略。对于工业互联网数据分级分类，可以通过应用机器学习、自然语言处理、语义分析、图像识别等技术，提取数据文件的核心信息，对工业互联网数据按照内容进行梳理，生成标注样本，经过反复的样本训练与模型修正，可以实现对数据自动、精准的分级分类。对于工业互联网数据安全防护，在数据分类分级的基础上，结合数据行业属性、敏感属性、工业属性、行为属性等特征，生成工业互联网数据特征库，利用人工智能技术实现快速特征匹配，识别重要敏感工业互联网数据；根据数据合规性规则智能生成脱敏特征库，并与敏感数据识别智能关联，实现智能发现和自动脱敏，形成敏感数据地图，有效降低敏感数据泄露风险；通过人工智能技术对工业互联网数据传输行为进行智能统计和关联分析，绘制数据流转动态图谱，有利于跟踪敏感数据流向、还原数据流动路径、分析数据安全态势。

12.5.4 工业互联网基于区块链的数据安全关键技术

区块链基于共享账本、智能合约、机器共识、权限隐私等技术特征，应用在工业互联网中，有望提升工业制造各环节生产要素的智能配置能力，加强产业链上下游的网络协同。区块链能够完美地帮助工业互联网连接物理世界和虚拟世界，为智能化提供基础保障。区块链技术的核心价值在于其分布式的对等网络结构及数据存储、不可篡改的账本数据信息、基于密码学的身份证书。一方面，对于工业互联网平台应用，区块链在工业互联网数据安全方面有以下优势：可利用高冗余、分布式的数据存储保障平台数据的完整性；可利用密码学相关技术保障所存储数据的不可篡改和可追溯性；可利用身份管理功能对终端设备进行管理，防止终端设备遭到恶意攻击造成数据污染。区块链技术在巩固工业互联网平台数据安全完整性、保密性的同时，也借助平台提供的海量分布式数据存储空间和强大的云计算能力，充分挖掘数据价值。另一方面，目前在工业互联网数据交换共享过程中面临的最大问题是信任鸿沟，现有的核心数据库技术架构几乎都运行在中心服务器之上，并不能处理数据价值转移和相互信任问题。而区块链技术有望成为下一代数据库架构技术，运用其去中心化信任的优点，在大数据技术的基础之上将数字算法作为信用背书，实现全球互信。从目前我国的大环境来看，信用成本较高，工业互联网等领域也存在较弱的信用环境，区块链技术为工业互联网数据交换共享提供了一种全新的信任体系解决方案，降低了信用成本，可基于区块链技术促进工业互联网数据交换共享过程的信用体系发展。

12.5.5　工业互联网基于可信计算的数据安全关键技术

可信计算能够实现可信免疫、主动防护，确保数据可信、可控、可管。在可信计算环境下，以访问控制为核心，实行主体按策略规则访问不同等级数据，确保全程处理可控；对重要信息采取加密等手段进行保护，非法用户只能拿到重要信息的密文，无法读取原始数据信息；实行系统资源管理，进行可信验证，使配置、代码信息不被篡改，并能自动纠错，阻止木马、病毒等恶意软件入侵；将攻击信息流进行有效分解，提高系统的健壮性和弹性，通过可信验证发现隐患，并能自动恢复，实现系统高可靠性；严格审计，及时记录数据违规操作信息，发现异常并进行跟踪，防止入侵者隐藏攻击痕迹。为了保障工业互联网安全，需要构建安全计算环境、可靠的安全传输数据机制，充分应用可信计算技术保证运行的程序可信，数据的传输、存储和应用可信。可信计算从端侧——工业控制系统来看，信任链从工业控制系统的可信控制层传递到工业控制现场、监控层及企业管理层，并对外部接入进行可信连接动态控制，使得工业控制系统整体上处在安全可用的可信环境下；从云端互信来看，主要基于密码技术建立可信根、安全存储和信任链机制，实现可信计算安全；从工业互联网平台安全来看，主要从可信接入边界、可信通信网络及可信云平台 3 个方面来应用可信计算。

12.5.6　工业互联网基于零信化的数据安全关键技术

零信任的本质是以身份为中心进行动态访问控制，全面身份化是实现零信任的前提和基石。基于全面身份化，为用户、设备、应用程序、业务系统等物理实体建立统一的数字身份标识和治理流程，并进一步构筑动态访问控制体系，将安全边界延伸至身份实体。零信任架构认为一次性的身份认证无法确保身份的持续合法性，即使采用了强度较高的多因子认证，也需要通过持续认证进行信任评估。基于零信任架构实现可信访问，以安全与易用平衡的持续认证改进固化的一次性强认证，以基于风险和信任持续度量的动态授权替代简单的二值判定静态授权，以开放智能的身份治理优化封闭僵化的身份管理，满足了工业互联网中多方实体对数据可信访问的需求。零信任身份安全解决方案可有效解决传统基于边界的安全防护架构失效问题，构筑新的动态虚拟身份边界，从身份、环境、动态权限 3 个层面缓解身份滥用、高风险终端、非授权访问、越权访问、数据非法流出等安全风险，建立端到端的动态访问控制机制，极大地收缩攻击面，为工业互联网数据安全建设提供理论和实践支撑。

12.6　工业互联网流量安全分析关键技术

本节提炼了工业互联网流量安全分析关键技术，构建工业互联网流量安全分析技术架构，为相关机构、企业有效利用工业互联网流量进行安全分析、在线监测、安全运营提供参考。

12.6.1　工业互联网流量采集关键技术

1. 基于汇聚分流的工业互联网流量高性能采集技术

工业互联网安全数据采集是工业互联网威胁监测预警和态势感知的基础，针对工业互联网流量海量、终端异构等特点，亟需解决流量的高性能采集问题，以应对工业互联网场景下的高速网络数据包处理的需求。数据平面开发套件技术采用端口与内存映射、UIO 旁路等措施，可显著降低流量采集系统的开销，实现数据包采集过程"零复制"，有效提高工业互联网安全数据采集能力。考虑到单机性能难以满足工业互联网高速流量处理，可采用汇聚分流的流量识别技术，通过同源同宿和负载动态调整技术，降低单台设备的采集压力，实现工业互联网流量数据的高性能采集。

2. 基于威胁诱捕的工业互联网恶意流量采集技术

工业互联网蜜罐是一种基于威胁诱捕方式的工业互联网恶意流量采集手段，其原理是通过一段仿真程序或一台真实的工业控制设备，对 Modbus、S7、IEC104、DNP3 等常见工控协议进行模拟。一方面，工业互联网蜜罐可通过伪装设备本身存在的安全漏洞或缺陷，诱导攻击者对其发动攻击；另一方面，工业互联网蜜罐内部会实时解析攻击者发送的数据包，记录所有攻击者的攻击行为。工业互联网蜜罐作为一种主动防御技术，可以吸引攻击，分析攻击，推测攻击意图，并可利用其分析结果辅助工业防火墙、IDS 及 IPS 等工业互联网安全分析设备制定相关威胁阻断决策，有效提高对工业互联网未知风险防范能力。

12.6.2　工业互联网流量识别关键技术

基于特征提取的工业互联网流量识别技术包括基于载荷特征的识别和基于流特征的识别。其中，基于载荷特征的识别方法根据不同工业设备或工业协议的数据分组载荷作为识别特征，对明文流量进行深度识别以分析工业互联网流量所承载的具体业务，可有效区分正常流量与异常流量，在小范围、特定工业互联网流量安全分析场景下可取得良好的识别效果；基于流特征的识别方法通过对原始工业互联网流量的流特征进行流量分析，工业互联网流量中的包数量、包平均长度、包长序列等数据包统计值和流的持续时间、流的每秒比特数等流统计值均可以作为流统计特征，该方法无须对数据分组负载进行解析，可利用机器学习的泛化能力在复杂多样的工业互联网流量识别场景下取得较好的识别效果。

12.6.3　工业互联网流量处理关键技术

1. 基于样本标注的工业互联网流量分类技术

在工控设备流量采集难度大及工控流量数据挖掘海量需求的背景下，需要对工业互联网流量进行大规模的准确标注。通过模仿真实场景下的不同工控设备终端所组成的业务环境，使用自动化仪表对接工控设备，触发设备在各个运行状态下的流量，并在交换机通过旁路镜像的方式采集对应的工控流量，可有效实现工控设备流量的准确、全面标注，从而形成工控设备流量样本知识库。

2. 基于指纹的工业互联网恶意加密流量识别技术

工业互联网恶意加密流量识别技术主要基于信息流从加密网络流量中分析恶意攻击的行为模式，构建具有识别力的攻击指纹。流量指纹用于表征加密流量特性与其所属类别的特征组，不同的工业设备、工业平台、工业应用、攻击类型、攻击手段具有不同的特征，包括时空特征、握手特征、证书特征等。结合以上多种特征可构建特定工业互联网协议或设备的流量指纹，通过指纹匹配、相似性度量等方法有效实现工业互联网恶意加密流量的识别和分类，着力缓解流量加密技术给流量特征提取、解析与识别带来的困难。

12.6.4　工业互联网安全数据分析关键技术

1.　基于漏洞匹配的工业互联网攻击分析技术

基于漏洞匹配的工业互联网攻击分析技术通过关联已知漏洞与工业软硬件产品的关系，可有效发现其安全缺陷与潜在风险，主要包括漏洞挖掘、漏洞扫描和漏洞验证 3 个方面。漏洞挖掘主要利用静态分析、模糊测试、符号执行、污点追踪等技术发现工业互联网软硬件产品及设备的脆弱性，并积累形成工业互联网漏洞知识库，支撑工业互联网软硬件产品及设备的安全检测；漏洞扫描主要利用工业互联网漏洞知识库，匹配相关的工业互联网流量特征，实现针对特定工业互联网目标的全面而准确的安全脆弱性检测和安全风险评估；漏洞验证主要使用漏洞利用工具，针对工业互联网软硬件产品及设备进行攻击流量回放，验证其安全防范能力。基于漏洞匹配的工业互联网攻击分析可有效发现工业互联网的网络安全隐患，对攻击行为进行预判和快速响应，提高工业互联网网络侧的安全防范能力。

2.　基于特征和行为融合分析的勒索病毒检测技术

勒索病毒具有更新速度快、攻击方式多样的特点，主要目标是工业领域，已成为工业互联网面临的主要威胁之一。传统的勒索病毒检测技术由于缺乏对工业场景的深入理解，往往无法达到有效识别检测的效果。因此，需要采用动静态分析技术，融合病毒文件的特征信息与相关攻击链的历史行为，对勒索病毒进行多方面深入研究。一是提取勒索病毒多维度特征向量，如 API 序列、二进制文件特征、ASM 文件特征、系统调用特征等；二是实现基于人工智能的勒索病毒的自动分析，保证样本特征的有效性；三是通过对大量历史行为数据和实时行为数据的积累学习，以历史行为的时空变化构建形成行为证据链和逻辑链条，并分析其在不同工业场景下的区别，构建相关工业互联网勒索病毒知识库；四是对病毒文件的特征信息与攻击链的历史行为进行匹配与安全分析，对攻击目标、攻击源、事件态势和可能的态势变化做出判断，提前部署相应的安全防御手段，保障工业互联网企业的正常运行。

12.6.5　工业互联网流量分析应用关键技术

1．基于人工智能的工业互联网未知威胁发现技术

工业互联网的安全威胁正逐渐从已知转向未知，同时攻击者可通过加密、伪装、变换等手段绕过检测，使传统恶意检测手段在短时间内可能无法识别攻击行为。基于人工智能的大数据分析和多维度指标检测技术主要根据工业互联网的业务运行状况设立多个检测指标，对协议数据大小、主机访问地址、数据请求类型等建立多维度、多层次的纵深检测体系，提取工业互联网业务环境中恶意流量的共性特征，使用机器学习或关联图谱进行恶意行为检测，可有效地检测工业互联网可能存在的变种威胁及未知威胁，实现工业互联网入侵检测和实时快速响应。

2．基于威胁情报的工业互联网安全应用技术

工业互联网新型攻击方式具有高度的复杂性和隐蔽性，未知威胁众多，威胁情报技术可协助相关安全事件的溯源与安全防御方案的制定，安全流量分析是工业互联网威胁情报的重要来源。通过对工业互联网异常流量进行检测，可提取出威胁攻击特征，结合攻击链条中的网络行为特点进行溯源分析，从而还原整个攻击过程，形成相应的工业互联网威胁情报，为安全事件的响应、防御策略的制定提供及时、正确的支持。同时，工业互联网威胁情报在对攻击行为的描述中提供了网络攻击的上下文数据，可利用威胁情报协助工业互联网流量采集系统重点采集相关安全数据，提高工业互联网安全流量分析的效率。

12.7　本章小结

面对日益严峻的工业互联网安全形势和复杂多变的安全保障需求，需要进一步探索面向工业互联网的新型安全技术框架，持续开展关键技术研发应用。12.1 节描述了工业互联网安全技术特点。12.2 节介绍了工业互联网平台安全关键技术。12.3 节介绍了工业互联网标识解析安全关键技术。12.4 节介绍了工业互联网智能设备安全关键技术。12.5 节介绍了工业互联网数据安全关键技术。12.6 节介绍了工业互联网流量安全分析关键技术。

参 考 文 献

[1] 中国工业互联网研究院. 工业互联网创新发展成效报告[R]. 北京：中国工业互联网研究院，2021.

[2] 国家工业信息安全发展研究中心. 2020 年工业信息安全态势报告[R]. 北京：国家工业信息安全发展研究中心，2021.

[3] 工业互联网产业联盟（AII）. 工业互联网体系架构（版本 1.0）[R]. 北京：工业互联网产业联盟（AII），2016.

[4] 工业互联网产业联盟（AII）. 工业互联网体系架构（版本 2.0）[R]. 北京：工业互联网产业联盟（AII），2020.

[5] 工业互联网产业联盟（AII）. 中国工业互联网发展成效评估报告[R]. 北京：工业互联网产业联盟（AII），2021.

[6] 康双勇，胡万里. 工业互联网安全技术研究及我国工业互联网安全产业发展情况分析[J]. 保密科学技术，2020(5):27-31.

[7] 工业信息安全产业发展联盟. 中国工业信息安全产业发展白皮书（2019—2020）[R]. 北京:工业信息安全产业发展联盟，2020.

[8] 许可，秦锐，王圆，等. 互联网+下的产业大变局：赢战产业互联网[M]. 北京：人民邮电出版社，2015.

[9] 洪学海，蔡迪. 面向"互联网+"的 OT 与 IT 融合发展研究[J]. 中国工程科学，2020，21(4):18-23.

[10] 周志敏. 浅析开放系统互连模型及 IEEE802 通信标准[J]. 智慧工厂，2018(11):42-43.

[11] 汪建. 智能云科助力中国智能制造[J]. 中国电信业，2019(3):26-27.

[12] Li W, Zhu H. Overview of industrial internet technology development and evolution[C]// 2021 IEEE 11th International Conference on Electronics Information and Emergency Communication (ICEIEC). IEEE, 2021:1-4.

[13] Rayes A, Salam S. Internet of things overview[J]// Internet of Things from hype to reality. Springer, Cham, 2019:1-35.

[14] Dudhe P V, Kadam N V, Hushangabade R M, et al. Internet of things: An overview and its applications[C]// 2017 International conference on energy, communication, data analytics and soft computing. IEEE, 2017:2650-2653.

[15] 工业互联网产业联盟. 中国工业互联网安全态势报告（2020）[R]. 北京：工业互联网产业联盟，2021.

[16] 董悦，王志勤，田慧蓉，等. 工业互联网安全技术发展研究[J]. 中国工程科学，2021, 23(2):65-73.

[17] 张尼，刘廉如，田志宏，等. 工业互联网安全进展与趋势[J]. 广州大学学报（自然科学版），2019, 18(3):68-76.

[18] 杜霖，陈诗洋，姜宇泽，等. 工业互联网安全关键技术研究[J]. 信息通信技术与政策，2018(10):10-13.

[19] 李涛. 对工业互联网安全态势分析及安全防护建议思考[J]. 网络安全技术与应用，2020(4):126-128.

[20] 刘晓曼，杜霖，杨冬梅. 2019 年工业互联网安全态势简析[J]. 保密科学技术，2019(12):27-31.

[21] 郭娴，刘京娟，余章馗，等. 2019 年工业信息安全态势展望[J]. 中国信息安全，2019(6):51-52.

[22] Mahmoud R, Yousuf T, Aloul F, et al. Internet of things security: Current status, challenges and prospective measures[C]// 2015 10th international conference for internet technology and secured transactions. IEEE, 2015:336-341.

[23] Zhang Z K, Cho M C Y, Wang C W, et al. IoT security: ongoing challenges and research opportunities[C]// 2014 IEEE 7th international conference on service-oriented computing and applications. IEEE, 2014:230-234.

[24] Yu X, Guo H. A survey on IIoT security[C]// 2019 IEEE VTS Asia Pacific Wireless Communications Symposium (APWCS). IEEE, 2019:1-5.

[25] Bhamare D, Zolanvari M, Erbad A, et al. Cybersecurity for industrial control systems: A survey[J]. Computers & Security, 2020, 89:101677.

[26] Asghar M R, Hu Q, Zeadally S. Cybersecurity in industrial control systems: Issues, technologies, and challenges[J]. Computer Networks, 2019, 165:106946.

[27] Hassan W H. Current research on Internet of things security: A survey[J]. Computer Networks, 2019, 148:283-294.

[28] Jing Q, Vasilakos A V, Wan J, et al. Security of the internet of things: perspectives and challenges[J]. Wireless Networks, 2014, 20(8):2481-2501.

[29] 王秋华，吴国华，魏东晓，等. 工业互联网安全产业发展态势及路径研究[J]. 中国工程科学，2021, 23(2):46-55.

[30] 樊佩茹，李俊，王冲华，等. 工业互联网供应链安全发展路径研究[J]. 中国工程科学，2021, 23(2):56-64.

[31] 周昊，李俊，王冲华，等. 工业互联网安全公共服务能力提升路径研究[J].
中国工程科学，2021, 23(2):74-80.

[32] 李阳春，王海龙，李欲晓，等. 国外工业互联网安全产业布局及启示研究
[J]. 中国工程科学，2021, 23(2):112-121.

[33] 胡琳，杨建军，韦莎，等. 工业互联网标准体系构建与实施路径[J]. 中国
工程科学，2021, 23(2):88-94.

[34] 关鸿鹏，李琳，李鑫，等. 工业互联网信息安全标准体系研究[J]. 自动化
博览，2018(3):50-53.

[35] 网络安全管理局.《加强工业互联网安全工作的指导意见》解读[J]. 中国信
息化，2019(9):19-20.

[36] 工业信息安全产业发展联盟. 工业信息安全标准化白皮书（2019 版）[R].
北京：工业信息安全产业发展联盟，2019.

[37] 李强，田慧蓉，杜霖，等. 工业互联网安全发展策略研究[J]. 世界电信，
2016(4):16-19.

[38] 刘晓曼，全湘溶，李姗. 国外工业互联网安全发展概况[J]. 保密科学技术，
2020(5):20-26.

[39] 郎为民，张汉，赵毅丰，等. ISO/IEC JTC1 SC41 物联网标准化进展研究[J].
电信快报，2019(6):1-5.

[40] AlMedires M, AlMaiah M. Cybersecurity in industrial control system [C]//
2021 International Conference on Information Technology (ICIT). IEEE, 2021:640-647.

[41] Hassija V, Chamola V, Saxena V, et al. A survey on IoT security: application
areas, security threats, and solution architectures[J]. IEEE Access, 2019, 7:82721-82743.

[42] Alladi T, Chamola V, Zeadally S. Industrial control systems: cyberattack trends
and countermeasures[J]. Computer Communications, 2020, 155:1-8.

[43] Li J Q, Yu F R, Deng G, et al. Industrial internet: A survey on the enabling
technologies, applications, and challenges[J]. IEEE Communications Surveys & Tutorials,
2017, 19(3):1504-1526.

[44] 工业互联网产业联盟（AII）. 工业互联网安全框架（讨论稿）[R]. 北京:
工业互联网产业联盟（AII），2018.

[45] 万明，张世炎，李嘉玮，等. 工业互联网安全浅析:边缘端点的主动防护[J].
自动化博览，2021, 38(1):62-66.

[46] 孙晓东，秦焕亮，梁志军，等. 智能工业防火墙新技术[J]. 自动化博览，
2018, 35(5):80-83.

[47] 陈坤华. 工业互联网网络安全渗透测试技术研究[J]. 网络安全技术与应

用，2020(4):124-126.

[48] Gupta B B, Quamara M. An overview of internet of things: Architectural aspects, challenges, and protocols[J]. Concurrency and Computation: Practice and Experience, 2020, 32(21):4946.

[49] Ammar M, Russello G, Crispo B. Internet of things: a survey on the security of IoT frameworks[J]. Journal of Information Security and Applications, 2018, 38:8-27.

[50] Zhao Z X, Shi Y J, Yu H C, et al. Research on vulnerability discovering in IIOT system [J]. Control and Instruments in Chemical Industry, 2020, 47(2):160-164.

[51] 孙易安，胡仁豪. 工业控制系统漏洞扫描与挖掘技术研究[J]. 网络空间安全，2017, 8(1):75-77.

[52] 王晨，宋亮，李少昆. 工业互联网平台：发展趋势与挑战[J]. 中国工程科学，2018, 20(2):15-19.

[53] 李阳春，王海龙，李欲晓，等. 国外工业互联网安全产业布局情况及对我国的启示[J]. 中国工程科学，2021, 23(2):112-121.

[54] Alaba F A, Othman M, Hashem I A T, et al. Internet of Things security: A survey[J]. Journal of Network and Computer Applications, 2017, 88:10-28.

[55] Leloglu E. A review of security concerns in Internet of Things[J]. Journal of Computer and Communications, 2016, 5(1):121-136.

[56] Stanton N A, Chambers P R G, Piggott J. Situational awareness and safety[J]. Safety Science, 2001, 39(3):189-204.

[57] 工业互联网产业联盟. 工业互联网与钢铁行业融合应用参考指南（2021年）[R]. 北京：工业互联网产业联盟，2022.

[58] 工业互联网产业联盟. 工业互联网典型安全解决方案案例汇编[R]. 北京：工业互联网产业联盟，2021.

[59] Li Yangchun, Wang Hailong, Li Yuxiao, et al. Layout of foreign industrial internet security industry and its enlightenment to China[J]. Strategic Study of Chinese Academy of Engineering, 2021, 23(2):112-121.

[60] Fu X, Cai H. FlowDist: Multi-Staged Refinement-Based Dynamic Information Flow Analysis for Distributed Software Systems[C]// 30th USENIX Security Symposium (USENIX Security 21), 2021:2093-2110.

[61] 樊佩茹，王冲华. 数据安全视角下工业互联网平台的攻击与防护[J]. 网络空间安全，2020, 11(2):75-80.

[62] Mishra D, Dharminder D, Yadav P, et al. A provably secure dynamic ID-based authenticated key agreement framework for mobile edge computing without a trusted

party[J]. Journal of Information Security and Applications, 2020, 55: 102648.

[63] Jia X Y, He D B, Kumar N, et al. A provably secure and efficient identity-based anonymous authentication scheme for mobile edge computing [J]. IEEE Systems Journal, 2020, 14(1):560-571.

[64] Dewnata F, Mambo M. A mutual authentication scheme for secure fog computing service handover in vehicular network environment [J]. IEEE Access, 2019, 7:103095-103114.

[65] Yang Y, Zheng X H, Liu X M, et al. Cross-domain dynamic anonymous authenticated group key management with symptom-matching fore-health social system[J]. Future Generation Computer Systems, 2017(99):1-7.

[66] He Debiao, Kumar N, Wang Huaqun, et al. A provably-secure cross-domain handshake scheme with symptoms-matching for mobile healthcare social networks [J]. IEEE Transactions on Dependable and Secure Computing, 2018, 15(4):633-645

[67] Yang X, Huang X Y, Liu J K. Efficient handover authentication with user anonymity and intractability for mobile cloud computing[J]. Future Generation Computer Systems, 2016, 62(C):190-195.

[68] He D B, et al. Analysis of handover authentication protocols for mobile wireless networks using identity-based public key cryptography[J]. Computer Networks, 2017(28):154-163.

[69] Li Y, Cheng Q F, Liu X E, et al. A secure anonymous identity-based scheme in new authentication architecture for mobile edge computing [J]. IEEE Systems Journal, 2021, 15(1):935-946.

[70] Zhang J, Zhong H, Cui J, et al. An extensible and effective anonymous batch authentication scheme for smart vehicular networks[J]. IEEE Internet of Things Journal, 2020, 7(4):3462-3473.

[71] Birnbaum Z, Liu B, Dolgikh A, et al. Cloud security auditing based on behavioral modeling[J]. International Journal of Business Process Integration&Management, 2013, 7(2):268-273.

[72] Ganjalia, Lie D. Auditing cloud administrators using in-formation flow tracking[C]// Proceedings of the 7th ACM Workshop on Scalable Trusted Computing, 2012:79-84.

[73] Birk D, Wegener C. Technical Issues of forensic investigations in cloud computing environments[C]// IEEE Sixth International Workshop on Systematic Approaches to Digital Forensic Engineering, IEEE, 2011:1-10.

[74] Ateniese G. Pietro R D, Mancini L V, et al. Scalable and efficient provable data possession [C]// Proceedings of the 4th International Conference on Security and Privacy in communication Networks. ACM, 2008:1-10.

[75] Wang S , Qian C. Privacy - preserving public auditing for secure cloud storage [J]. IEEE Transactions on Computers , 2009(2):362-375.

[76] Qian W , Cong W , Jin L , et al. Enabling public verifiability and data dynamics for storage security in cloud computing [C]// European Conference on Research in Computer Security. Springer - Verlag, 2009:355-370.

[77] 杜瑞忠，基于第三方监管的可信云服务评估[J]. 信息安全研究，2017, 3(4): 344-352.

[78] 沈梦姣，王会成，张厚君，等. 基于工业互联网二级解析节点的标识数据服务应用研究[J]. 现代信息科技，2022, 6(14):134-137.

[79] 刘澍，刘东坡，袁雪腾，等. 工业互联网标识解析生态与创新支撑技术研究[J]. 电脑知识与技术，2022, 18(8):4-5.

[80] Khormali A, Park J, Alasmary H, et al. Domain name system security and privacy: A contemporary survey[J]. Computer Networks, 2021, 185:107699.

[81] Zou F, Zhang S, Pei B, et al. Survey on domain name system security[C]// 2016 IEEE First International Conference on Data Science in Cyberspace (DSC). IEEE, 2016:602-607.

[82] Chandramouli R, Rose S. Challenges in securing the domain name system[J]. IEEE Security & Privacy, 2006, 4(1):84-87.

[83] 马娟，于广琛，柯皓仁，等. 工业互联网设备的网络安全管理与防护研究[J]. 中国工程科学，2021, 23(2):81-87.

[84] 张跃. 工业设备安装中的高精度测量方法探讨[J]. 科技经济导刊，2019, 27(24):72.

[85] 张斌，滕俊杰，满毅. 改进的并行 fp-growth 算法在工业设备故障诊断中的应用研究[J]. 计算机科学，2018, 45(S1):508-512.

[86] 戴认之. 人工智能技术在工业设备和系统智能运营维护的应用[J]. 中国信息化，2020(7):52-53.

[87] 金洪吉. 基于物联网的工业设备远程监控系统研究[J]. 产业与科技论坛，2020, 19(14):35-36.

[88] Kim S H, Lee I Y. IoT device security based on proxy re-encryption[J]. Journal of Ambient Intelligence and Humanized Computing, 2018, 9(4):1267-1273.

[89] Compare M, Baraldi P, Bani I, et al. Industrial equipment reliability estimation:

A Bayesian Weibull regression model with covariate selection [J]. Reliability Engineering & System Safety, 2020, 200:1-10.

[90] Mourtzis D, Angelopoulos J, Panopoulos N. Intelligent predictive maintenance and remote monitoring framework for industrial equipment based on mixed reality [J]. Frontiers in Mechanical Engineering, 2020, 6(12):1-12.

[91] 国家工业信息安全发展研究中心. 工业互联网数据安全白皮书（2020 年）[R]. 北京：国家工业信息安全发展研究中心，2020.

[92] Tankard C. Big data security[J]. Network security, 2012, 2012(7):5-8.

[93] Kumar P R, Raj P H, Jelciana P. Exploring data security issues and solutions in cloud computing[J]. Procedia Computer Science, 2018, 125:691-697.

[94] Maw A, Adepu S, Mathur A. ICS-BlockOpS: Blockchain for operational data security in industrial control system[J]. Pervasive and Mobile Computing, 2019, 59:101048.

[95] Liu Fucheng, Wen Yu, Zhang Dongxue, et al. Log2vec: Aheterogeneous graph embedding based approach for detecting cyber threats within enterprise[C] // Proc of the 26th ACM SIGSAC Int Conf on Security, Audit and Control, 2019.

[96] Hofstede R, Eleda P, Trammell B, et al. Flow monitoring explained: from packet capture to data analysis with netflow and IPFIX[J]. IEEE Communications Surveys & Tutorials, 2014, 16(4):2037-2064.

[97] Caselli M, Zambon E, Kargl F. Sequence-aware intrusion detection in industrial control systems[C]// Proceedings of the 1st ACM Workshop on Cyber-Physical System Security, 2015:13-24.

[98] Ponomarev S, Atkison T. Industrial control system network intrusion detection by telemetry analysis[J]. IEEE Transactions on Dependable and Secure Computing, 2015, 13(2):252-260.

[99] Sestito G S, Turcato A C, Dias A L, et al. A method for anomalies detection in real-time ethernet data traffic applied to Profinet[J]. IEEE Transactions on Industrial Informatics, 2017, 14(5):2171-2180.

[100] López-Morales E, Rubio-Medrano C, Doupé A, et al. HoneyPLC: A next-generation honeypot for industrial control systems[C]// Proceedings of the 2020 ACM SIGSAC Conference on Computer and Communications Security, 2020:279-291.

[101] 赖英旭，刘增辉，蔡晓田，等. 工业控制系统入侵检测研究综述[J]. 通信学报，2017, 38(2):14.

[102] Choi H, Kate S, Aafer Y, et al. Cyber-physical inconsistency vulnerability

identification for safety checks in robotic vehicles[C]// Proceedings of the 2020 ACM SIGSAC Conference on Computer and Communications Security, 2020:263-278.

[103] Li Z, Xiong G, Guo L. Unveiling SSL/TLS MITM Hosts in the Wild[C]// 2020 IEEE 3rd International Conference on Information Systems and Computer Aided Education (ICISCAE). IEEE, 2020:141-145.

[104] Rezaei S, Liu X. Deep learning for encrypted traffic classification: An overview[J]. IEEE communications magazine, 2019, 57(5):76-81.

[105] Zhang H, Huang L, Wu C Q, et al. An effective convolutional neural network based on SMOTE and Gaussian mixture model for intrusion detection in imbalanced dataset[J]. Computer Networks, 2020, 177:107315.

[106] Sirinam P, Imani M, Juarez M, et al. Deep fingerprinting: Undermining website fingerprinting defenses with deep learning[C]// Proceedings of the 2018 ACM SIGSAC Conference on Computer and Communications Security, 2018:1928-1943.

[107] Taylor V F, Spolaor R, Conti M, et al. Appscanner: Automatic fingerprinting of smartphone apps from encrypted network traffic[C]// 2016 IEEE European Symposium on Security and Privacy (EuroS&P). IEEE, 2016:439-454

[108] Liu C, He L, Xiong G, et al. Fs-net: A flow sequence network for encrypted traffic classification[C]// IEEE INFOCOM 2019-IEEE Conference On Computer Communications. IEEE, 2019:1171-1179.

[109] Ren J, Dubois D J, Choffnes D, et al. Information exposure from consumer iot devices: A multidimensional, network-informed measurement approach[C]// Proceedings of the Internet Measurement Conference, 2019:267-279.

[110] Lee I, Roh H, Lee W. Encrypted malware traffic detection using incremental learning[C]// IEEE INFOCOM 2020-IEEE Conference on Computer Communications Workshops (INFOCOM WKSHPS). IEEE, 2020:1348-1349.

[111] Huang H, Li D, Zhang Z, et al. Adversarial occluded samples for person re-identification[C]// Proceedings of the IEEE Conference on Computer Vision and Pattern Recognition, 2018: 5098-5107.

[112] Wu X, Guo W, Wei H, et al. Adversarial policy training against deep reinforcement learning[C]// 30th USENIX Security Symposium (USENIX Security 21), 2021:1883-1900.

[113] Sun Z, Sun R, Lu L, et al. Mind your weight (s): A large-scale study on insufficient machine learning model protection in mobile apps[C]// 30th USENIX Security Symposium (USENIX Security 21), 2021:1955-1972.

[114] Grosse K, Papernot N, Manoharan P, et al. Adversarial examples for malware detection[C]// European symposium on research in computer security. Springer, Cham, 2017:62-79.

[115] Liu X, Zhang J, Lin Y, et al. ATMPA: attacking machine learning-based malware visualization detection methods via adversarial examples[C]// 2019 IEEE/ACM 27th International Symposium on Quality of Service (IWQoS). IEEE, 2019:1-10.

[116] Suya F, Chi J, Evans D, et al. Hybrid batch attacks: Finding black-box adversarial examples with limited queries[C]// 29th USENIX Security Symposium (USENIX Security 20), 2020:1327-1344.

[117] Nasr M, Bahramali A, Houmansadr A. Defeating DNN-Based Traffic Analysis Systems in Real-Time with Blind Adversarial Perturbations[C]// 30th USENIX Security Symposium (USENIX Security 21), 2021:2705-2722.

[118] Liu X, Du X, Zhang X, et al. Adversarial samples on android malware detection systems for IoT systems[J]. Sensors, 2019, 19(4):974.

[119] 国家工业信息安全发展研究中心. 工业互联网平台安全白皮书（2020 年）[R]. 北京：国家工业信息安全发展研究中心，2020.

[120] 国家工业信息安全发展研究中心. 工业互联网标识解析安全分析白皮书（2020 年）[R]. 北京：国家工业信息安全发展研究中心，2020.

[121] 国家工业信息安全发展研究中心. 工业互联网流量安全分析白皮书（2021 年）[R]. 北京：国家工业信息安全发展研究中心，2021.

[122] Latif S, Idrees Z, Zou Z, et al. DRaNN: A deep random neural network model for intrusion detection in industrial IoT[C]//2020 International Conference on UK-China Emerging Technologies (UCET). IEEE, 2020: 1-4.

[123] Wang W, Wang Z, Zhou Z, et al. Anomaly detection of industrial control systems based on transfer learning[J]. Tsinghua Science and Technology, 2021, 26(6): 821-832.

[124] Liu Y, Kumar N, Xiong Z, et al. Communication-efficient federated learning for anomaly detection in industrial internet of things[C]// GLOBECOM 2020-2020 IEEE Global Communications Conference. IEEE, 2020: 1-6.

[125] Zhang R, Chen H. Intrusion detection of industrial control system based on stacked auto-encoder[C]// 2019 Chinese Automation Congress (CAC). IEEE, 2019: 5638-5643.